Immanuel Kant zur Einführung

Arno Schubbach

Immanuel Kant zur Einführung

JUNIUS

Junius Verlag GmbH
Stresemannstraße 375
22761 Hamburg
www.junius-verlag.de

Umschlaggestaltung: Florian Zietz
Titelbild: Konrad Westermayr,
Bildnis des Immanuel Kant,

Satz: Junius Verlag GmbH
Printed in the EU 2022
ISBN 978-3-96060-331-3

Bibliografische Information der Deutschen Nationalbibliothek
Die Deutsche Nationalbibliothek verzeichnet diese Publikation in der Deutschen Nationalbibliografie; detaillierte bibliografische Daten sind im Internet über http://dnb.dnb.de abrufbar.

Zur Einführung ...

... hat diese Taschenbuchreihe seit ihrer Gründung 1977 gedient. Zunächst als sozialistische Initiative gestartet, die philosophisches Wissen allgemein zugänglich machen und so den Marsch durch die Institutionen theoretisch ausrüsten sollte, wurden die Bände in den achtziger Jahren zu einem verlässlichen Leitfaden durch das Labyrinth der neuen Unübersichtlichkeit. Mit der Kombination von Wissensvermittlung und kritischer Analyse haben die Junius-Bände stilbildend gewirkt.

Seit den neunziger Jahren reformierten sich Teile der Geisteswissenschaften als Kulturwissenschaften und brachten neue Fächer und Schwerpunkte wie Medienwissenschaften, Wissenschaftsgeschichte oder Bildwissenschaften hervor. Auch im Verhältnis zu den Naturwissenschaften sahen sich die traditionellen Kernfächer der Geisteswissenschaften neuen Herausforderungen ausgesetzt. Diesen Veränderungen trug eine Neuausrichtung der Junius-Reihe Rechnung, die seit 2003 von der verstorbenen Cornelia Vismann und zwei der Unterzeichnenden (M.H. und D.T.) verantwortet wurde.

Ein Jahrzehnt später erweisen sich die Kulturwissenschaften eher als notwendige Erweiterung denn als Neubegründung der Geisteswissenschaften. In den Fokus sind neue, nicht zuletzt politik- und sozialwissenschaftliche Fragen gerückt, die sich produktiv mit den geistes- und kulturwissenschaftlichen Problemstellungen vermengt haben. So scheint eine erneute Inventur der Reihe sinnvoll, deren Aufgabe unverändert darin besteht, kompetent und anschaulich zu vermitteln, was kritisches Denken und Forschen jenseits naturwissenschaftlicher Zugänge heute zu leisten vermag.

Zur Einführung ist für Leute geschrieben, denen daran gelegen ist, sich über bekannte und manchmal weniger bekannte Autor(inn)en und Themen zu orientieren. Sie wollen klassische Fragen in neuem Licht und neue Forschungsfelder in gültiger Form dargestellt sehen.

Zur Einführung ist von Leuten geschrieben, die nicht nur einen souveränen Überblick geben, sondern ihren eigenen Standpunkt markieren. Vermittlung heißt nicht Verwässerung, Repräsentativität nicht Vollständigkeit. Die Autorinnen und Autoren der Reihe haben eine eigene Perspektive auf ihren Gegenstand, und ihre Handschrift ist in den einzelnen Bänden deutlich erkennbar.

Zur Einführung ist in der Hinsicht traditionell, dass es den Stärken des gedruckten Buchs – die Darstellung baut auf Übersichtlichkeit, Sorgfalt und reflexive Distanz, das Medium auf Handhabbarkeit und Haltbarkeit – auch in Zeiten liquider Netzpublikationen vertraut.

Zur Einführung bleibt seinem ursprünglichen Konzept treu, indem es die Zirkulation von Ideen, Erkenntnissen und Wissen befördert.

Michael Hagner
Ina Kerner
Dieter Thomä

Inhalt

1. Einleitung: Kant, ein streitbarer Philosoph

»Allein wie viel und mit welcher Richtigkeit
würden wir wohl *denken*, wenn wir nicht
gleichsam in Gemeinschaft mit andern, denen
wir unsere und die uns ihre Gedanken
mittheilen, dächten!« (AA 08: 144)[1]

Das Denken Immanuel Kants hat die Philosophie, wie wir sie heute kennen, maßgeblich geprägt. Eine Einführung in sein Denken steht daher gleich in mehreren Hinsichten vor großen Herausforderungen. Nicht nur hat diese Philosophie uns bereits hinterrücks beeinflusst, bevor wir uns ihr zuwenden und in sie eintauchen können. Sie hat in Entsprechung ihrer großen Bedeutung auch eine Kanonisierung erfahren, die der Entwicklung von Kants Denken und der Schwierigkeit seiner Texte nicht immer gerecht wird. Zugleich hat sie in den letzten fast 250 Jahren der Geschichte der westlichen Philosophie, aber auch im intellektuellen Leben darüber hinaus zahlreiche kritische Auseinandersetzungen, Fortentwicklungen und Gegenprogramme angeregt, die jeweils auch ein neues Licht auf die Philosophie Kants werfen. Die philosophiehistorische Forschung hat schließlich seit über einhundert Jahren eine ungeheure Vielfalt von Deutungen hervorgebracht, die auch die auf den ersten Blick klarsten Unterscheidungen Kants in Zweifel ziehen lassen.

Das vorliegende Buch kann und soll aber keine westliche Geistesgeschichte sein, sondern in die Philosophie Immanuel Kants einführen. Daher werden wir Kants Texten folgen. Denn der Text ist zwar keineswegs das einzige, aber nach wie vor das wichtigste Medium der Philosophie. Eine Einführung anhand der Texte hat daher nicht nur den Vorteil, nicht von vornherein die mit der Kanonisierung eines Autors einhergehenden Vereinfachungen vorzunehmen, die bei der Lektüre selten hilfreich sind. Sie kann auch eine Philosophie in ihrer Entwicklung greifbarer machen, weil Kants Erörterung Fragen nicht nur beantwortet, sondern auch verschiebt, weil Antworten neue Fragen hervorbringen oder sich in Kontroversen als voreilig erweisen. Philosophisches Denken folgt selten einer geraden Bahn, sondern kommt häufig auf sich zurück und stellt gerade auch dadurch seine Produktivität unter Beweis.

Auf den ersten Blick ist gerade Kant scheinbar ein Gegenbeispiel. Kants Denken stand schon früh im Ruf der strengen und starren Systematik. Tatsächlich hat sich Kant stets darum bemüht, seine Gedanken so konsequent wie möglich zu entwickeln, und hat auch gern den Anspruch erhoben, seiner Philosophie eine systematische Form zu geben. Seine drei als Hauptwerke betrachteten Schriften legen schon mit ihren Titeln die Erwartung eines philosophischen Systems nahe und scheinen die Disziplinen der Philosophie nach vorgefasstem Plan abzuarbeiten: Die *Kritik der reinen Vernunft* von 1781 behandelt die theoretische Philosophie, die *Kritik der praktischen Vernunft* von 1788 die praktische Philosophie, und die *Kritik der Urteilskraft* von 1790 ergänzte sie mit einer Ästhetik. Kant selbst bemüht sich in seinen Vorreden und Einleitungen darum, eine solche Erwartung zu wecken und zu bekräftigen.

Eine solche Erwartung mag sich für die Kanonisierung eines Autors und seine eingängige Darstellung durchaus eignen. Es spricht jedoch kaum etwas dafür, dass sie der tatsächlichen Entwicklung entspricht. Nicht nur lässt Kant nirgends einen vorgefassten Plan für drei Kritiken erkennen. Es stellt sich auch bei der Lektüre der Kritiken ein anderer Eindruck ein. Kant scheint immer wieder neue philosophische Herausforderungen gesehen zu haben, für deren Bewältigung er eine weitere Kritik für nötig hielt. Er entwickelte seine Philosophie auf diese Weise von Kritik zu Kritik und schreckte dabei auch keineswegs davor zurück, seine Begrifflichkeiten zu erweitern und wenn nötig abzuwandeln, seine argumentativen Strategien zu ergänzen und wenn nötig anzupassen. Wenn man den Texten Schritt für Schritt folgt, dann zeigt sich Kants Philosophieren somit nicht auf die starre Ausführung eines vorgefassten Plans reduziert. Vielmehr zeigt sich, dass Kant gerade aus seinem Bemühen um ein philosophisches System die Motivation für eine beharrliche und konsistente Arbeit bezog, die sich stets mit philosophischen Herausforderungen konfrontierte und dabei die Bereitschaft einschloss, über das Erreichte hinauszugehen und die Prämissen des eigenen Denkens nochmals zu prüfen.

Die philosophischen Herausforderungen, die Kant von Kritik zu Kritik geführt haben, sind dabei nicht nur systematische Probleme, sondern verdanken sich auch Rezensionen, Kritiken und Kontroversen. Zwar besteht bei einem berühmten Philosophen wie Kant stets die Gefahr, ihn als selbstgenügsamen Denker zu betrachten, weil er in der historischen Fernsicht seine Zeitgenossen überstrahlt. Die philosophiehistorische Forschung der letzten Jahrzehnte hat jedoch immer detaillierter herausarbeiten können, wie sehr sich Kants Denken und seine Entwicklung auch aus zeitgenössischen Debatten speisen. Denn Kant war ein streitbarer Philosoph, der Kritik aufmerksam wahrnahm und mit Klarstellungen reagierte, der Einwände produktiv aufnahm oder ihnen streitlustig begegnete. Auch an Polemiken hatte er seine Freude und bei Bedarf offenbar eine scharfe Feder zur Hand.

Aus Debatten und Kontroversen ergaben sich Kant daher wichtige systematische Anregungen und Herausforderungen. Wenn im Folgenden versucht wird, die Philosophie Kants in ihrer Entwicklung und Produktivität verständlich zu machen, dann werden deshalb auch Debatten und Kontroversen einzubeziehen sein, die sie begleitet und geprägt haben. Im Rahmen einer Einführung ist dies jedoch leider nur sehr begrenzt möglich, weil es dafür ausführlicher Schilderungen und aufwendiger Rekonstruktionen bedarf. Es wurde dennoch versucht, einige wenige Diskussionskontexte anzureißen, um deutlich zu machen, wie eng Kants Philosophieren und seine Produktivität dadurch bedingt wurden, dass es sich auf Debatten und Kontroversen einließ, die sich immer auch um Fragen ihrer Zeit drehten. Die Einbeziehung von solchen historischen Kontexten schränkt die Relevanz und Aktualität der kantischen Philosophie keineswegs ein, sofern sie nicht gleichzusetzen ist mit den Antworten, die ein systematisches Lehrgebäude auf heutige Fragen geben mag. Ganz im Gegenteil kann und soll die Aktualität und Relevanz von Kants Philosophieren gerade in seinen Fragen und Problemen verortet werden, die seine Entwicklung angetrieben haben – und auch einen Anstoß für heutiges Denken bilden können, ob es nun einen mutmaßlich kantischen Weg einschlägt oder nicht.

2. Kants Leben

Immanuel Kant war ein alter Mann, als er am 12. Februar 1804 starb. Er war fast achtzig Jahre alt geworden, was damals außergewöhnlich war, und zuletzt gezeichnet von einem körperlichen und geistigen Verfall, den wir heute wohl Demenz nennen würden. Doch hatte er seit dem Erscheinen der *Kritik der reinen Vernunft* 1781 zwei äußerst produktive Jahrzehnte erlebt, die ihn zu einem der einflussreichsten Philosophen der Philosophiegeschichte machen sollten. Der Preis war ein konzentriertes, arbeitsames Leben, das zusammen mit Kants Hang zur Ordnung wohl dazu beitrug, dass der ›alte Kant‹ Gegenstand zahlreicher Anekdoten und Legenden wurde, die unser Bild von ihm bis heute prägen. Der schrullige und verschrobene Alte der ›Erinnerungen‹ von Freunden und Bekannten aus seinen letzten Jahren verdeckte geradezu das Leben Kants und beeinflusste nicht zuletzt auch die Wahrnehmung seiner Philosophie (vgl. Kühn 2003: 15–33).

Immanuel Kant wurde am 22. April 1724 in Königsberg geboren, der damals zweitgrößten Stadt Preußens, als Sohn von Anna Regina und Johann Georg Kant. Als Riemenmeister hatte sein Vater durchaus ein gutes Auskommen, wurde aber zunehmend in den Niedergang seines Handwerks hereingezogen. Immanuel besuchte zwischen 1732 und 1740 das Collegium Fridericianum in Königsberg, wo die Erziehung sehr streng und unter dem Einfluss des Pietismus ganz auf Frömmigkeit ausgerichtet war. Als Kant am 24. September 1740 als Student der Universität Königsberg registriert wurde, trat er in ein Universitätsleben ein, das von konfessionellen und politischen Fronten durchzogen war. Er wählte nicht die sichere Laufbahn des Theologen, sondern die Unsicherheit der Philosophie. 1746 trat er mit einer naturphilosophischen Schrift erstmals als Autor mit offenbar großen Ambitionen vor die Öffentlichkeit, noch bevor er 1748 sein Studium abschloss und für einige Jahre als Hauslehrer in der Nähe von Königsberg tätig war.

Wiederum an der Universität Königsberg promovierte er 1755 und war dort bald als Privatdozent so erfolgreich tätig, dass ihm dies ein Auskommen sicherte und die rege Teilnahme am gesellschaftlichen Leben der Stadt ermöglichte. Nachdem er bereits Rufe nach Erlangen und Jena abgelehnt hatte, waren seine Bemühungen um eine Professur in Königsberg schließlich erfolgreich: 1770 wurde er Professor für Logik und Metaphysik und blieb es zeit seines Lebens, auch wenn er als berühmter Philosoph später einige gut dotierte Rufe an andere Universitäten erhielt. Seine Vorlesungstätigkeit war zeitlich wie inhaltlich umfangreich und schloss auch populärere Themen wie die Pädagogik, Physische Geographie oder Anthropologie ein. Innerhalb von zehn Jahren erscheinen in den 1780er Jahren die Werke, die mit Kants Namen vor allem verbunden werden: die *Kritik der reinen Vernunft* (1781), die *Grundlegung zur Metaphysik der Sitten* (1785), die *Kritik der praktischen Vernunft* (1788) und die *Kritik der Urteilskraft* (1790).

In den 1780er und 1790er Jahren publiziert Kant darüber hinaus zahlreiche, teils populäre und viel beachtete Aufsätze, die insbesondere auch Fragen zu Gesellschaft, Politik und Religion betreffen. Seine Schrift *Die Religion innerhalb der Grenzen der bloßen Vernunft* von 1793 bringt ihn in Konflikt mit den Zensurbehörden. Die Sanktionsdrohung des Preußischen Königs

Friedrich Wilhelm II. macht Kant nach dessen Tod selbst öffentlich, und zwar in der Vorrede einer Schrift von 1798, die das Verhältnis der Fakultäten innerhalb der Universität behandelt und insbesondere die Freiheit der Philosophie einklagt. Ab 1800 zieht er sich aus gesundheitlichen Gründen von seinen Amtspflichten zurück und gibt die eigene Publikationstätigkeit auf. Am 12. Februar 1804 stirbt Immanuel Kant.

3. Erkenntnis der Natur

Die Schrift *Träume eines Geistersehers, erläutert durch Träume der Metaphysik* von 1766 stellt einen Wendepunkt in Kants Verständnis des Philosophierens dar. Sie ist aber zugleich ein lesenswertes Beispiel für seine polemischen Schriften, denn die ganze Anlage des Textes ist polemisch. Kant unterstellt der Metaphysik nämlich, dieselben Fehler zu begehen wie der sensationsheischende ›Geisterseher‹ Emanuel Swedenborg, der damals mit seinen Visionen eine, wenn auch vergängliche Berühmtheit erlangt hatte: »Man wird vermuthlich fragen, was mich doch immer habe bewegen können ein so verachtetes Geschäfte zu übernehmen, als dieses ist, Märchen weiter zu bringen, die ein Vernünftiger Bedenken trägt mit Geduld anzuhören, ja solche gar zum Text philosophischer Untersuchungen zu machen. Allein da die Philosophie, welche wir voranschickten, eben so wohl ein Märchen war aus dem *Schlaraffenlande* der Metaphysik, so sehe ich nichts Unschickliches daran, beide in Verbindung auftreten zu lassen« (AA 02: 356).

Ein solch polemischer und streitlustiger Ton ist in Kants Schriften keineswegs selten, auch wenn er in den Kritiken und anderen systematischen Schriften weniger deutlich hervortritt. Er ist in den *Träumen eines Geistersehers* aber umso auffälliger, als Kant hier mit der traditionellen rationalistischen Philosophie abrechnet, von der er in seinen eigenen Schriften auch selbst ausgegangen war. Er mimt so zwar ironisch den »Lehrbegierigen [...], vor dessen Augen im Fortschritt der Untersuchung sich öfters Alpen erheben, wo andere einen ebenen und gemächlichen Fußsteig vor sich sehen, den sie fortwandern oder zu wandern glauben« (AA 02: 324). In seiner Polemik erwähnt Kant jedoch nicht, dass auch er selbst lange auf diesem ›gemächlichen Fußsteig‹ zu wandern glaubte und sich ihm der Ausblick auf die alpinistischen Herausforderungen gerade erst aufgetan hatte. Er wendet sich vielmehr entschlossen den philosophischen Problemen zu und versucht sie in den Folgejahren zu bewältigen, bis er sie mit der *Kritik der reinen Vernunft* von 1781 zunächst gemeistert glaubt. Es werden sich jedoch neue Ausblicke auftun und neue Probleme zeigen, die Kant weiter beschäftigen werden und die Philosophie bis heute auf Trab halten.

Kants Abrechnung mit der traditionellen Philosophie ist maßgeblich motiviert durch seine Kritik an ihrer mangelhaften Rechtfertigung und Methode. Kant wirft der philosophischen Tradition vor, allzu forsch mit Begriffen zu hantieren, ohne zu klären, ob ihnen überhaupt reale Gegenstände entsprechen können oder sie wenigstens einen eindeutigen Sinn haben. Wie wichtig eine solche Klärung wäre, zeigt Kant exemplarisch am Begriff der Seele oder von einem »geistigen Wesen« (AA 02: 319). Seine demonstrativen Bemühungen führen nicht nur zu der Einsicht, dass diesem Begriff kein Gegenstand entsprechen und er ebenso wenig einen bestimmbaren Sinn haben kann (vgl. AA 02: 320). Kant folgert daraus auch, dass nicht alles, was wir uns vorstellen oder zumindest benennen können, deshalb schon ein Gegenstand unserer Erkenntnis ist. Unbekümmert hatten Philosophen dennoch allerlei von ›geistigen Wesen‹ behauptet, ohne es beweisen zu können, aber auch ohne fürchten zu müssen, widerlegt zu werden. Endlose und sinnlose Streitereien waren die Folge: »Dergleichen Sätze lassen sich nur sehr seichte, oder gar nicht beweisen und, weil die Natur der Seele im Grunde nicht bekannt gnug ist, auch nur eben so schwach widerlegen. Ich würde also mich in keine Schulgezänke einlassen, wo gemeiniglich beide Theile alsdann am meisten zu sagen haben, wenn sie von ihrem Gegenstande gar nichts verstehen« (AA 02: 326). Kant empfiehlt daher, »sich mit dergleichen vorwitzigen oder müßigen Fragen gar nicht zu bemengen und sich an das Nützliche zu halten. Weil dieser Anschlag aber vernünftig ist, so ist er jederzeit von gründlichen Gelehrten durch die Mehrheit der Stimmen verworfen worden.« (AA 02: 318)

Kant begnügt sich indes keineswegs damit, von den Streitereien Abstand zu nehmen, die aus seiner Sicht die Philosophiegeschichte geprägt haben. Vielmehr möchte er diesen Streitereien ein Ende bereiten und fordert deshalb, dass sich die Philosophie ihrer eigenen Möglichkeit und Methode versichern müsse, bevor sie sich voreilig im Besitz von scheinbaren Erkenntnissen wähnt (vgl. auch KrV, A 3–5/B 7–9). Wie sich am Begriff des geistigen Wesens andeutet, heißt dies negativ formuliert zuallererst, die »Grenzen der menschlichen Vernunft« (AA 02: 368) zu bestimmen: Wir müssen diese Grenzen ziehen, damit wir allein dasjenige zu erkennen suchen, was wir auch erkennen können. Nur so lassen sich die haltlosen Streitereien vermeiden, die aus Kants Sicht dazu führten, dass die Metaphysik, die einst als »*Königin* aller Wissenschaften« galt, eine allseits verachtete »Matrone« geworden ist, die »verstoßen und verlassen« nur noch ihr trauriges Schicksal beklagen kann (KrV, A VIII). Die Philosophie Kants versteht sich daher spätestens seit der *Kritik der reinen Vernunft* programmatisch als das Unterfangen, die Grenzen der menschlichen Vernunft zu bestimmen, um unsere Erkenntnisbemühungen auf das Feld einzuschränken, in dem wir tatsächlich Erkenntnisse erlangen können.

Das Vorhaben der *Kritik der reinen Vernunft* wurde von Kant selbst daher als eine Übung in Bescheidenheit und Demut betrachtet. Denn die Philosophie müsste in der Konsequenz auf die altehrwürdigen Gegenstände der Metaphysik Verzicht leisten, wie zum Beispiel die Seele und Gott. Dennoch hat Kant aber nicht, wie man vor dem Hintergrund der Metaphysikkritik des 20. Jahrhunderts erwarten könnte, zum Ziel, die Metaphysik abzuschaffen oder zu überwinden. Vielmehr soll sie neu begründet werden: Die *Kritik der reinen Vernunft* soll die ›Grenzen der menschlichen Vernunft‹ gerade deshalb bestimmen und zu respektieren lehren, um der Metaphysik innerhalb dieser Grenzen eine neue und feste Grundlage zu geben (vgl. KrV, A XII–XIV; vgl. De Boer 2020: 1–11). Trotz aller Kritik an rationalistischen Philosophien von Descartes über Leibniz bis hin zu Wolff hält Kant dabei an dem traditionellen Anspruch fest, dass die metaphysische Erkenntnis weder aus der Erfahrung entspringen noch in ihr ihren Ausweis finden und gerade deshalb strikte Allgemeinheit und Notwendigkeit für sich beanspruchen kann (vgl. Hogan 2010: 21–26).

Kants Vorhaben der Neubegründung der Metaphysik wurde von seinen Zeitgenossen deshalb auch keineswegs immer als Ausdruck einer neuen philosophischen Bescheidenheit und Demut wahrgenommen. Denn den »sicheren Gang einer Wissenschaft« (KrV, B XIV), auf den Kant die Philosophie erklärtermaßen bringen wollte, verstand er letztlich als den Weg zu seiner eigenen Philosophie. Dessen scheint er sich jedenfalls sicher zu sein, wo er gegen seine Kritiker auf Seiten der traditionellen Metaphysik polemisiert: »Wenn aber nach *Shaftesbury's* Behauptung es ein nicht zu verachtender Probirstein für die Wahrheit einer [...] Lehre ist, wenn sie das *Belachen* aushält, so müßte wohl an den kritischen Philosophen mit der Zeit die Reihe kommen *zuletzt* und so auch am besten zu lachen; wenn er die papierne Systeme derer, die eine lange Zeit das große Wort führten, nach einander einstürzen und alle Anhänger derselben sich verlaufen sieht: ein Schicksal, was jenen unvermeidlich bevorsteht.« (AA 06: 208 f.) Ein solcher Anspruch findet sich immer wieder in Kants Schriften, und selbst in späten Jahren besteht für Kant offenbar kein Zweifel. Die Preisfrage der Berliner Akademie der Wissenschaften, welches die wirklichen Fortschritte seien, die die Metaphysik seit Leibniz' und Wolffs Zeiten gemacht habe, beantwortet Kant in einem Entwurf, der Mitte der 1790er Jahre entstanden sein dürfte, nämlich ganz einfach: Dieser Fortschritt ist allein in seiner eigenen Philosophie zu sehen (vgl. AA 20: 261–264). Von seinen Zeitgenossen wurde ein solcher Anspruch durchaus auch als Anmaßung wahrgenommen, und insbesondere die Philosophen der Aufklärung mussten darin geradezu eine Kampferklärung sehen: Kants Anspruch auf eine wissenschaftliche Selbstbegründung der Philosophie stand im scharfen Widerspruch zu der Offenheit des empirischen Wissens, der Vielstimmigkeit des philosophischen Diskurses und auch dem Streit als Weg zu einer pluralistischen Wahrheit, denen sie sich verpflichtet fühlten (vgl. Pietsch 2010: 193–238, 295–303; Martus 2015: 11–17, 835–838). Wenn wir Kant heute als Vertreter der Aufklärung im Sinne des »Zeitalters der *Kritik*, der sich alles unterwerfen muß« (KrV, A XI, Anm.), sehen, dann sollten wir daher nicht vergessen, dass er in dieser Hinsicht zugleich in einem scharfen Konflikt zur historischen Aufklärung steht und durchaus mehr mit der traditionellen Metaphysik als der modernen empirischen Wissenschaft zu tun hat. Kants Kritik soll nämlich fortan alle weitere Kritik erübrigen und allem Streit ein Ende setzen. So erfolgreich Kant darin war, die Philosophie der kommenden Jahrhunderte zu prägen, so wirkungslos war jedoch sein Versuch, eine einzige Philosophie zu begründen und dem philosophischen Streit ein Ende zu setzen.

3.1 Philosophische Schifffahrten zwischen Metaphysik und Erfahrung

Für Kants Unterfangen, der Metaphysik Grenzen zu ziehen und ihr zugleich eine neue, sicherere Grundlage zu verleihen, erweist sich ihr Verhältnis zur Erfahrung als zentral. Dieses Verhältnis von Metaphysik und Erfahrung wird an einer berühmten Stelle der *Kritik der reinen Vernunft* mithilfe einer altehrwürdigen Metapher erörtert (vgl. Vaihinger 1881: 39 f.). Der Weg der menschlichen Erkenntnis wurde schon lange mit einer Schifffahrt verglichen, die großen Gewinn verspricht und dafür zahllose Gefahren auf sich nimmt. In dem berühmten Frontispiz von Francis Bacons *Novum Organum* (1620) beispielsweise sticht ein Schiff ins Meer und lässt zwei antike Säulen am Ausgang des Hafens hinter sich, was das Unterfangen der modernen Wissenschaft vor Augen führen soll, an die Stelle des überlieferten, aristotelischen Wissens empirische Erkenntnisse treten zu lassen, die sie mithilfe von Beobachtung und Experiment zu gewinnen hofft. Unter Philosophen des 18. Jahrhunderts war eine andere, kritische Wendung dieser Metaphorik üblich: Die Schifffahrt steht hier für eine Metaphysik, die auf dem freien Meer ihrer von aller Erfahrung losgelösten Spekulationen keine Erkenntnis gewinnt, sondern die Orientierung verliert und letztlich Schiffbruch erleidet.

Es ist diese Ausgestaltung der Metaphorik der Schifffahrt, der sich Kant in seiner Kritik an der traditionellen Metaphysik anschließt (vgl. Pietsch 2010: 249–253). In der *Kritik der reinen Vernunft* beschwört er so das Schicksal der Metaphysik, sich »auf einen uferlosen Ozean zu wagen, der uns, unter immer trüglichen Aussichten, am Ende nötigt, alle beschwerliche und langwierige Bemühung, als hoffnungslos aufzugeben« (KrV, A 396). Anders als das offene Meer, auf dem die Philosophie jegliche

Orientierung zu verlieren droht und schließlich jeder Hoffnung entsagen muss, gewährt das Festland sichere Erkenntnis, wie Kant an einer zweiten Stelle eindrücklich schildert: »Dieses Land [des reinen Verstandes, A.S.] aber ist eine Insel, und durch die Natur selbst in unveränderliche Grenzen eingeschlossen. Es ist das Land der Wahrheit (ein reizender Name), umgeben von einem weiten und stürmischen Ozeane, dem eigentlichen Sitze des Scheins, wo manche Nebelbank, und manches bald wegschmelzende Eis neue Länder lügt, und indem es den auf Entdeckungen herumschwärmenden Seefahrer unaufhörlich mit leeren Hoffnungen täuscht, ihn in Abenteuer verflechtet, von denen er niemals ablassen, und sie doch auch niemals zu Ende bringen kann.« (KrV, A 235 f./B 294 f.)

Kants Metaphorik der Schifffahrt setzt den ›uferlosen Ozean‹, in dem sich die traditionelle Metaphysik in haltlosen Spekulationen der Vernunft verliert, zunächst in Gegensatz zum ›Land der Wahrheit‹, in dem der ›reine Verstand‹ sichere Erkenntnis zu erlangen vermag. Dieser Eindruck wird noch dadurch verstärkt, dass Kant daraus die Aufgabe »einer nach sicheren Grundsätzen vollzogenen Grenzbestimmung« (KrV, A 395) ableitet. Es wäre demnach das erste Ziel, der Vernunft und der Metaphysik Grenzen zu setzen und sie davon abzuhalten, den trügerischen Versprechungen des Meeres zu folgen. Einer Schifffahrt scheint es dazu nicht zu bedürfen, kann man die Grenzen des Landes doch sehr gut auch mit festem Boden unter den Füßen bestimmen. Jedoch verwirft Kant dieses Vorgehen ganz offenbar. Denn es erscheint ihm keine gangbare Alternative, »sein Schiff, um es in Sicherheit zu bringen, auf den Strand (den Scepticism) [zu] setz[en], da es denn liegen und verfaulen mag« (AA 04: 262). Ein solcher Verzicht auf jegliche Schifffahrt, den er dem empiristischen Philosophen David Hume anlastet, hält Kant offenbar für übereilt und fruchtlos.

Die eigentliche Pointe der Metaphorik der Schifffahrt ist bei Kant daher nicht eine schroffe Entgegensetzung der Metaphysik mit ihren haltlosen Spekulationen der Vernunft auf der einen Seite und der sicheren Erkenntnis des Verstandes im Zusammenhang der Erfahrung auf der anderen Seite. Vielmehr erörtert Kant dieses Verhältnisses mithilfe seiner Metaphorik differenzierter. Denn er beschwört zwar die Gefahren der metaphysischen Schifffahrt auf dem ›uferlosen Ozean‹ der haltlosen Vernunftspekulation. Er hält die Schifffahrt in Sichtweite der Küsten aber durchaus für sinnvoll und empfiehlt damit, »die Fahrt unserer Vernunft nur so weit, als die stetig fortlaufende Küsten der Erfahrung reichen, fortzusetzen« (KrV, A 395 f.). Diese Formulierung wie auch die angeführte Polemik gegen Hume macht deutlich, dass im Zentrum von Kants Gebrauch dieser Metaphorik nicht die Entgegensetzung von Metaphysik und Erfahrung, sondern der Bezug der Philosophie zur Erfahrung steht. Wenn die Philosophie zum einen nicht wie Hume auf alle Schifffahrt verzichten soll, dann deshalb, weil ihre Erkenntnis sich nicht auf bloße Erfahrung reduzieren lassen kann. Wenn die Philosophie sich zum anderen aber auf die Schifffahrt entlang der Küsten beschränken soll, dann deshalb, weil sie mit dem Blick zum Land den Bezug zur Erfahrung aufrechterhält, der sie allein vor den haltlosen Vernunftspekulationen der Metaphysik bewahren kann. Die Küstenschifffahrt steht so für eine Philosophie, deren Erkenntnis sich nicht auf Erfahrung reduziert, die sich aber auch nicht, wie die traditionelle Metaphysik, verhängnisvollerweise von aller Erfahrung abzulösen sucht.

Diese Bestimmung des Verhältnisses von Philosophie und Erfahrung in der *Kritik der reinen Vernunft* ist das Ergebnis einer Entwicklung von Kants Denken, die sich an den Verschiebungen der Schifffahrtsmetaphorik nachzeichnen lässt. In den früheren, oft so genannten ›vorkritischen‹ Schriften hatte Kant die

Fahrt aufs freie Meer noch für möglich gehalten und insofern einer Metaphysik losgelöst von der Erfahrung mehr zugetraut. So spricht er 1763 mit Blick auf einen möglichen Beweis der Existenz Gottes davon, man müsse »sich auf den bodenlosen Abgrund der Metaphysik wagen. Ein finsterer Ocean ohne Ufer und ohne Leuchtthürme, wo man es wie der Seefahrer auf einem unbeschifften Meere anfangen muß, welcher, so bald er irgendwo Land betritt, seine Fahrt prüft und untersucht, ob nicht etwa unbemerkte Seeströme seinen Lauf verwirrt haben, aller Behutsamkeit ungeachtet, die die Kunst zu schiffen nur immer gebieten mag.« (AA 02: 66) Offenbar droht auch hier bereits die Orientierungslosigkeit auf dem freien Meer. Jedoch erscheint es zugleich wichtig und möglich, sich weiter auf das Meer hinauszuwagen, um nur gelegentlich an Land zurückzukehren und dort etwaige Abweichungen von der geplanten Route korrigieren zu können.

Einige Jahre zuvor, 1756, scheinen Kant die Gefahren des Meeres noch gänzlich unbekannt. Es ist zu dieser Zeit allein die heroische Fahrt aufs Meer, die unserer Erkenntnis eine sichere Grundlage und Orientierung zu verschaffen verspricht: »Weil es jedoch kaum jemandem unter den Sterblichen vergönnt sein dürfte, auf dem geraden Weg der Wahrheit mit festem Schritt fortzuschreiten, ohne hier und da nach einer von beiden Seiten abzuweichen, so haben einige diesem Gesetz bis zu dem Punkte Raum gegeben, daß sie es gar nicht mehr übers Herz brachten, sich bei Erforschung der Wahrheit auf die hohe See zu wagen, sondern es für dienlicher hielten, immer am Ufer entlangzusegeln: sie haben nur demjenigen Zutritt verstattet, was durch das Zeugnis der Erfahrung unmittelbar bekannt wird. Und in der Tat können wir auf diesem Wege die Gesetze der Natur zuverlässig auseinandersetzen, nicht aber den Ursprung und die Ursachen der Gesetze.« (Phys. Mon., 517) Bloß am Ufer entlangzusegeln, wie es die *Kritik der reinen Vernunft* empfehlen wird, bedeutet hier noch, sich mit zu wenig zufriedenzugeben. Denn Kant setzt diese Küstenschifffahrt 1756 mit der Erfahrung und Erkenntnis der ›Gesetze der Natur‹ gleich, während die Fahrt aufs freie Meer eine grundlegende Einsicht in ›den Ursprung und die Ursachen‹ dieser Gesetze verspricht. In der *Kritik der reinen Vernunft* von 1781 haben sich die Verhältnisse insofern umgekehrt, als die Küstenschifffahrt nun nicht mehr bedeutet, die Philosophie auf Erfahrung zu beschränken. Vielmehr soll sie über Erfahrung hinausgehen, ohne sich von Erfahrung zu lösen. Wie wir im Laufe dieses Kapitels sehen werden, verspricht die Küstenschifffahrt so zwar keine Erkenntnis des ›Ursprungs‹ und der ›Ursachen der Gesetze‹ mehr. Sie hat aber doch das Ziel, unserer Erkenntnis der Gesetze der Natur eine philosophische Begründung zu verleihen, die nach Kants Auffassung aus der bloßen Erfahrung nicht zu gewinnen ist.

Wie sich Kants Metaphorik der Schifffahrt verschiebt, gibt schließlich zu erkennen, wie eng seine Überlegungen zur Beziehung der Metaphysik zur Erfahrung mit dem Verhältnis der Philosophie zu den Wissenschaften verbunden sind. Wenn Kant die Erfahrung als eine Erkenntnis der ›Gesetze der Natur‹ bezeichnet, dann bezieht er sich damit auf die moderne Naturwissenschaft, die ihm in der Gestalt der Newton-Galilei'schen Physik als strahlendes Vorbild vor Augen stand. Sie wurde im 18. Jahrhundert allgemein noch als ein Teil der Philosophie betrachtet, begann sich aber bereits methodisch und institutionell zu emanzipieren. Demgegenüber hielt die Metaphysik an ihrem alten Anspruch fest, diese Erfahrungserkenntnis zu begründen, und berief sich dabei wie Kant noch 1756 auf eine Erkenntnis des ›Ursprungs‹ und der ›Ursachen der Gesetze‹, die selbst unabhängig und vorgängig zu aller Erfahrung sei. Jedoch gelangte Kant zu der Einsicht, dass die Metaphysik eine solche, scheinbar gewisse Erkenntnis zwar behauptete, in ihren Streiten und Disputen aber sogleich selbst demontierte. Daher scheint es Kant nun dringlich, die Metaphysik auf eine neue Grundlage zu stellen, die es ihr erlaubt, an die Erfolge der Naturwissenschaft anzuknüpfen. Genauer gesagt soll sie in der Wissenschaft offenbar ihr eigenes Vorbild erkennen, wenn Kant die Philosophie auf den »sicheren Gang einer Wissenschaft« (KrV, B XIV) bringen möchte.

Der Gang der Philosophie beschreitet aber dennoch einen eigenen Weg. Kant will die Metaphysik gerade nicht auf Erfahrung reduzieren und hält an dem überkommenen Anspruch fest, dass das metaphysische Wissen ein strikt notwendiges und allgemeines ist. Dessen vorrangiger Gegenstand sollen nach Kant nun aber die ›Gesetze der Natur‹ sein, die zwar von den Naturwissenschaften empirisch erforscht werden, in ihrer Notwendigkeit aber nur durch die Philosophie zu begründen sind. Zwar geht dieser Anspruch nicht mehr damit einher, dass die Philosophie für sich eine Einsicht in die ›Ursachen‹ der Gesetze behauptet. Wie wir sehen werden, nimmt dieser Anspruch mit der Bestimmung des Verhältnisses von Metaphysik und Vernunft zur Erfahrung vielmehr eine neue Form an: Wenn Kant Metaphysik und Vernunft an die Erfahrung zurückbinden möchte, ohne sie auf bloße Erfahrung zurückzuführen, dann geht es ihm letztlich um eine Begründung der Gesetze der Natur, die in letzteren auf die Erfahrung bezogen ist, aber nicht auf Erfahrung beruhen kann. Es ist diese Aufgabe, die Kant für die Philosophie gegenüber den Wissenschaften zu behaupten versucht und in das Zentrum seines eigenen Philosophierens rückt. Diese Neubestimmung des Verhältnisses von Metaphysik und Erfahrung bildet den Hintergrund der Theorie der Erfahrung und wissenschaftlichen Erkenntnis in der *Kritik der reinen Vernunft*.

In diesem Kapitel sind diese argumentativen Zusammenhänge ausführlich zu erörtern. Es bleibt jedoch festzuhalten, dass dieses Vorgehen, das wir mit dem Namen Immanuel Kants hauptsächlich verbinden, erst in der *Kritik der reinen Vernunft* deutlich wird. Die *Träume eines Geistersehers* lassen dagegen die Ausgangslage und die Herausforderungen erkennen, mit denen sich Kant konfrontiert sah. Die traditionelle Metaphysik hatte mit dem Vorhaben, allein durch Vernunft Erkenntnisse zu erlangen, die keinen Bezug zur Erfahrung haben, Schiffbruch erlitten: Sie versprach Erkenntnisse, die über die Grenzen der Erfahrung hinausführen und daher keinerlei Ausweises mit Bezug auf die Erfahrung bedürfen, zog jedoch bloß endlose Streitereien nach sich (vgl. KrV, A 2–6/B 6–10). Um die Philosophie und Metaphysik vor diesem Schicksal zu bewahren, schien es Kant unabdingbar, sie an die Erfahrung zurückzubinden, ohne dass er ihre Erkenntnis auf bloße Erfahrung zurückführen wollte, was er Hume vorwarf. Vielmehr wird er versuchen, die genuine Erkenntnis der Philosophie gerade dadurch zu rechtfertigen, dass sie sich auf die empirische Erkenntnis der Naturwissenschaften bezieht und sie zugleich begründet, wie es auf der Grundlage der bloßen Erfahrung allein nicht möglich wäre. Es ist die Aufgabe der *Kritik der reinen Vernunft*, die diesen Weg bahnen und damit eine Metaphysik im Bezug zur Erfahrung begründen soll. Bis es 1781 so weit war, brauchte es nach den *Träumen eines Geistersehers* jedoch noch ganze 15 Jahre konzentrierter und beharrlicher Arbeit (vgl. Mohr/Willaschek 1998: 10–13; Guyer 2010: 2–6).

3.2 Wie wird apriorische Erkenntnis möglich?

Die *Kritik der reinen Vernunft* zielt auf die Begründung einer Metaphysik ab, die stets ihren Bezug zur Erfahrung wahrt, ohne sich auf Erfahrung zu beschränken. Die Metaphysik kann sich daher zu ihrer Begründung nicht auf Erfahrung berufen, so dass ihre Erkenntnisse als a priori zu charakterisieren sind: »Man nennt solche *Erkenntnisse a priori*, und unterscheidet sie von den *empirischen*, die ihre Quellen a posteriori, nämlich in der Erfahrung, haben.« (KrV, B 2) Genauer noch sollen die apriorischen Erkenntnisse im strengen Sinne »schlechterdings von aller Erfahrung unabhängig« (KrV, B 3) sein.

Es stellt sich damit aber sogleich die Frage, woran wir solche apriorischen Erkenntnisse überhaupt erkennen und also von empirischen Erkenntnissen unterscheiden können. Bislang haben wir sie nur dahingehend charakterisiert, dass sie ›schlechterdings von aller Erfahrung unabhängig‹ seien. Eine solche negative Charakteristik ergibt aber kein Kriterium zum Nachweis einer apriorischen Erkenntnis, denn wie sollte man eine solche Unabhängigkeit überzeugend belegen? Es scheint auf der Hand zu liegen, dass manche Erfahrungen von sinnlichen Eindrücken abhängen. Denn was sollte uns beispielsweise darüber belehren, welche Farbe eine bestimmte Rose hat, wenn nicht ein sinnlicher Eindruck? Wie wäre aber zu zeigen, dass eine Erkenntnis unabhängig von sinnlichen Eindrücken ist, falls sie es denn ist? Nehmen wir beispielsweise das mathematische Theorem, dass die Summe der Innenwinkel eines Dreiecks 180 Grad beträgt. Kant vertritt die These, dass ein solches mathematisches Theorem eine apriorische Erkenntnis sei. Wie lässt sich aber widerlegen, dass diese Erkenntnis, wie schon Locke argumentiert hatte, sehr wohl von sinnlichen Eindrücken abhängt? Nach Locke bilden wir nämlich nicht nur den Begriff des Dreiecks aus der Erfahrung, sondern gewinnen auch die Erkenntnis, dass die Summe der Winkel 180 Grad beträgt, aus Erfahrung: Indem wir diesen Zusammenhang an beliebigen Dreiecken immer wieder beobachten und bestätigen können, festigt sich mehr und mehr die Überzeugung, dass er für alle Dreiecke gilt (vgl. Locke 1975 [1700]: 528–530, 654 f.). Was spricht aus Kants Sicht gegen eine solche Abhängigkeit der mathematischen Erkenntnis von den sinnlichen Eindrücken?

Kant wählt im Rahmen der »Einleitung« eine indirekte Argumentation. Er führt nämlich zwei Kriterien ein, durch die sich apriorische von empirischen Erkenntnissen unterscheiden lassen sollen, weil sie anders als letztere nicht von sinnlichen Eindrücken abhängen. Das erste Kriterium ist die Notwendigkeit: »Findet sich also *erstlich* ein Satz, der zugleich mit seiner *Notwendigkeit* gedacht wird, so ist er ein Urteil a priori« (KrV, B 3). Notwendig ist dabei nicht der Satz als solcher, sondern vielmehr der Sachverhalt, den er ausdrückt, weshalb Kant in der ersten Auflage der *Kritik der reinen Vernunft* auch von einer »innern Notwendigkeit« (KrV, A 2) spricht. Notwendig soll demnach sein, worauf sich die Erkenntnis bezieht und was der sie artikulierende Satz besagt. Eine solche Notwendigkeit spricht Kant der Erfahrung schlechthin ab: »Erfahrung lehrt uns zwar, daß etwas so oder so beschaffen sei, aber nicht, daß es nicht anders sein könne.« (KrV, B 3)

Greifen wir nochmals auf das Beispiel der mathematischen Erkenntnis zurück. Nach Lockes Verständnis erscheint zumindest denkbar, dass wir immer wieder die Beobachtung machen, dass sich die Innenwinkel von Dreiecken zu 179 Grad addieren, und also schließlich zur Erkenntnis gelangen, dass die Summe der Innenwinkel von Dreiecken 179 Grad beträgt. Insofern die Beobachtung an Dreiecken resp. die sinnlichen Eindrücke am Anfang der mathematischen Erkenntnis stehen, könnte diese Beobachtung auch anders ausfallen. Die aus ihr zu gewinnende Erkenntnis besagt daher nur, wie es sich tatsächlich verhält, ohne dass sie uns darüber belehrt, warum es sich so verhält und also nicht anders sein kann. Da empirische Erkenntnis keine solche

Begründung zu liefern vermag, schreibt ihr Kant daher auch eine gewisse »Zufälligkeit« (KrV, B 4) zu. Das mathematische Theorem von der Summe der Innenwinkel des Dreiecks besagt dagegen nicht nur, dass es sich so und so verhält, sondern sein Beweis zeigt uns auch, dass es ›nicht anders sein‹ kann. Es artikuliert damit jene ›innere Notwendigkeit‹, die die apriorische Erkenntnis gegenüber aller Erfahrung auszeichnet.[2]

Das zweite Kriterium der apriorischen Erkenntnis ist auch nach Kants eigenem Bekunden eng verknüpft mit der Notwendigkeit. Wenn eine Erkenntnis nicht nur einen bestehenden Sachverhalt besagt, sondern uns auch darüber belehrt, dass es nicht anders sein kann, dann ist sie in dem strengen Sinne allgemein, dass sie keinerlei Ausnahme duldet: »Wird also ein Urteil in strenger Allgemeinheit gedacht, d.i. so, daß gar keine Ausnahme als möglich verstattet wird, so ist es nicht von der Erfahrung abgeleitet, sondern schlechterdings a priori gültig.« (KrV, B 4)

Auch dieses zweite Kriterium ist in einem strengen Sinne zu verstehen. Denn natürlich belehrt uns auch die empirische Erkenntnis über allgemeine Sachverhalte, indem sie Beobachtungen in induktiven Verfahren generalisiert. Sie erreicht damit jedoch lediglich eine Allgemeinheit unter Vorbehalt, weil sie stets voraussetzen muss, dass es sich in Zukunft so verhält, wie wir es *bislang* beobachten konnten. Sie kann so aber nicht prinzipiell ausschließen, dass es in Zukunft anders sein könnte: »Erfahrung gibt niemals ihren Urteilen wahre oder strenge, sondern nur angenommene und komparative Allgemeinheit (durch Induktion), so daß es eigentlich heißen muß: so viel wir bisher wahrgenommen haben, findet sich von dieser oder jener Regel keine Ausnahme.« (KrV, B 4) Die apriorische Erkenntnis unterscheidet sich daher also auch dahingehend von aller Erfahrung, dass sie in ihrer »strengen Allgemeinheit« (KrV, B 4) prinzipiell jegliche Ausnahmen ausschließt.

Am Beispiel lässt sich dies nochmals illustrieren. Wenn die mathematische Erkenntnis im Sinne Lockes auf sinnliche Eindrücke zurückgehen würde, dann wäre das Theorem von der Summe der Innenwinkel des Dreiecks das Ergebnis der Verallgemeinerung unserer bisherigen Beobachtungen von Dreiecken. Es würde dann aus Kants Sicht lediglich besagen, dass die Summe der Innenwinkel von Dreiecken, so weit wir es bisher beobachten konnten, gleich 180 Grad war. Widerstreitende Evidenzen können dabei prinzipiell nicht ausgeschlossen werden. Das mathematische Theorem besagt Kant zufolge jedoch, dass für alle Dreiecke gilt, dass die Summe der Innenwinkel 180 Grad beträgt. Es duldet keine Ausnahme, weil es sich auf alle Dreiecke oder den Begriff des Dreiecks bezieht. Diese Allgemeinheit ist Kant zufolge daher wie die Notwendigkeit ein Kriterium der apriorischen Erkenntnis: »Notwendigkeit und strenge Allgemeinheit sind also sichere Kennzeichen einer Erkenntnis a priori, und gehören auch unzertrennlich zu einander.« (KrV, B 4) Sie müssen folglich auf einer anderen und eigenen Quelle beruhen als Erfahrung und ihre induktive Verallgemeinerung.

Kant hat an der mathematischen Erkenntnis die Eigenschaften bestimmt, die alle apriorischen Erkenntnisse kennzeichnen und von der empirischen Erkenntnis unterscheiden. Die Mathematik kann damit zugleich als Beleg dafür gelten, dass wir über apriorische Erkenntnisse verfügen. Jedoch findet Kant apriorische Erkenntnisse auch in anderen Wissenschaften, in der Philosophie und selbst im »gemeinsten Verstandesgebrauche« (KrV, B 4 f.). Sein Beispiel für den letzteren Fall ist der »Satz, daß alle Veränderung eine Ursache haben müsse« (KrV, B 5), und lässt durchaus erahnen, welche philosophischen Herausforderungen der Begriff der apriorischen Erkenntnis spätestens dann mit sich bringt, wenn man über die Mathematik hinausgeht. Denn diese apriorische Erkenntnis ist nicht im selben Sinne wie die mathematische Erkenntnis frei von aller Erfahrung. Kant geht nämlich davon aus, dass der Begriff der Veränderung anders als der Begriff des Dreiecks in dem Sinne ein empirischer Begriff ist, dass er die Erfahrung von Veränderungen voraussetzt. Weil sich diese Erkenntnis auf diesen empirischen Begriff bezieht, kann sie Kant zufolge zwar keine rein apriorische, aber doch sehr wohl eine apriorische Erkenntnis sein (vgl. KrV, B 3). Sie soll darin bestehen, dass wir den Begriff der Veränderung gar nicht denken können, ohne zugleich auch an eine Ursache der Veränderung zu denken. Die apriorische Erkenntnis bezieht sich damit auf das notwendige und allgemeine Verhältnis einer Veränderung zu einer Ursache, deren Begriff Kant zufolge wiederum »so offenbar den Begriff einer Notwendigkeit der Verknüpfung mit einer Wirkung und einer strengen Allgemeinheit der Regel« (KrV, B 5) enthalten soll. Offenbar postuliert Kant die strenge Notwendigkeit und Allgemeinheit der apriorischen Erkenntnis auch für die Kausalität im ›gemeinsten Verstandesgebrauch‹ und vertritt damit eine Gegenthese zu David Humes Auflösung der Kausalität in die aus Erfahrung gebildete Erwartung, es werde sich schon wieder so verhalten, wie es bislang beobachtet werden konnte (vgl. Hume 2007 [1739]: 53–58, 105). Eine Begründung bleibt Kant im Rahmen der »Einleitung« schuldig. Der Nachweis, dass Kausalität ein notwendiges Gesetz der Natur ist, insofern wir sie erkennen können, stellt eines der zentralen Ziele der *Kritik der reinen Vernunft* insgesamt dar.

Im Verständnis der mathematischen Erkenntnis oder auch der Kausalität stellt sich Kant immer wieder gegen empiristische Philosophen wie Locke oder Hume. Es könnte sich daher die Vermutung aufdrängen, dass er sich damit der rationalistischen Tradition anschließt. Denn diese Tradition hätte von Descartes bis hin zu Wolff Kants Behauptungen über unsere apriorischen Erkenntnisse, ihre strenge Notwendigkeit und Allgemeinheit bislang ohne Weiteres zustimmen können. Nehmen wir wiederum das mathematische Beispiel. René Descartes und viele andere Philosophen in dieser Tradition hielten das Theorem über die Summe der Innenwinkel von Dreiecken für eine apriorische Erkenntnis. Diese Behauptung schien ihnen geradezu selbstverständlich, weil sie annahmen, dass es eine dem Begriff des Dreiecks inhärente Eigenschaft sei, dass die Summe der Innenwinkel gleich 180 Grad ist (vgl. Descartes 1986 [1641]: 161–163; Arnauld/Nicole 1994 [1685]: 310–312; Wolff 1754: 96–102). Das Theorem, dass diese Summe für alle Dreiecke stets 180 Grad beträgt, würde also lediglich explizit machen, was im Begriff des Dreiecks enthalten ist. Kant wendet sich jedoch dagegen, alle apriorischen Erkenntnisse mit einer solchen Erläuterung der bereits im Begriff enthaltenen Eigenschaften gleichzusetzen, wie es die philosophische Tradition von Leibniz bis Wolff, wenn auch nicht in derselben Form, getan hat (vgl. Anderson 2015: 45–131).

Kant lehnt diese Gleichsetzung vor allem aus zwei Gründen ab. Ein erster Grund ist die »expressive poverty of conceptual truth« (Anderson 2015: 209). Nach traditioneller Auffassung bilden Begriffe hierarchische, baumartige Strukturen aus, indem sie durch Prädikate spezifiziert und voneinander differenziert werden. In dieser Struktur können aber keine komplexeren Beziehungen von Begriffen ausgedrückt werden, so dass die apriorische Erkenntnis, wenn sie lediglich Begriffe erläutern würde, strukturell arm wäre und ungeeignet, um komplexere Erkenntnisse auszudrücken. Ein zweiter Grund ist darin zu sehen, dass Kant unter Erkenntnis im eigentlichen Sinne nicht die Erkenntnis von Begriffen, sondern die Erkenntnis von Gegenständen versteht. Die traditionelle Metaphysik mag so zwar angenommen haben, dass durch die Erläuterung von Begriffen zugleich die Strukturen zu fassen sind, die mutmaßlich die Wirklichkeit bestimmen. Aus Kants Sicht verkam sie so aber zu »einem bloßen

Herumtappen, und, was das Schlimmste ist, unter bloßen Begriffen« (KrV, B XV). Denn Kant geht es um Erkenntnisse, die ihre Wahrheit nicht allein auf begrifflichen Strukturen begründen, sondern auch und vorrangig mit Bezug auf mögliche Gegenstände gewinnen (vgl. Beck 1955: 177 f.; Anderson 2010: 82 f.). Wir mögen so zwar Erkenntnisse begrifflich artikulieren und insofern stets Begriffe voraussetzen. Wir bedienen uns dabei aber der Begriffe, um über sie hinauszugehen, indem wir sie auf Gegenstände beziehen und unsere Erkenntnis an ihnen ausweisen.

Diese Stoßrichtung von Kants Philosophie findet einen ersten Ausdruck in einer der bekanntesten Unterscheidungen der *Kritik der reinen Vernunft*. Kant unterscheidet zwischen Erkenntnissen, die lediglich explizieren, was bereits im Begriff enthalten ist, und solchen Erkenntnissen, die unseren Begriff von Gegenständen durch Eigenschaften erweitern, die nicht im Begriff selbst enthalten sind. Kant spricht von analytischen und synthetischen Urteilen und präzisiert anhand der logischen Form von Urteilen: »In allen Urteilen, worinnen das Verhältnis eines Subjekts zum Prädikat gedacht wird [...], ist dieses Verhältnis auf zweierlei Art möglich. Entweder das Prädikat B gehört zum Subjekt A als etwas, was in diesem Begriffe A (versteckter Weise) enthalten ist; oder B liegt ganz außer dem Begriff A, ob es zwar mit demselben in Verknüpfung steht. Im ersten Fall nenne ich das Urteil *analytisch*; in dem andern *synthetisch*.« (KrV, A 6 f./ B 10) *Synthetische Urteile* definiert Kant somit als Urteile, die von ihrem Gegenstand etwas aussagen, das nicht wie in so genannten *analytischen Urteilen* schon in seinem Begriff enthalten ist. Ein Urteil wie »Ein Junggeselle ist unverheiratet« ist demnach analytisch, weil ein Junggeselle dem Begriff nach unverheiratet ist. Ein solches Urteil kann den praktischen Sinn haben, den Begriff zu erläutern, und Kant hält dies durchaus für wichtig, weil uns die Eigenschaften von Begriffen nicht stets alle bewusst sein mögen (vgl. KrV, A 10 f./B 13 f.). Ein analytisches Urteil erweitert aber nicht unsere Erkenntnis, wie zum Beispiel das synthetische Urteil »Dieser Junggeselle hat rote Haare«, das dem Gegenstand ein Prädikat zuschreibt, das sein Begriff nicht enthält. In diesem Sinne versteht Kant analytische und synthetische Urteile auch als *»Erläuterungs-«* und *»Erweiterungsurteile«* (KrV, A 7/B 11). Diese Unterscheidung dient ihm dazu, die systematische Stoßrichtung seiner These, dass wir über apriorische Erkenntnis verfügen, zu präzisieren: »Nun beruht auf solchen synthetischen, d.i. Erweiterungs-Grundsätzen die ganze Endabsicht unserer spekulativen Erkenntnis a priori; denn die analytischen sind zwar höchst wichtig und nötig, aber nur, um zu derjenigen Deutlichkeit der Begriffe zu gelangen, die zu einer sicheren und ausgebreiteten Synthesis, als zu einem wirklichen neuen Erwerb, erforderlich ist.« (KrV, A 9 f./B 13 f.) Mit der Unterscheidung von synthetischen und analytischen Urteilen wendet sich Kant also gegen die Gleichsetzung von Erkenntnis mit der Erläuterung von Begriffen in der rationalistischen Tradition und bestimmt Erkenntnis im eigentlichen Sinne dadurch, dass über Begriffe hinausgegangen wird, indem sie auf ihre Gegenstände bezogen werden.

Kants Unterscheidung ist aber systematisch keineswegs so eindeutig, wie es auf den ersten Blick erscheinen mag. Es dauerte daher nach dem Erscheinen der *Kritik der reinen Vernunft* nicht lange, bis kritische Nachfragen und Einwände formuliert wurden, die die Forschung der letzten Jahrzehnte teils aufgegriffen und weiter ausgearbeitet hat (vgl. Eberhard 1789; Maaß 1789; Anderson 2015: 6–32; Proops 2005). Ein erster Einwand bezieht sich darauf, inwieweit das Kriterium, ob ein Prädikat im Begriff enthalten ist oder nicht, auch handhabbar ist. Denn es scheint doch vorauszusetzen, dass die Begriffe mitsamt ihren Prädikaten gegeben sind (vgl. Maaß 1789: 193 f.). In aller Allgemeinheit ist eine solche Annahme jedoch fragwürdig, und Kant selbst hat sie für die Philosophie verworfen (vgl. AA 02: 276–278 und KrV, A 727–732/B 755–760). Nimmt man dagegen an, dass die Begriffe nicht von vornherein festgelegt sind, dann erscheint es jedoch möglich, synthetische in analytische Urteile zu verwandeln, indem ein Begriff schlicht um das entsprechende Prädikat erweitert wird (vgl. Beck 1955: 173–176). Eine solche Relativierung der Unterscheidung liegt aber kaum in der Absicht Kants. Ein zweiter Einwand bezieht sich auf die Formulierung des Kriteriums zur Unterscheidung von synthetischen und analytischen Urteilen selbst. Insbesondere die Rede vom ›Enthaltensein‹ der Prädikate im Begriff hat im 20. Jahrhundert Zweifel erregt, weil sie zwar in der Logik des 17. und 18. Jahrhunderts verbreitet war, uns durch die moderne Logik des 20. Jahrhunderts aber fremd geworden ist. Quine konnte sie schließlich nur noch als bloße Metapher verstehen, die seine grundsätzlichen Zweifel befeuerte, ob analytische und synthetische Urteile überhaupt trennscharf zu unterscheiden sind (vgl. Quine 1951: 20f.). Ein dritter Einwand hebt hervor, dass gar nicht so klar ist, worauf sich Kants Unterscheidung genau bezieht. Der Rekurs auf die logische Form des Urteils legt zunächst nahe, dass sie sich – wie auch hier bislang angenommen – auf die Sachverhalte bezieht, die ausgesagt werden. Wenn Kant definiert, dass analytische Urteile Begriffe erläutern, synthetische Urteile sie aber erweitern, dann scheinen jedoch nicht die ausgesagten Sachverhalte, sondern unsere Erkenntnis von ihnen entscheidend. So kann neben eine logische eine epistemologische oder psychologische Auffassung dieser Unterscheidung treten (vgl. Beck 1955: 170–172). Damit kommt aber nicht nur die grundsätzliche Frage auf, wie Kants Unterscheidung überhaupt gemeint ist. Es verschärft sich auch ihre Relativierung, weil sie in diesem Fall in erster Linie auf die Erkennenden bezogen wäre: Je nachdem, was jemand bereits weiß, wäre ein Urteil bloß erläuternd oder erweiternd und entsprechend analytisch oder synthetisch zu nennen (vgl. Maaß 1789: 189–193). Es würde sich also um eine relative und variable Differenzierung von Urteilen handeln und nicht um eine prinzipielle Unterscheidung ihrer Form.

Für Kant ist jedenfalls entscheidend, dass das synthetische Urteil die Frage aufwirft, woraus wir die Prädikate gewinnen, die wir den Gegenständen über ihren Begriff hinaus zuschreiben können. Beginnen wir mit der Erfahrungserkenntnis: »Erfahrungsurteile, als solche, sind insgesamt synthetisch.« (KrV, B 11) Dies scheint nicht weiter problematisch, da es ja gerade die Erfahrung ist, die es uns erlaubt, solche Prädikate des Gegenstands zu ermitteln, die nicht in seinem Begriff enthalten sind. In einem synthetischen Urteil a posteriori wie »Dieser Junggeselle hat rote Haare« können wir uns so auf unsere visuelle Wahrnehmung oder die sinnlichen Eindrücke eines Gegenstands stützen. Es geht Kant am Beispiel der Mathematik, aber auch mit Blick auf die Metaphysik jedoch zuallererst um die apriorische Erkenntnis: Sie soll im strengen Sinne notwendig und allgemein sein und sich zugleich nicht auf analytische Urteile beschränken. Synthetische Urteile a priori können sich jedoch nicht auf Erfahrung stützen, um über den Begriff hinauszugehen und weitere Prädikate des Gegenstands zu bestimmen. Es erweist sich für Kants Argumentation daher die Frage als zentral: »Was ist hier das Unbekannte = X, worauf sich der Verstand stützt, wenn er außer dem Begriff von A ein demselben fremdes Prädikat B aufzufinden glaubt, welches er gleichwohl damit verknüpft zu sein erachtet?« (KrV, B 13) Wie sollten also synthetische Urteile a priori möglich sein, die die Erkenntnis von Gegenständen über ihren Begriff hinaus erweitern, ohne sich dabei auf unsere Erfahrung zu stützen?

Diese Frage hat Kant selbst als die Formulierung der »eigentlichen Aufgabe« der *Kritik der reinen Vernunft* verstanden: »*Wie sind synthetische Urteile a priori möglich?*« (KrV, B 19) Es ist daher nicht zu erwarten, dass die »Einleitung« bereits eine einfache Antwort bereithält. Dennoch gibt sie vor allem in der erweiterten Fassung der zweiten Ausgabe des Werks Hinweise darauf, wie Kant diese Frage beantworten möchte. Nachdem er synthetische und analytische Urteile unterschieden hat, schuldet er nämlich noch den Nachweis, dass zumindest nicht alle unsere apriorischen Erkenntnisse analytisch sind, wie die rationalistische Tradition angenommen hatte. Daher versucht Kant nun an Beispielen vor allem aus der Mathematik, aber auch aus Naturwissenschaft und Philosophie zu zeigen, dass es sich um synthetische Urteile a priori handelt: »Mathematische Urteile sind insgesamt synthetisch.« (KrV, B 14; vgl. Shabel 2006: 95–107) In der etwas ausführlicheren Diskussion der mathematischen Erkenntnis deutet Kant auch an, worin wir über eine Quelle verfügen, die es ermöglicht, synthetische Urteile a priori zu bilden, ohne uns auf Erfahrung zu stützen.

Kant geht dieses Mal von der Arithmetik aus und wählt als Beispiel die Summe zweier natürlicher Zahlen: 7 + 5 = 12 (vgl. KrV, B 15 f., und AA 10: 555–557). Er argumentiert, dass »der Begriff der Summe von 7 und 5 nichts weiter enthalte, als die Vereinigung beider Zahlen in eine einzige, wodurch ganz und gar nicht gedacht wird, welches diese einzige Zahl sei, die beide zusammenfaßt« (KrV, B 15). Diese Erkenntnis erfüllt demnach das für synthetische Urteile entscheidende Kriterium: Der ›Begriff der Summe‹ *enthält nicht* das Prädikat, das ausgesagt werden soll, nämlich das Ergebnis der Summe bzw. in diesem Beispiel den Begriff der Zahl 12. Dennoch kommt dieses Prädikat auch nicht durch eine zufällige Beobachtung und Erfahrung hinzu. Vielmehr enthält der ›Begriff der Summe‹ bereits den Gedanken der ›Vereinigung beider Zahlen in eine einzige‹ und damit letztlich die Aufgabe, diese Summe tatsächlich zu berechnen und so das Prädikat zu bestimmen, das dem Begriff zukommen soll. Zu diesem Zweck müssen wir aber über den Begriff hinausgehen, so Kant, und die Rechnung in der *Anschauung* vollziehen: »Man muß über diese Begriffe hinausgehen, indem man die Anschauung zu Hülfe nimmt, die einem von beiden korrespondiert, etwa seine fünf Finger, oder [...] fünf Punkte, und so nach und nach die Einheiten der in der Anschauung gegebenen Fünf zu dem Begriffe der Sieben hinzutut. Denn ich nehme zuerst die Zahl 7, und, indem ich für den Begriff der 5 die Finger meiner Hand als Anschauung zu Hülfe nehme, so tue ich die Einheiten, die ich vorher zusammennahm, um die Zahl 5 auszumachen, nun an jenem meinem Bilde nach und nach zur Zahl 7, und sehe so die Zahl 12 entspringen. Daß 7 zu 5 hinzugetan werden *sollten*, habe ich zwar in dem Begriff einer Summe = 7 + 5 gedacht, aber nicht, daß diese Summe der Zahl 12 gleich sei. Der arithmetische Satz ist also jederzeit synthetisch« (KrV, B 15 f.; vgl. auch A 154 f./B 193 f.).

Dieses Beispiel wurde in der Philosophie der Mathematik viel diskutiert und ist in diesem Kontext alles andere als unproblematisch (vgl. Posy 1992; Anderson 2015: 244–261). Es lässt aber doch den Grundgedanken von Kants Theorie des synthetischen Urteils a priori erkennen. Mathematische Erkenntnisse sind zunächst nicht analytisch, weil die Prädikate nicht in den Begriffen enthalten sind, denen wir sie zuschreiben. Diese Begriffe sind aber auch nicht ohne jeglichen Bezug auf dieselben Prädikate. Denn wie das Beispiel der Summe deutlich macht, mag dieser Begriff zwar nicht das Prädikat enthalten, gibt aber doch die Aufgabe und zugleich das Verfahren vor, dieses Prädikat zu bestimmen: Wenn wir den Begriff der Summe verstehen, dann können wir auch die Summe zweier Zahlen ausrechnen.

Daher kann das Prädikat dem Begriff zum einen anders als bei einer Beobachtung oder Erfahrung notwendig zukommen. Zum anderen muss es dennoch zuallererst bestimmt werden, indem das Verfahren ausgeführt und beispielsweise gerechnet wird: »Wir *sollen* nämlich zu einem gegebenen Begriffe ein gewisses Prädikat hinzudenken, und diese Notwendigkeit haftet schon an den Begriffen. Aber die Frage ist nicht, was wir zu dem gegebenen Begriffe hinzu *denken sollen*, sondern was wir *wirklich* in ihm, obzwar nur dunkel, *denken*, und da zeigt sich, daß das Prädikat jenen Begriffen zwar notwendig, aber nicht als im Begriffe selbst gedacht, sondern vermittelst einer Anschauung, die zu dem Begriffe hinzukommen muß, anhänge.« (KrV, B 17) Demnach gehen wir in der Mathematik über Begriffe hinaus und in die Anschauung über, um Prädikate zu bestimmen, die in den Begriffen nicht enthalten sind. Das synthetische Urteil beruht anders gesagt auf einer Tätigkeit, die von einem Begriff ausgeht, der ihr ein Verfahren oder eine Regel vorgibt. Da diese Regel aber mit Bezug auf die Anschauung ausgeführt wird, kann letztere als Quelle für Prädikate fungieren, die den Begriff erweitern. Der Begriff der Summe zweier Zahlen beispielsweise wird so durch die Addition in der Anschauung um das Resultat erweitert.

Eine solche Bestimmung des synthetischen Urteils scheint relativ unproblematisch für die Erfahrung, die sich ohne Weiteres auf unsere empirische Anschauung beziehen kann. Die Pointe von Kants Ansatz ist jedoch, dass insbesondere im Falle der Mathematik auch apriorische Erkenntnisse bzw. synthetische Urteile a priori zustande kommen können, die sich also nur auf solche Anschauungen beziehen können, die frei von aller Erfahrung bzw. sinnlichen Eindrücken sind. In einer späteren Schrift stellt Kant entsprechend fest, dass synthetische Urteile *»nicht anders möglich sind, als unter der Bedingung einer dem Begriffe ihres Subjects untergelegten Anschauung*, welche, wenn sie Erfahrungsurtheile sind, empirisch, sind es synthetische Urtheile a priori, reine Anschauung a priori ist« (AA 08: 241). Um die Möglichkeit synthetischer Urteile a priori begründen zu können, muss Kant somit eine ›reine Anschauung a priori‹ postulieren, die gänzlich unabhängig von aller Erfahrung ist, damit in ihr jene Prädikate bestimmt werden können, die unsere Erkenntnis von Begriffen a priori erweitern.

Wenn wir eine solche ›reine Anschauung‹ und damit die Möglichkeit von synthetischen Urteilen a priori für einen Moment voraussetzen, dann lässt sich nochmals Kants Kritik an der traditionellen Metaphysik klarer fassen. Denn es scheint Kant verhängnisvoll, dass die Metaphysik den prinzipiellen Unterschied zwischen analytischen und synthetischen Urteilen nicht gesehen hat (vgl. KrV, A 5 f./B 9 f. und B 19 f.). Sie hat daher nicht erkannt, dass jede apriorische Erkenntnis, die sich nicht auf die bloße Erläuterung von Begriffen beschränkt, sich auf apriorische Anschauungen stützen muss, und häufte verschiedenste, aber meist vermeintliche Erkenntnisse aufeinander: apriorische Erkenntnisse, die unsere Begriffe scheinbar erweitern, aber eigentlich nur erläutern, neben haltlosen Spekulationen, die unsere Begriffe erweitern mögen, aber auf jeden Ausweis in der Anschauung verzichten und insofern gar nicht als Erkenntnisse gelten können. Während die Mathematik ihre synthetischen Urteile an der Anschauung bildete und auf dem gesicherten Wege einer Wissenschaft voranschreiten konnte, erging sich die traditionelle Metaphysik in haltlosen Spekulationen und ergab sich mehr und mehr endlosen Streitereien.

Der Unterschied zwischen analytischen und synthetischen Urteilen wendet sich aber auch in einer zweiten Hinsicht gegen die philosophische Tradition: Von Leibniz bis Wolff wurden Anschauung und Begriff als Vorstellungen verstanden, die sich lediglich graduell unterscheiden: In der sinnlichen Anschauung wären demzufolge die Merkmale des vorgestellten Gegenstandes lediglich verworren zusammengefasst, während sie in der begrifflichen Vorstellung wohl unterschieden und mithin überhaupt gedacht werden (vgl. Gloy 1990: 3–10). Die Anschauung kann unter dieser Voraussetzung gar nicht als eigenständige Quelle der Erkenntnis neben dem Begriff in den Blick kommen, und analytische Urteile können von synthetischen kaum unterschieden werden. Im Gegensatz dazu begreift Kant Anschauung und Begriff am Beispiel der mathematischen Erkenntnis, aber auch allgemein als zwei wesentlich verschiedene Arten von Vorstellungen, die zwei unterschiedlichen Vermögen entspringen: Anschauungen entstammen der Sinnlichkeit, Begriffe dem Verstand. Die Unterscheidung der Vorstellungen nach ihrer internen Struktur wird dadurch mit der Charakterisierung zweier Vermögen begründet, durch die sie jeweils entstehen können. Empirische Anschauungen kommen demnach dadurch zustande, dass unsere Sinne von Gegenständen affiziert werden. Kant charakterisiert die *Sinnlichkeit* bzw. das Vermögen, sich von Gegenständen affizieren zu lassen, entsprechend durch ihre »Rezeptivität« (vgl. KrV, A 19/B 33). Dagegen ist es die Aufgabe des *Verstandes*, Gegenstände mit Begriffen zu bestimmen und in diesem Sinne zu denken. Weil der Verstand dazu keines äußeren Anlasses bedarf und er insofern von sich aus tätig ist, charakterisiert Kant ihn durch seine »Spontaneität« (vgl. KrV, A 51/B 75). Den prinzipiellen Charakter seiner Unterscheidung von Anschauung und Begriff bekräftigt er somit durch die gegensätzliche Charakterisierung zweier Vermögen, die er auch als »zwei Stämme der menschlichen Erkenntnis« bezeichnet, »die vielleicht aus einer gemeinschaftlichen, aber uns unbekannten Wurzel entspringen, nämlich Sinnlichkeit und Verstand, durch deren ersteren uns Gegenstände gegeben, durch den zweiten aber gedacht werden« (KrV, A 15/B 29).

3.3 Erkenntnis vermögen

Die Argumentation Kants verknüpft sich demnach wesentlich mit dem Begriff des Erkenntnisvermögens. Denn Kant betrachtet zum einen im Gegensatz zur rationalistischen Tradition Begriff und Anschauung nicht als Vorstellungen, die sich graduell unterscheiden, sondern als prinzipiell unterschiedene Vorstellungen, die jeweils einem eigenen Vermögen entspringen, Verstand oder Sinnlichkeit. Zum anderen ist es zentral für seine gesamte Argumentation, dass diese Vermögen nicht nur sinnliche Eindrücke zu Erkenntnis verarbeiten, sondern apriorische Erkenntnisse ermöglichen. Im Zentrum von Kants Philosophie steht daher ein bestimmtes Verständnis der Erkenntnisvermögen.

Der Begriff des Erkenntnisvermögens stellte und stellt für viele Kant-Interpreten allerdings vor allem eine Verlegenheit dar. Vor dem Hintergrund der sich seit dem 18. Jahrhundert entwickelnden und sich seit dem 19. Jahrhundert als empirische Disziplin profilierenden Psychologie liegt es heute nahe, jede Rede von menschlichen Vermögen als Rekurs auf die psychologische und damit empirische Verfasstheit des Menschen zu verstehen. Eine solche Annahme stellt aber ein grundsätzliches Problem dar: Die heutige Philosophie ist stark geprägt von der Ausdifferenzierung der Psychologie um 1900 und stellt daher oft alle Versuche, Erkenntnis auch im Rekurs auf subjektive Erkenntnisprozesse und -vermögen zu behandeln, rasch unter den Verdacht eines ›Psychologismus‹ oder ›Naturalismus‹, in denen sie eine geradezu gegensätzliche Position zur philosophischen Theorie der Erkenntnis erkennt. Die meisten Kant-Interpreten im 20. Jahrhundert sahen sich deshalb vor die Alternative gestellt, Kants Theorie entweder als eine kognitive Psychologie oder Physiologie zu verstehen, wie es im 19. Jahrhundert verbreitet war (vgl. Hatfield 1990: 109–164), oder sie von jedem Rekurs auf Vermögen und damit von aller Psychologie zu reinigen, wie es manche Deutungen zugunsten von rein »transzendentalen« oder »analytischen Argumenten« unternommen haben (vgl. Strawson 2006: 15–21 und 31 f., und die Beiträge in Bieri et al. 1979: 3–120). Beide Alternativen werden der *Kritik der reinen Vernunft* jedoch kaum gerecht, weil sie ihrem Begriff des Vermögens eine Psychologie im heutigen Sinne und ihr insgesamt eine systematische Konstellation unterstellen, die erst sehr viel später entstanden ist und der ›Psychologie‹ zu Kants Zeit so gar nicht gleicht (vgl. Hatfield 1990: 67–87).

Damit ist jedoch zugleich die Gefahr gegeben, mit dem historischen Vermögensbegriff und seiner Rolle in der modernen Philosophie auch die systematische Position Kants zu verfehlen. Kant knüpft an einen Diskurs an, der in der modernen Philosophie längst etabliert war und die Theorie der Erkenntnis stets als Reflexion auf die menschlichen Erkenntnisvermögen entfaltete. Sie nahm maßgeblich bei Locke die Gestalt einer Theorie des menschlichen Verstandes (*human understanding*) an, der die Entstehung von Erkenntnis aus der Empfindung bewerkstelligen sollte. Schon Locke bezieht sich mit den Vermögen jedoch keineswegs auf rein empirisch-psychologische Prozesse, die gewissen natürlichen Gesetzen gehorchen würden. Vielmehr führt seine Analyse der Vermögen die Perspektive ihrer empfehlenswerten Übung oder notwendigen Korrektur mit, weil es ihm letztlich um die Entstehung von Erkenntnis mitsamt der ihr eigenen Gültigkeit geht (vgl. Hatfield 1990: 28–32).

Der systematische Einsatz von Kants Vermögensbegriff wird durch seine Angleichung an die moderne Psychologie vollständig verkannt. Der Begriff des Vermögens wird für Kant nämlich gerade deshalb wichtig, weil er Locke eine Reduktion der Erkenntnis auf ihre subjektive Genese unterstellt und diese »physiologische Ableitung« (KrV, A 87/B 119; vgl. auch A IX f.; Carl

1989: 106–114; Winkler 2010) ebenso heftig kritisiert wie ihre psychologische »Entwicklung« bei Johannes Tetens (vgl. Carl 1989: 119–126). Die Tätigkeit der Vermögen beschränkt sich bei Kant gerade nicht darauf, die ›sinnlichen Eindrücke‹, die von den Gegenständen hervorgerufen werden, zu verarbeiten, um aus ihnen schließlich Erkenntnisse zu destillieren. Vielmehr sollen die ›Erkenntnisvermögen‹ selbst etwas einbringen, das Kant als wesentlichen Bestandteil von Erkenntnis begreift und letztlich als maßgeblich für ihre Begründung verstehen wird: »Wenn aber gleich alle unsere Erkenntnis mit der Erfahrung anhebt, so entspringt sie darum doch nicht eben alle *aus* der Erfahrung. Denn es könnte wohl sein, daß selbst unsere Erfahrungserkenntnis ein Zusammengesetztes aus dem sei, was wir durch Eindrücke empfangen, und dem, was unser eigenes Erkenntnisvermögen (durch sinnliche Eindrücke bloß veranlaßt) aus sich selbst hergibt« (KrV, B 1).

Kant eignet sich den Begriff des Vermögens somit an, um dasjenige in den Blick zu bekommen, was in unserer Erfahrung und Erkenntnis nicht auf die ›sinnlichen Eindrücke‹ zurückgeht. Es geht ihm also um die »ursprünglichen Quellen (Fähigkeiten oder Vermögen der Seele), die die Bedingungen der Möglichkeit aller Erfahrung enthalten« (KrV, A 94; vgl. Carl 1989: 103–127, und Hatfield 1990: 243 f.). Der Rekurs auf subjektive Vermögen steht bei Kant also nicht im Zusammenhang einer Erklärung der subjektiven Genese der Erkenntnis aus der Empfindung, sondern leitet die Frage nach subjektiven Gründen der objektiven Erkenntnis an. Sie bezieht sich auf die objektive Geltung von Erkenntnis, schließt aber keineswegs subjektive Erkenntnisprozesse aus, da sie in den Vermögen nichts anderes sucht als die ihr eigenen normativen Vorgaben und wesentlichen Bedingungen.

Kants Begriff des Vermögens hat also wenig zu tun mit einer Psychologisierung oder Naturalisierung der Erkenntnis, sondern eher mit der Entdeckung von normativen Vorgaben der objektiven Erkenntnis, die in den subjektiven Vollzügen des Erkennens impliziert sind. Es scheint daher auch für Interpreten, die es zuallererst auf eine Theorie der wissenschaftlichen Erkenntnis abgesehen haben, durchaus gefährlich, die *Kritik der reinen Vernunft* von ihrer Vermögenstheorie zu bereinigen. Auf diese Weise droht man nicht nur Kants Argumentation hinsichtlich der Objektivität von empirischer Erkenntnis zu verfehlen. Man wird auch dem kantischen Text nicht gerecht. Denn Patricia Kitcher hat zu Recht darauf hingewiesen, dass von diesem Text kaum etwas übrig bleibt, wenn er seiner vermögenstheoretischen Ebene beraubt wird: »if interpreters do excise or ignore all the discussions of cognitive processes and powers, then they will have very little left to read« (Kitcher 1990: 4). Kants Vermögensbegriff mag für uns heute eine Verlegenheit bleiben. Es scheint aber unvermeidlich, sich auf diese Verlegenheit einzulassen. Denn die *Kritik der reinen Vernunft* ist kaum zu denken ohne die Reflexion darauf, was ›unser eigenes Erkenntnisvermögen‹ in Erfahrung und Erkenntnis einbringt. Schließlich ist es dieses Element, das ein Vermögen ›aus sich selbst hergibt‹, das sich nach Kants Argumentation als »schlechterdings von aller Erfahrung unabhängig« (KrV, B 3) erweisen wird und daher die apriorische, strikt notwendige und allgemeine Erkenntnis begründen kann, die Kant vor allem für die Metaphysik und die Wissenschaft behauptet.

Die *Kritik der reinen Vernunft* wird deshalb die Möglichkeit von synthetischen Urteilen a priori in zwei Schritten aufzeigen. Zuallererst muss die Möglichkeit von ›reinen Anschauungen a priori‹ aufgewiesen werden. Der erste Teil der *Kritik der reinen Vernunft* entwickelt zu diesem Zweck eine Theorie der Sinnlichkeit und Anschauung. Diese »Transzendentale Ästhetik«[3] wird also zeigen, dass auch die Sinnlichkeit etwas ›aus sich selbst hergibt‹, das sich keiner Affektion und keinem Gegenstand verdankt. Es ist dieses Element, das sich als ›schlechterdings von aller Erfahrung unabhängig‹ erweisen und eine ›reine Anschauung a priori‹ ermöglichen soll. In einem zweiten Schritt wird der zweite Teil, die »Transzendentale Logik«, eine Theorie des Verstandes und des Begriffs entwickeln, die ihr Zusammenspiel mit Sinnlichkeit und Anschauung derart erläutert, dass die Möglichkeit von synthetischen Urteilen a priori nachgewiesen werden kann.

Das eigentliche Ziel von Kants Theorien der Sinnlichkeit und des Verstandes ist bereits im Titel der beiden Teile benannt, weil Kant seine »Ästhetik« und »Logik« als ›transzendentale‹ kennzeichnet. Der Begriff des Transzendentalen hat zwar schon im 18. Jahrhundert eine weit zurückreichende Geschichte, wird von Kant jedoch maßgeblich neu geprägt: Als ›transzendental‹ bezeichnet Kant eine Erkenntnis, die nicht unmittelbar eine apriorische Erkenntnis von Gegenständen ist, sondern deren Möglichkeit zuallererst verständlich macht. Kant nennt in diesem Sinne »alle Erkenntnis *transzendental*, die sich nicht so wohl mit Gegenständen, sondern mit unserer Erkenntnisart von Gegenständen, so fern diese a priori möglich sein soll, überhaupt beschäftigt« (KrV, A 11 f./B 25; vgl. A 56 f./B 80 f.). Die *Kritik der reinen Vernunft* ist daher auch insofern als eine transzendentale Erörterung zu verstehen, als sie zwar die apriorischen Erkenntnisse der Metaphysik begründen soll, aber diese Erkenntnis nicht selbst enthalten und entfalten soll. Diese Aufgabe bleibt einem eigenständigen Werk vorbehalten, das Kant bereits in der »Vorrede« als »Metaphysik der Natur« (KrV, A XXI) ankündigt und einige Jahre später unter dem Titel der *Metaphysischen Anfangsgründe der Naturwissenschaft* erscheinen wird.

3.4 Die äußere Anschauung und ihre apriorische Form

Das Ziel der relativ kurzen, aber auch sehr dichten »Transzendentalen Ästhetik« ist somit eine Theorie der Sinnlichkeit, die die Möglichkeit von apriorischen Anschauungen begründet. Auf den ersten Blick scheint ein solches Unterfangen geradezu aussichtslos. Denn Anschauungen entstammen der Sinnlichkeit, die Kant als das Vermögen der ›Rezeptivität‹ definiert, so dass es naheliegt anzunehmen, dass Anschauungen mit sinnlichen Eindrücken gleichzusetzen und also per se empirische Vorstellungen seien. Die »Transzendentale Ästhetik« versucht dagegen ein apriorisches Element herauszuarbeiten, das im Vermögen der Sinnlichkeit begründet ist und allen Anschauungen zugrunde liegt, um daraus schließlich die Möglichkeit apriorischer Anschauungen verständlich zu machen. Da dieses apriorische Element Bestandteil aller Anschauungen und damit auch der empirischen Anschauung ist, bahnt Kant mit diesem Ansatz zugleich eine Theorie der empirischen Anschauung und ein neues Verständnis der empirischen Erfahrung an.

Kants Nachweis eines apriorischen Elements in allen Anschauungen setzt wesentlich eine methodische Unterscheidung voraus. Die »*Materie*« einer beliebigen Anschauung ist dasjenige, »was der Empfindung korrespondiert«. Als »*Form*« der Anschauung bezeichnet Kant dagegen dasjenige, »welches macht, daß das Mannigfaltige der Erscheinung in gewissen Verhältnissen geordnet werden kann« (KrV A 20/B 34). Diese methodische Unterscheidung lässt sich daher auch als Differenzierung zweier funktionaler Aspekte der Anschauung verstehen: Die ›Materie‹ soll den Bezug auf einzelne anschauliche Gegenstände gewährleisten, weil sie der Empfindung korrespondiert, die auf die Affektion unserer Sinne durch Gegenstände zurückgeht und insofern auf diese Gegenstände verweisen soll (vgl. Willaschek 1997: 546–548);

die »Form« soll dagegen diese Empfindung so ordnen, dass diese Gegenstände ›in gewissen Verhältnissen‹ angeschaut werden. Der Grundgedanke von Kants Nachweis eines apriorischen Elements in allen Anschauungen ist nun, dass die ›Materie‹ und die ›Form‹ der Anschauung auf unterschiedliche ›Quellen‹ der Erfahrung zurückgehen: Die Materie der Anschauung respektive die Empfindung verdankt sich der Affektion der Sinne durch Gegenstände und ist insofern ein empirisches Element der Anschauung. Ihre Form ist dagegen, so Kants These, unabhängig von der Empfindung und soll sich als das gesuchte apriorische Element aller Anschauungen erweisen lassen: »Da das, worinnen sich die Empfindungen allein ordnen, und in gewisse Form gestellet werden können, nicht selbst wiederum Empfindung sein kann, so ist uns zwar die Materie aller Erscheinung nur a posteriori gegeben, die Form derselben aber muß zu ihnen insgesamt im Gemüte a priori bereit liegen« (KrV, A 20/B 34). Während die Empfindung die empirische Anschauung geradezu definiert, soll ihre Form also ihr apriorisches Element bezeichnen und die Grundlage abgeben für die apriorischen Anschauungen, ohne die synthetische Urteile a priori nicht möglich wären.

Den Nachweis, dass die Form das apriorische Element der Anschauung darstellt, führt Kant in der »Transzendentalen Ästhetik« gleich zweimal. Denn er geht wie viele andere Philosophen seiner Zeit davon aus, dass wir über einen äußeren wie einen inneren Sinn verfügen. In diesem Abschnitt werden wir ausschließlich auf den äußeren Sinn eingehen, dessen Form Kant als den Raum bestimmt, während wir auf den inneren Sinn und seine Form, die Zeit, an späterer Stelle zurückkommen werden (vgl. unten S. 105–116). Dem Aufbau des Textes in der zweiten Auflage der *Kritik der reinen Vernunft* folgend soll die »Metaphysische Erörterung« (KrV, B 37) des Raumes vor allem anhand der vier von Kant selbst durchnummerierten Argumente diskutiert werden. Kant zeigt mit den ersten beiden Argumenten zunächst, warum der Raum als apriorisches Element der äußeren Anschauung fungiert, und weist im Anschluss nach, dass es sich beim Raum um eine Anschauung und keinen Begriff handelt.

Das erste Argument beschränkt sich auf die Ablehnung einer These: »Der Raum ist kein empirischer Begriff, der von äußeren Erfahrungen abgezogen worden.« (KrV, A 23/B 38) Dieses Argument nimmt offensichtlich Bezug auf Debatten um die visuelle Wahrnehmung und die räumliche Ordnung der Dinge, die weit in die moderne Philosophie zurückreichen und sie wesentlich geprägt haben (vgl. Hatfield 1990: 32–45). Es wendet sich dabei insbesondere gegen empiristische Philosophen wie Locke, die die empirische Erfahrung von Gegenständen als grundlegend ansahen und unsere Vorstellung vom Raum als Ergebnis eines von ihr ausgehenden Prozesses der Abstraktion betrachteten (vgl. Locke 1975 [1700]: 122–127 und 166–181). Kant möchte dagegen zeigen, dass wir keine räumliche Erfahrung haben könnten, ohne dass wir zuvor über eine ›Vorstellung des Raumes‹ verfügen: »Denn damit gewisse Empfindungen auf etwas außer mich bezogen werden (d.i. auf etwas in einem andern Orte des Raumes, als darinnen ich mich befinde), imgleichen damit ich sie als außer und neben einander, mithin nicht bloß verschieden, sondern als in verschiedenen Orten vorstellen könne, dazu muß die Vorstellung des Raumes schon zum Grunde liegen.« (KrV, A 23/B 38) Es steht also zur Debatte, ob die empirische Erfahrung als Ausgangspunkt und Grundlage für eine Abstraktion fungiert, der wir die Vorstellung vom Raum verdanken, oder ob »diese äußere Erfahrung [...] selbst nur durch gedachte Vorstellung allererst möglich« (ebd.) wird.

Kant führt sein Argument kaum aus, so dass es den Anschein hat, als stellte er seine These unvermittelt der empiristischen These entgegen. Dennoch lässt sich herausarbeiten, worin er sein

Argument sieht. Ein empiristischer Ansatz bestünde demnach darin, die Grundlage der Erfahrung in einer Empfindung (*sensation*) zu sehen, die er als ein Gebilde aus formalen wie materialen Elementen versteht, aus dem wir einen empirischen Begriff des Raums abstrahieren können. Dieser Begriff erklärt jedoch zum einen nicht, wie unsere äußerliche Erfahrung möglich wird (was er auch gar nicht soll). Zum anderen ist mit dieser äußeren Erfahrung aus Kants Sicht zugleich ihre räumliche Form und damit eine ›Vorstellung des Raumes‹ vorausgesetzt, die von dem Ergebnis der obigen Abstraktion nicht wesentlich unterschieden wäre. Der empiristische Ansatz bewegt sich demnach gleichsam im Kreis: Da aus einer Empfindung, die selbst nicht räumlich strukturiert wäre, nicht zu erklären ist, wie wir zu einer ›Vorstellung des Raumes‹ kommen, geht der empiristische Ansatz von einer räumlich strukturierten Erfahrung aus, der jedoch die ›Vorstellung des Raumes‹ inhärent ist, die doch zuallererst begründet werden sollte (vgl. Falkenstein 1995: 174–183).

Für Kant scheint es daher unumgänglich, eine solche ›gedachte Vorstellung‹ des Raumes anzunehmen, die die Form aller äußeren Anschauungen darstellt. Nach Kants bereits zitierter Schilderung begründet sie zwei grundlegende Aspekte der räumlichen Erfahrung. Sie soll es zum einen ermöglichen, dass ›gewisse Empfindungen‹, die Kant als Affektionen oder Wirkungen auf unsere Sinne versteht, ›auf etwas außer mich bezogen werden‹ können. Zum anderen erlaubt sie es, die Gegenstände der äußeren Anschauung im Raum ›als außer und neben einander‹ zu lokalisieren. Dies wurde auch dahingehend interpretiert, dass die Gegenstände unserer Anschauung nur mithilfe ihrer räumlichen Ordnung als einzelne, distinkte Gegenstände identifiziert werden können (vgl. Strawson 2006: 47–49; Allison 1983: 83–86), was jedoch ausblendet, dass Kant konkrete räumliche Verhältnisse anspricht (vgl. Baum 1996: 58–61; Warren 1998: 179–192). Er beschreibt nämlich zum einen das Verhältnis des Subjekts zu den Gegenständen seiner Anschauung: Wenn Empfindung ›auf etwas außer mich bezogen‹ wird, dann ›auf etwas in einem andern Orte des Raumes, als darinnen ich mich befinde‹. Zum anderen werden die Gegenstände im Raum, wie Kant betont, ›mithin nicht bloß verschieden, sondern als in verschiedenen Orten‹ vorgestellt. Die Vorstellung des Raums individuiert so nicht nur die Gegenstände unserer Vorstellung, sondern macht aus einer Empfindung zuallererst eine äußere Anschauung und spannt zugleich die räumliche Situation unserer äußeren Erfahrung auf. Es ist diese räumliche Ordnung, die wir Kant zufolge nicht zuallererst durch die Erfahrung und Empfindung kennenlernen können. Sie ist vielmehr von der Empfindung unabhängig und von der Erfahrung selbst vorausgesetzt (vgl. Warren 1998: 197–208).

Dieses erste Argument wirft viele Fragen auf und hat in der Forschungsliteratur eine vielfältige Diskussion nach sich gezogen. Es stellt sich dabei vor allem auch die Frage, in welchem Sinne die äußere Anschauung den Raum als ihre apriorische Form zur Voraussetzung haben soll. Kant selbst spricht nicht von Voraussetzung und suggeriert auch keine logische Abhängigkeit. Vielmehr formuliert er, dass die »Vorstellung des Raumes schon zum Grunde liegen« müsse, und erläutert dies dahingehend, dass »die äußere Erfahrung« dadurch »allererst möglich« (KrV, A 23/ B 38) werde. Es geht ihm demnach um die Ermöglichung der äußeren Erfahrung und Anschauung durch die »Beschaffenheit« (ebd.) unserer Erkenntnisvermögen. Diese stellen, so Kants charakteristische Formulierung, die »Bedingung der Möglichkeit der Erscheinungen« (KrV, A 24/B 39) dar und fungieren damit neben der Empfindung als ›Quelle‹ der äußeren Anschauung. Im Falle der Anschauung ist ihre apriorische Form und damit also im Falle der äußeren Anschauung der Raum dasjenige, »was unser eigenes Erkenntnisvermögen (durch sinnliche Eindrücke bloß veranlaßt) aus sich selbst hergibt« (KrV, B 1). Kant begründet Anschauungen, die sich auf Gegenstände im Raum und damit außer mir und nebeneinander beziehen, folglich durch ihre formale räumliche Ordnung, weil sich diese nicht auf eine Affektion unserer Sinnlichkeit durch Gegenstände zurückführen lässt.

Diese positive Funktion der Ermöglichung der äußeren Anschauung durch ihre apriorische Form betont auch das zweite Argument. Es besagt, dass der Raum »eine notwendige Vorstellung [ist], a priori, die allen äußeren Anschauungen zum Grunde liegt« (KrV, A 24/B 38). Diese Abhängigkeit der äußeren Anschauung von der Vorstellung des Raums begründet Kant in einem einzigen, knappen Satz: »Man kann sich niemals eine Vorstellung davon machen, daß kein Raum sei, ob man sich gleich ganz wohl denken kann, daß keine Gegenstände darin angetroffen werden.« (KrV, A 24/B 38) Dieser Satz ist von relativ einfachem Aufbau und klarer Aussage und doch lässt er auch durch seine Kürze vieles offen. Warum können wir uns nicht vorstellen, dass es keinen Raum gibt? Wie ist eine solche Unmöglichkeit zu verstehen? Es liegt zunächst nahe, diese Unmöglichkeit als ein schlichtes empirisches oder psychologisches Faktum zu verstehen und mit der Beschaffenheit unserer Vermögen zu begründen. Dann stellt sich aber die Frage, wie ein solches Faktum eine apriorische Erkenntnis begründen soll (vgl. Guyer 1987: 346 f., und dagegen Falkenstein 1995: 193–200). Es scheint daher erforderlich, jene Unmöglichkeit grundsätzlicher zu verstehen und zu erläutern, dass wir uns ohne vorgängige Vorstellung vom Raum weder auf Gegenstände außer uns noch auf Gegenstände nebeneinander beziehen können und damit letztlich unsere Erfahrung überhaupt unmöglich wird. Tatsächlich argumentiert Kant selbst in der »Widerlegung des Idealismus« so, die er der zweiten Auflage der *Kritik der reinen Vernunft* hinzugefügt hat (siehe S. 110 f.).

Das Argument, dass die Anschauung von Gegenständen außer mir und nebeneinander ohne Raum unmöglich wäre, kann auf den ersten Blick trivial oder tautologisch scheinen. Es ist darin aber durchaus noch eine andere, spezifische und inhaltliche, These zu erkennen, wenn man nämlich der genauen Formulierung Beachtung schenkt. Denn Kant behauptet, dass wir uns zwar nicht vorstellen können, dass es keinen Raum gibt, dass wir uns aber sehr wohl einen Raum ohne Gegenstände vorstellen können. Damit spielt Kant auf eine Debatte an, die für seine Auffassung des Raums und die Entwicklung seiner Philosophie eine bedeutende Rolle spielte. Es handelt sich um die Debatte zwischen Isaac Newton bzw. seinem Unterstützer Samuel Clarke auf der einen Seite und Gottfried Wilhelm Leibniz auf der anderen Seite, die sich unter anderem um das Verhältnis des Raums zu den Dingen im Raum drehte. Dabei stand auf der einen Seite Newtons Theorie, der zufolge der Raum ein absolutes System von Beziehungen darstelle, das unabhängig von den Dingen ist, die in ihm lokalisiert und räumlich bestimmt werden. Auf der anderen Seite stand die Auffassung Leibniz', dass der Raum nichts anderes als das Beziehungsgefüge sei, das sich zwischen den räumlichen Dingen gleichsam aufspanne. Kant hatte in seinen früheren Texten zunächst die Partei von Leibniz ergriffen, bezieht mit dem zweiten Argument der »Erörterung des Raumes« nun aber offenbar die Gegenposition.

Die Gründe dafür sind in der *Kritik der reinen Vernunft* nicht ohne Weiteres ersichtlich. Kant hatte sie aber in seinem Aufsatz *Von dem ersten Grunde des Unterschiedes der Gegenden im Raume* bereits 1768 ausgeführt (vgl. AA 02: 377–383). In diesem Aufsatz wechselt er nämlich die Seiten, weil er zu der Einsicht gelangt war, dass sich manche Dinge in ihrer räumlichen Gestalt unterscheiden, dieser Unterschied aber nur im Rekurs auf einen von ihnen unabhängigen und in diesem Sinne absoluten Raum zu erklären ist. An Kants Beispiel der Hände lässt sich dies vor Augen führen (vgl. AA 02: 382 f.; Frederick 1991). Jede Hand ist entweder eine linke oder eine rechte. Linke und rechte Hand unterscheiden sich also voneinander, und ihre Volumen lassen sich nicht gegenseitig zur Deckung bringen (d.h. durch Drehungen im orientierten dreidimensionalen Raum). Ein Handschuh passt daher nur an eine der beiden Hände. Und doch verwandeln sich linke und rechte Hand im Spiegelbild ineinander. Diese Spiegelung verändert die Beziehungen ihrer Teile (Längen und Winkel) untereinander jedoch nicht, so dass die beiden Hände durch diese offenbar nicht voneinander unterschieden werden können. Dazu bedarf es, so folgert Kant, des Raums als eines eigenständigen oder absoluten Systems von Beziehungen. Denn es ist allein der Bezug zu einem solchen Raum, durch den der Unterschied der beiden Hände sich begründen kann.

Diesen Gedankengang nimmt das zweite Argument wieder auf, wenn es wie folgt reformuliert wird: Wir können von den Gegenständen im Raum absehen, aber nicht vom Raum als solchem, weil wir den Raum als eine von den Beziehungen der Dinge untereinander unabhängige Ordnung fassen können, von der die Eigenschaften der räumlichen Gestalt von Gegenständen, ihre Beziehungen untereinander und damit letztlich auch der Gehalt der äußeren Anschauung überhaupt abhängen (vgl. KrV, A 433/B 461; Allison 1983: 87–89). Der Raum beruht nicht auf den Beziehungen von gegebenen Gegenständen, sondern ermöglicht als vorgängige Ordnung von Beziehungen zuallererst die Bestimmung ihrer räumlichen Beziehungen untereinander und ihrer jeweiligen räumlichen Eigenschaften. Kants Theorie des Raums knüpft in dieser Hinsicht an Newtons Auffassung an, dass der absolute Raum den Beziehungen zwischen Dingen vorgeordnet ist. Er bezieht sich dabei aber nicht wie Newton umstandslos auf die physikalische Wirklichkeit des Raums, sondern zuallererst auf die räumliche Ordnung unserer Anschauung und ihrer Gegenstände.

Die ersten beiden Argumente von Kants Erörterung weisen also jeweils eine spezifische Unabhängigkeit der Vorstellung des Raums nach: die Unabhängigkeit gegenüber der Erfahrung und gegenüber den räumlichen Beziehungen zwischen Gegenständen. Kant wendet sich damit gegen empiristische wie rationalistische Philosophien, um die Vorstellung des Raums als Bedingung unserer äußeren Erfahrung sowie aller Beziehungen zwischen Dingen im Raum zu bestimmen und damit letztlich auch seine Konzeption der apriorischen Form der äußeren Anschauung zu präzisieren. Das dritte und vierte Argument von Kants Erörterung des Raums diskutieren die Unabhängigkeit des Raums in einer weiteren Hinsicht und wenden sich dabei erneut gegen Leibniz. Dieser vertrat nämlich die Auffassung, dass die Erkenntnis der Dinge letztlich auf eine Ordnung von Begriffen abstellt, durch die Dinge als solche bestimmt werden, und betrachtete die Anschauung demgegenüber als verworrene, sinnliche Auffassung der Dinge, die letztlich in die vernünftige, begriffliche Erkenntnis aufzulösen wäre (vgl. KrV, A 39 f./B 56 f. und A 43 f./B 60–62). Kant beharrt dagegen auch in dieser Hinsicht auf der Unabhängigkeit des Raums: Der Raum ist für Kant keine ungenügende Widerspiegelung einer an sich begrifflichen Bestimmtheit der Dinge, sondern eine vom Begriff prinzipiell unterschiedene Ordnung der Anschauung. Es geht Kant damit nicht mehr vorrangig um die Apriorität des Raums, sondern um die ihm inhärente Struktur, die ihn als Anschauung auszeichnet und vom Begriff unterscheidet: »Der Raum ist kein [...] allgemeiner Begriff von Verhältnissen der Dinge überhaupt, sondern eine reine Anschauung.« (KrV, A 24 f./B 39)

Dieses Argument setzt dabei zwangsläufig ein spezifisches, damals weit verbreitetes Verständnis des Begriffs voraus. Ein Begriff ist demnach eine Vorstellung, die sich wiederum aus Vorstellungen zusammensetzt. Letztere bezeichnen die Merkmale, die den Begriff definieren und vermittels derer er sich auf bestimmte Gegenstände bezieht. Der Begriff ist in diesem Sinne eine allgemeine Vorstellung, die sich vermittels der Merkmale auf alle Gegenstände bezieht, deren Vorstellungen diese Merkmale beinhalten. Der Begriff des Dreiecks subsumiert so alle Dreiecke unter sich, insofern sie durch drei Geraden begrenzte Flächen sind. Ganz anders die Vorstellung des Raums nach Kant. Auch sie umfasst auf gewisse Weise zwar alle Dreiecke. Der Raum ermöglicht jedoch alle Dreiecke und alles Räumliche unmittelbar, weil die Beziehungen, durch die sie bestimmt werden, zugleich die Beziehungen sind, die den Raum als solchen ausmachen. Daher enthält der Raum nicht mittelbar unter sich, was er bestimmt, sondern unmittelbar in sich, was er ermöglicht: Alle Dreiecke sind Teile des Raums selbst. Genauer wird hier keine bereits existierende Vorstellung durch eine allgemeine Vorstellung bestimmt, sondern geht die konkrete räumliche Vorstellung selbst aus der Vorstellung des einen umfassenden Raums hervor, die Kant zum Abschluss der Erörterung des Raums wohl in diesem Sinne auch als »ursprüngliche Vorstellung vom Raume« (KrV, B 40) bezeichnet. Entsprechend setzt sich der Raum aber auch nicht aus seinen Teilen zusammen, sondern alle Teile setzen diesen einen umfassenden Raum voraus, der sie als seine »Einschränkungen« (KrV, A 25/B 39) in sich fasst. Das Ganze geht hier den Teilen voraus, während beim Begriff die Teile, d.h. die Merkmale, dem Ganzen, d.h. dem Begriff, vorausgehen. Das vierte Argument der Erörterung des Raums fügt dem hinzu, dass der Vorstellung des Raums daher auch eine eigene Unendlichkeit zukommt. Zwar kann auch der Begriff unendlich viele Vorstellungen unter sich enthalten, so wie der Begriff des Dreiecks unendlich viele Dreiecke. Jedoch heißt dies nur, dass all diese Vorstellungen ein gemeinsames Merkmal teilen. Der Raum dagegen umfasst alle begrenzten Räume in sich. Es unterscheidet den Raum vom Begriff daher auch, dass er »als eine unendliche *gegebene* Größe vorgestellt« (KrV, B 39) wird.

Diese Argumentation führt zu dem Schluss, der Raum sei eine »*Anschauung* a priori, und nicht *Begriff*« (KrV, B 40). Anhand dieser Formulierung und mit Blick auf das umfassende Ziel der *Kritik der reinen Vernunft* stellt sich jedoch noch eine wesentliche Frage: Inwieweit ermöglicht der Raum als apriorische Form der äußeren Anschauung als solche auch diejenigen apriorischen Anschauungen, die zusammen mit Begriffen synthetische Urteile a priori bilden und begründen sollen? Kant diskutiert diese Frage auf den wenigen Seiten seiner Erörterung des Raumes nicht explizit. Seine Formulierungen scheinen vielmehr zu suggerieren, dass mit der apriorischen Form der Anschauung zugleich konkrete Anschauungen a priori gegeben sind. Denn Kant führt den Raum zwar als »Form der Anschauung« (KrV, A 23/B 37) ein, identifiziert ihn aber zugleich mit einer »Vorstellung des Raums« (KrV, A 23/B 38), einer ›Anschauung a priori‹ oder »reinen Anschauung« (KrV, A 25/B 39). Als unmittelbarer Gegenstand einer Anschauung kommt der Raum jedoch schon wegen der ihm eigenen Unendlichkeit wohl kaum infrage (vgl. KrV, A 291/B 347; Allison 1983: 94–98). Was ist also die Pointe dieser auf den ersten Blick ungenau wirkenden Formulierungen?

Es sind verschiedene Aspekte von Kants Argumentation, die in der Bezeichnung des Raums als Vorstellung oder Anschauung zum Ausdruck kommen. Als »gedachte Vorstellung« (KrV, A 23/B 38) bezeichnet Kant den Raum zuallererst deshalb, weil seine Erörterung nicht von einem realen, physikalischen Raum ausgeht, sondern von der Form unserer äußeren Anschauung. Als »Vorstellung a priori« (KrV, A 24/B 38) ist der Raum darüber hinaus zu kennzeichnen, weil er als Form der Anschauung die Funktion hat, andere Vorstellungen und genauer Anschauungen von einzelnen Gegenständen zu ermöglichen. Wenn der Raum Kant zufolge »als eine unendliche *gegebene* Größe vorgestellt« (KrV, B 39) wird, dann geht es vor diesem Hintergrund also weniger darum, dass der Raum als Gegenstand einer Vorstellung oder gar einer Anschauung gegeben wäre. Vielmehr zielt Kant, wie er an anderer Stelle präzisiert, auf die »ursprüngliche Vorstellung eines einigen unendlichen, subjectiv gegebenen Raumes« (AA 20: 420.12–13) ab. Der Raum ist demnach insofern ›subjektiv gegeben‹, als er alle äußeren Anschauungen zuallererst ermöglicht, und muss insofern als unendlich gegeben sein, als er die ermöglichten Anschauungen im bereits erörterten Sinne in sich beinhalten wird. Er ist damit aber nicht in dem Sinne gegeben, dass er selbst Gegenstand einer Vorstellung oder Anschauung wäre. Vielmehr muss er in dem Sinne als eine ›ursprüngliche Vorstellung‹ vorausgesetzt und insofern gegeben sein, als jede Anschauung eines räumlichen Gegenstandes sich als seine ›Einschränkung‹ im bereits erörterten Sinne begreifen lassen muss.

Für die Argumentation der »Transzendentalen Ästhetik« ist somit entscheidend, dass sich die apriorische Form der Anschauung von den Anschauungen von Gegenständen unterscheiden lässt, um zugleich verständlich zu machen, wie sie Anschauungen a priori ermöglichen kann. Es ist dabei zu betonen, dass es keineswegs selbstverständlich ist, dass Anschauungen a priori überhaupt möglich sind, weil Anschauungen als solche der Sinnlichkeit entstammen und sich mithin einer Affektion durch Gegenstände verdanken müssten, die sie per se zu empirischen Anschauungen macht. Die Einschränkung der von aller Anschauung vorausgesetzten Form des Raums macht aber verständlich, wie eine »reine Anschauung, die a priori, auch ohne einen wirklichen Gegenstand der Sinne oder Empfindung, als eine bloße Form der Sinnlichkeit im Gemüte stattfindet« (KrV, A 21/B 35). Es ist an dieser Formulierung wiederum eine Unschärfe zu beobachten, die von systematischer Bedeutung ist. ›Form‹ oder auch »reine Form« (KrV, A 42/B 59) bezeichnet in der »Transzendentalen Ästhetik« zunächst die apriorische Form, die allen unseren äußeren Anschauungen zugrunde liegt und die räumliche Ordnung der Empfindung gewährleistet. Kant spricht von ›Form‹ aber auch dann, wenn er sich auf einzelne Anschauungen bezieht, und bezeichnet insbesondere als »reine Form« (KrV, A 20/B 34), was ›reine Anschauungen‹ abgesondert von aller Empfindung beinhalten können, nämlich die »Ausdehnung und Gestalt« (KrV, A 21/B 35) von Gegenständen. Dieser suggestive Übergang von der apriorischen Form der Anschauung zu den angeschauten ›reinen Formen‹ gibt zu erkennen, wie wir uns Anschauungen a priori überhaupt vorzustellen haben: Es handelt sich um eine »formale Anschauung« (KrV, B 160), die unabhängig von aller Empfindung ist und sich auf die rein geometrische ›Ausdehnung und Gestalt‹ von Gegenständen bezieht. Kant schließt sich damit letztlich Descartes an, der die äußeren Dinge bereits als ›res extensa‹ definiert und sie damit im Wesentlichen auf ihre geometrischen Eigenschaften reduzierte hatte (vgl. Descartes 1986 [1641]: 160–175; Shabel 2005: 35–38).

Kant hat mit der »Transzendentalen Ästhetik« somit das erste Etappenziel der *Kritik der reinen Vernunft* erreicht: Er hat die Möglichkeit von apriorischen Anschauungen nachgewiesen, die in synthetische Urteile a priori eingehen können. Jedoch hat gerade die »Metaphysische Erörterung« des Raums seit dem Erscheinen der *Kritik der reinen Vernunft* oft grundsätzliche Kritik auf sich gezogen. Abschließend soll zumindest ein zentraler Einwand angesprochen werden, der sich auf die für Kant unverzichtbare methodische Unterscheidung der Form und der Materie bzw. Empfindung einer Anschauung bezieht. Kants Formulierungen haben immer wieder den Verdacht erregt, dass er eine komplexe Erfahrung in ihre Bestandteile auflöst: Die Erfahrung würde in eine Form »abgesondert von aller Empfindung« (KrV, A 20/B 34; vgl. Falkenstein 1995: 135–137) sowie eine Empfindung frei von allen formal-räumlichen Elementen förmlich zerfallen. Dagegen spricht nicht nur, dass eine solche Empfindung unserer Anschauung fremd ist, weil alle Empfindung stets räumlich geordnet und lokalisiert vorliegt (vgl. Falkenstein 1995: 79–89). Schlimmer noch würde dadurch unerklärlich, was Kant doch erklären möchte. Denn im Rückgang auf eine Empfindung ohne jede eigene räumliche Struktur ist kaum mehr verständlich zu machen, warum eine Empfindung Teil der Anschauung eines Kreises, eine andere Empfindung dagegen Teil der Anschauung eines Quadrats oder Dreiecks ist (vgl. Vaihinger 1892: 180–184).

Es spricht daher vieles dafür, die Unterscheidung von Form und Materie der Anschauung nicht als eine Auflösung der Erfahrung in zwei isolierte Bestandteile zu verstehen, die kaum mehr zusammenzubringen sind. Vielmehr ist für Kants Argumentation wesentlich, dass die Form funktional unabhängig ist von Materie und Empfindung. Wenn Kant behauptet, dass wir »alles, was zur Empfindung gehört, abtrennen [können], damit nichts als die reine Anschauung und die bloße Form der Erscheinungen übrig bleibe« (KrV, A 22/B 36), dann kommt es dabei nämlich vor allem darauf an, dass die räumliche Ordnung der äußeren Anschauung unabhängig von aller Empfindung und Erfahrung subjektiv gegeben ist und doch zugleich alle räumlichen Beziehungen enthält, die Empfindungen notwendig strukturieren und die unsere Anschauung von Dingen im Raum bestimmen. Diese strikte funktionale Unabhängigkeit der Form von Empfindung und Erfahrung soll mit dem Vermögen der Sinnlichkeit gegeben sein. Sie soll zugleich begründen, dass »die bloße Form der Erscheinungen [...] das einzige ist, das die Sinnlichkeit a priori liefern kann« (KrV, A 22/B 36), und damit zugleich apriorische Anschauungen möglich sind, die in synthetische Urteile a priori eingehen können. Die apriorische Form der Anschauung bestimmt demnach die empirischen Gegenstände, ohne dass Empfindung und Erfahrung sie in irgendeiner Weise bestimmen, sie bekräftigen oder verändern könnten.

Historisch gesehen hat Kant mit dieser Unterscheidung weniger eine Begründung geliefert, die auf allgemeine Zustimmung gestoßen wäre. Eher hat er einen Ausgangs- und Bezugspunkt für vielfältige Debatten gestiftet. Schon bald nach dem Erscheinen der *Kritik der reinen Vernunft* stellen viele Philosophen infrage, ob die funktional differenzierte Form und Materie der Anschauung unmittelbar mit ihrem apriorischen oder empirischen Element gleichgesetzt werden kann. Diese Infragestellung findet sich bei denjenigen, die Kants Philosophie konsequent fortentwickeln wollten und die Empfindung deshalb zugunsten der apriorischen Form der Erkenntnis aufzulösen versuchten (Maimon 2004 [1790]: 115 f., Fichte 1971 [1817]: 541–549), ebenso wie bei denjenigen, die Kants Philosophie schon im Ansatz für verfehlt hielten und die Form daher als verstrickt mit Erfahrung und Empfindung betrachteten (vgl. Falkenstein 1995: 172–174). Als Albert Einsteins allgemeine Relativitätstheorie die Annahme umstieß, dass der Raum und insbesondere der Euklidische Raum ein Apriori der Erkenntnis der physikalischen Natur sei, das vollkommen unabhängig von den Gegenständen im Raum ist, sahen darin viele den willkommenen Todesstoß für Kants Theorie des Raums. Aber natürlich fanden sich wiederum Philosophen, die die apriorische Form des Raums verteidigten, auch wenn sie diese nicht mehr als ein ahistorisches Apriori der Erkenntnisvermögen verstanden (vgl. Cassirer 2001b).

3.5 Die Idealität des Raums und die ›kopernikanische Drehung‹

Die bisherige Darstellung hat Kants Erörterung des Raums im Zusammenhang einer Theorie der Anschauung und Sinnlichkeit diskutiert, die die Möglichkeit von apriorischen Anschauungen aufweisen soll. Diese Anschauungen sollen jedoch synthetische Urteile a priori ermöglichen, weshalb die anschließende »Transzendentale Erörterung des Begriffs des Raums« (vgl. KrV, B 40–42) ihn als »Prinzip, woraus die Möglichkeit synthetischer Erkenntnisse a priori eingesehen werden kann« (KrV, B 40), behandelt. Dieser Abschnitt wurde in der zweiten Auflage der *Kritik der reinen Vernunft* eingefügt, führt aber zugleich ein Argument aus, das in der ersten Auflage noch Teil der bislang diskutierten Argumentation war, die Kant zugleich als »Metaphysische Erörterung« betitelt (vgl. KrV, A 24). Es ist wohl anzunehmen, dass diese Umarbeitungen der Klärung dienen sollten. Jedoch werfen sie insbesondere die Frage auf, in welchem Verhältnis die »Transzendentale Erörterung des Raums« zur vorangehenden »Metaphysischen Erörterung« steht.

Einer ersten Deutung zufolge entwickelt die »Transzendentale Erörterung« ein neues und eigenständiges Argument. Dieses Argument bestünde darin, dass Kant von der mathematischen bzw. geometrischen Erkenntnis ausgeht, um die Bedingungen zu bestimmen, ohne die diese Erkenntnis nicht möglich wäre. Der Ausgangspunkt ist also zunächst die Geometrie, die »die Eigenschaften des Raums synthetisch und doch a priori bestimmt« (KrV, B 40). Sodann würde Kant die Frage stellen, wie der Raum beschaffen sein muss, damit er auf diese Weise erkannt werden kann. In einem letzten Schritt würde Kant im Rückgriff auf die »Einleitung« darauf schließlich die Antwort geben, dass der Raum eine Anschauung sein muss, da die geometrische Erkenntnis synthetisch ist, und zwar eine apriorische Anschauung, da die geometrischen Theoreme apodiktisch, d.h. notwendig und allgemein, sind (vgl. KrV, B 40f.). Was die »Metaphysische Erörterung« umständlich zu zeigen versucht, scheint die »Transzendentale Erörterung« auf diese Wesie umstandslos aus der Geltung der geometrischen Erkenntnis zu schließen.

Diese Deutung haben im 20. Jahrhundert viele Interpreten geteilt und das sogenannte ›argument from geometry‹ daher als Zentrum von Kants Theorie des Raums bewertet (vgl. Strawson 2006: 62 und 67–70). Die »Transzendentale Erörterung« des Raums würde demnach nicht nur dasselbe Ziel verfolgen wie die vorangehende ›metaphysische Erörterung‹. Sie würde den Nachweis, dass der Raum eine apriorische Anschauung ist, auch unabhängig von der vorangehenden ›metaphysischen Erörterung‹ erreichen. Das ›argument from geometry‹ wurde dabei oft als die schlüssigere und überzeugendere Option gesehen, weil es viele Interpreten schlicht für anschlussfähiger hielten. Denn die ›metaphysische Erörterung‹ bewegt sich im Feld einer Theorie der Sinnlichkeit und der Vermögen, die aus der Sicht des 20. Jahrhunderts zur Psychologie und Physiologie gehören und vor diesem Hintergrund spekulativ und überholt erscheinen (siehe oben S. 43–46). Dieser Eindruck wurde noch dadurch bekräftigt, dass Kant zumindest erwägt, ob der Raum als Form der Sinnlichkeit eng an die Beschaffenheit der menschlichen Erkenntnisvermögen gebunden ist (vgl. KrV, A 26f./B 43f. und B 72). Die geometrische Erkenntnis würde in der Konsequenz daher nur für die menschliche Anschauung und jedenfalls nicht notwendigerweise auch für alle endlichen Wesen gelten. Das ›argument from geometry‹ ist dagegen unabhängig von der etwaigen Beschaffenheit von Erkenntnisvermögen. Ausgehend von einer wissenschaftstheoretischen Perspektive setzt es zumindest auf den ersten Blick nicht mehr voraus als die nur selten in Zweifel gezogene Geltung der mathematischen Erkenntnis, um auf ihre notwendigen Bedingungen zurückzuschließen. Auch unter dem Eindruck der bahnbrechenden Entwicklung der Mathematik im 20. Jahrhundert lenkten viele Interpreten ihre Aufmerksamkeit daher auf die ›transzendentale Erörterung‹ und verstanden Kants Umarbeitungen der zweiten Auflage als Schärfung der wissenschaftstheoretischen Grundlagen seiner Argumentation (vgl. kritisch dazu Kitcher 1990: 49 f.).

Es ist möglich, die »Transzendentale Ästhetik« so zu lesen, es bestehen aber Zweifel, ob die »Transzendentale Erörterung« derart nicht missverstanden wird. Die angedeutete Argumentation hat die prinzipielle Schwäche, dass sie das Faktum der mathematischen Erkenntnis, deren apriorische, d.h. notwendige und allgemeine Geltung sowie ihre synthetische Form voraussetzen muss, um auf ihre notwendigen Bedingungen und damit die Apriorität des Raums zurückschließen zu können. Eine solche Argumentation findet sich tatsächlich in Kants Texten. In den *Prolegomena zu einer jeden künftigen Metaphysik, die als Wissenschaft wird auftreten können*, die zwei Jahre nach der *Kritik der reinen Vernunft* erscheinen und sie nochmals popularisieren sollen, verfolgt Kant nämlich ein ähnliches Vorgehen wie im ›argument from geometry‹. Er unterscheidet diese »analytische Methode« jedoch zugleich grundsätzlich von der »synthetischen Methode« (AA 04: 263) der *Kritik der reinen Vernunft*. Gegen die vorgestellte Deutung der »Transzendentalen Erörterung« spricht aber mehr noch, dass sie sich kaum in die Entwicklung der »Transzendentalen Ästhetik« einfügt. Denn Kant würde dieser Deutung zufolge ohne jede weitere Erläuterung ein neues, eigenständiges Argument entwickeln, das die vorangehende Erörterung in keiner Weise voraussetzt und für sich selbst stehen würde. Es scheint allerdings durchaus fraglich, dass Kant so sehr an seiner ›metaphysischen Erörterung‹ gezweifelt haben sollte, dass er die Apriorität des Raums in einem zweiten Anlauf nochmals nachzuweisen versucht.

Eine zweite Deutung erlaubt es, in der »Transzendentalen Ästhetik« einen stimmigeren Gedankengang zu erkennen. In dieser Deutung setzt die »Transzendentale Erörterung« nicht die mathematische Erkenntnis voraus, um auf ihre notwendigen Bedingungen zurückzuschließen. Sie soll vielmehr zeigen, wie »Erkenntnisse aus dem gegebenen Begriffe [des Raums, A.S.] herfließen« (KrV, B 40). Anders gesagt erläutert sie unter Voraussetzung des Begriffs des Raums, den die ›metaphysische Erörterung‹ entwickelt hatte, die Möglichkeit der geometrischen Erkenntnis. Für diese Deutung spricht schon, dass sich Kant selbst im direkten Anschluss an das so genannte ›argument from geometry‹ beeilt, diesen Zusammenhang herzustellen. Nachdem er gefolgert hat, dass die geometrische Erkenntnis die apriorische Anschauung des Raums voraussetzt, stellt er nämlich die Frage, wie eine solche Anschauung ihrerseits möglich ist. Er antwortet sogleich mit Verweis auf die »Form des äußeren *Sinnes*« (KrV, B 41; vgl. KrV A 26/B 42) und lässt die ›transzendentale Erörterung‹ des Raums somit auf die vorangehende Erörterung aufbauen: Die Apriorität des Raums, die die geometrische Erkenntnis voraussetzt, ist in der Sinnlichkeit begründet. Die ›transzendentale Erörterung‹ setzt daher keineswegs nochmals neu und rein wissenschaftstheoretisch an, um die Apriorität des Raums unabhängig von der Theorie der Sinnlichkeit zu beweisen. Vielmehr schließt sie an die ›metaphysische Erörterung‹ und ihre Theorie der Sinnlichkeit an, um darüber hinaus zu zeigen, wie die geometrische Erkenntnis und damit synthetische Urteile a priori aufgrund der apriorischen Form der Sinnlichkeit möglich werden (vgl. Shabel 2004: 195–205).

Diese Deutung bildet aber nicht nur deshalb einen schlüssigen Zusammenhang, weil sie die »Transzendentale Erörterung« auf die »Metaphysische Erörterung« aufbauen lässt. Sie bahnt auch einen Weg zu den Schlussfolgerungen der »Transzendentalen

Ästhetik«, die für das Verständnis der *Kritik der reinen Vernunft* insgesamt von zentraler Bedeutung sind. Die geometrische Erkenntnis beruht nach dieser Deutung auf einer apriorischen Anschauung des Raums, die ihre Grundlage in der apriorischen Form des äußeren Sinnes hat. Es wird dadurch zunächst verständlich, wie die synthetischen Urteile der Geometrie möglich werden. Es wird damit jedoch zugleich erklärbar, warum die geometrische Erkenntnis auf die empirische Wirklichkeit angewendet werden kann: Der Raum, den die Geometrie voraussetzt, ist auch die Ordnung unserer Empfindung im äußeren Sinn und damit unserer Wahrnehmung empirischer Gegenstände (vgl. Shabel 2004: 205–207). Weil der apriorischen Erkenntnis der Geometrie und unserer empirischen Wahrnehmung also ein und dieselbe räumliche Ordnung zugrunde liegt, gelten die geometrischen Erkenntnisse auch für die empirische Wahrnehmung und ihre konkreten Gegenstände (vgl. KrV, A 165 f./B 206 f.).

Die Anwendbarkeit der Geometrie auf die empirische Wirklichkeit so erklären zu können ist ein zentrales Anliegen Kants. Jedoch hat seine Argumentation eine Konsequenz, die er bewusst in Kauf nimmt und die die Philosophie seit Kant umtreibt: Die Geometrie lässt sich demnach auf die empirische Wirklichkeit nur insofern anwenden, als wir sie erfahren und sie *deshalb* räumlich erscheint. Kant versteht den Raum nämlich nicht nur als apriorische Form unseres äußeren Sinns und damit als etwas, »was unser eigenes Erkenntnisvermögen (durch sinnliche Eindrücke bloß veranlaßt) aus sich selbst hergibt« (KrV, B 1). Er schließt daraus auch, dass der Raum die Dinge nur insofern umfasst, als sie uns aufgrund unserer Sinnlichkeit erscheinen, und also nichts darüber besagt, wie sie unabhängig von unserer Anschauung sein mögen: »Der Raum stellt gar keine Eigenschaft irgend einiger Dinge an sich, oder sie in ihrem Verhältnis aufeinander vor, d.i. keine Bestimmung derselben, die an Gegenständen selbst haftete, und welche bliebe, wenn man auch von allen subjektiven Bedingungen der Anschauung abstrahierte.« (KrV, A 26/B 41; vgl. A 38 f./B 55 f. und A 46–49/B 64–66). Die räumliche Ordnung kommt den Dingen also nur insofern zu, als sie Gegenstände unserer äußeren Anschauung sind und sie daher in Bezug stehen zu den ›subjektiven Bedingungen‹ unserer Sinnlichkeit. Entsprechend unterscheidet Kant zum einen die ›Dinge an sich‹, wie sie unabhängig von allem Erkennen sein mögen, von den ›Erscheinungen‹, die Gegenstand unserer Anschauungen sind und unter der Bedingung ihrer apriorischen Form, dem Raum, stehen (vgl. KrV, A 27/B 43 und A 42 f./B 59 f.). Der Raum stellt folglich, wie Kant mithilfe dieser Unterscheidung präzisiert, *keine reale Ordnung der ›Dinge an sich‹, sondern eine ideale Ordnung der ›Erscheinungen‹ in unserer Anschauung* dar. Kant spricht in diesem Sinne auch von der »*transzendentalen Idealität*« (KrV, A 28/B 44) des Raums: »Gehen wir von der subjektiven Bedingung ab, unter welcher wir allein äußere Anschauung bekommen könnten, so wie wir nämlich von den Gegenständen affiziert werden mögen, so bedeutet die Vorstellung vom Raume gar nichts.« (KrV, A 26/B 42 f.)

Diese kantische Auffassung des Raums lässt sich auch mit Bezug auf die Debatte um den Raum zwischen Newton resp. Clarke und Leibniz nochmals verständlich machen. Denn Kant ergreift zwar insofern die Partei Newtons, als er den Raum als eine anschauliche Ordnung versteht, die vorgängig ist gegenüber Beziehungen von Gegenständen im Raum (siehe oben S. 54–56). Er setzt sich aber zugleich von Newtons Position ab, weil er dem Raum nicht wie Newton eine eigene, reale Existenz zuschreibt. Damit sucht er nicht nur ontologische Probleme zu vermeiden, die eine solche reale Existenz des Raums aufwirft (vgl. KrV, A 39/B 56; Falkenstein 1995: 289–300). Er glaubt auch allein auf der Grundlage der transzendentalen Idealität des Raums zugleich die apriorische Erkenntnis der Geometrie und ihre Anwendbarkeit auf die Gegenstände unserer Anschauung und Erfahrung begründen zu können. Es ist somit letztlich die Begründung der zeitgenössischen Physik, die Kants Behauptung der transzendentalen Idealität des Raumes motiviert. Der Preis ist dabei, dass die empirische Wirklichkeit, auf die die Geometrie anwendbar ist und die die Physik zu erkennen vermag, nicht mehr viel mit dem gemein hat, was man landläufig unter ›Wirklichkeit‹ versteht: eine an sich seiende Wirklichkeit, die gleichgültig ist gegenüber dem Menschen und seinen Erkenntnisbemühungen. ›Wirklichkeit‹ steht für Kant vielmehr unter Voraussetzung der ›subjektiven Bedingungen‹ unserer Erkenntnisvermögen und unserer Erfahrung.

Es ist dabei zu betonen, dass Kants Verständnis des Raums als ›subjektiver Bedingung‹ keinerlei Abwertung im Sinne eines bloßen ›Scheins‹ oder ›Hirngespinsts‹ nach sich zieht. Die ›Subjektivität‹ des Raums steht keineswegs im Widerspruch zu, sondern vielmehr im Einklang mit der ›Objektivität‹ von Erkenntnis. Denn es ist aus Kants Sicht ja gerade die Funktion und Aufgabe dieser subjektiven Bedingung, die äußere Anschauung von Gegenständen zu ermöglichen und damit zum Zustandekommen von objektiver Erkenntnis beizutragen. Daher erläutert er die ›transzendentale Idealität‹ auch durch die komplementäre »*empirische Realität* des Raumes« (KrV A28/B 44). Denn der Raum ist zwar subjektiv und insofern ideal, aber fungiert doch zugleich als Bedingung der objektiven Erkenntnis und ist in dieser Hinsicht also auch real, weil er die empirisch erkennbare Wirklichkeit ermöglicht: »Wir behaupten also die *empirische Realität* des Raumes (in Ansehung aller möglichen äußeren Erfahrung), ob zwar die *transzendentale Idealität* desselben, d.i., daß er nichts sei, so bald wir die Bedingung der Möglichkeit aller Erfahrung weglassen, und ihn als etwas, was den Dingen an sich selbst zum Grunde liegt, annehmen.« (KrV, A28/B 44)

Diese Charakterisierung des Raums erlaubt es vielleicht, einen Einwand zu entkräften, der oft erhoben wurde: Kant lasse erstens außer Acht, dass den ›Dingen an sich‹ ganz unabhängig von allen Erkenntnisvermögen eine reale, räumliche Ordnung zukommen könnte; und er könne, zweitens, eine solche Möglichkeit nicht ausschließen, weil er allen ontologischen Aussagen von dieser Art eine prinzipielle Absage erteilt (vgl. Trendelenburg 1862: 161–164). Kants Position lässt sich demgegenüber wohl dadurch rechtfertigen, dass er den Raum strikt als epistemologische Ordnung versteht: Sie bezieht sich zuallererst und ausschließlich auf unsere Erkenntnis und lässt sich daher gar nicht sinnvoll auf ›Dinge an sich‹ beziehen (vgl. Allison 1983: 111–114; Falkenstein 1995: 289–314; Hogan 2009). Die vermeintlich vernachlässigte Alternative, dass den ›Dingen an sich‹ eine räumliche Ordnung ganz unabhängig von unserer Erkenntnis eigen ist, wäre so gar keine Alternative, weil sie schlicht keinen fassbaren Sinn hat: Sie hat nämlich keinerlei Bezug zu unserer möglichen Erfahrung und Erkenntnis und führt aus Kants Sicht daher lediglich auf das freie Meer, wo sich die traditionelle Metaphysik in ihren haltlosen Spekulationen verloren hat.

Es wird an Kants Charakteristik der transzendentalen Idealität und empirischen Realität des Raumes schließlich ein Argument deutlich, dem die *Kritik der reinen Vernunft* wohl auch ihre Berühmtheit verdankt: Damit wir die empirische Wirklichkeit erkennen können, muss sie unter den subjektiven Bedingungen unserer Erkenntnis stehen. In einer der berühmtesten Passagen der »Einleitung« schildert Kant diese Annäherung an die Möglichkeit der Erkenntnis als eine »Revolution der Denkart« (KrV, B XI). Diese habe die Mathematik und die Physik auf den »sicheren Gang einer Wissenschaft« (KrV, B XIV) gebracht und soll das Vorbild für die ›Revolution‹ der Metaphysik abgeben, die Kant vorantreiben möchte: »Bisher nahm man an, alle unsere

Erkenntnis müsse sich nach den Gegenständen richten; aber alle Versuche, über sie a priori etwas durch Begriffe auszumachen, wodurch unsere Erkenntnis erweitert würde, gingen unter dieser Voraussetzung zu nichte. Man versuche es daher einmal, ob wir nicht in den Aufgaben der Metaphysik damit besser fortkommen, daß wir annehmen, die Gegenstände müssen sich nach unserem Erkenntnis richten, welches so schon besser mit der verlangten Möglichkeit einer Erkenntnis derselben a priori zusammenstimmt, die über Gegenstände, ehe sie uns gegeben werden, etwas festsetzen soll. Es ist hiemit eben so, als mit den ersten Gedanken des *Kopernikus* bewandt, der, nachdem es mit der Erklärung der Himmelsbewegungen nicht gut fort wollte, wenn er annahm, das ganze Sternheer drehe sich um den Zuschauer, versuchte, ob es nicht besser gelingen möchte, wenn er den Zuschauer sich drehen, und dagegen die Sterne in Ruhe ließ.« (KrV, B XVI) Diese ›Revolution‹ der Perspektive, die wegen der zitierten Stelle als die ›kopernikanische Drehung‹ von Kants kritischer Philosophie bekannt wurde, hat die »Transzendentale Ästhetik« vorgenommen, worauf die »Einleitung« wiederum vorgreift: »Wenn die Anschauung sich nach der Beschaffenheit der Gegenstände richten müßte, so sehe ich nicht ein, wie man a priori von ihr etwas wissen könne; richtet sich aber der Gegenstand (als Objekt der Sinne) nach der Beschaffenheit unseres Anschauungsvermögens, so kann ich mir diese Möglichkeit ganz wohl vorstellen.« (KrV, B XVII)

Diese Revolution zielt also auf die Begründung von synthetischen Urteilen a priori und bezahlt dafür den Preis, dass eine solche apriorische, in der Folge aber auch jede empirische Erkenntnis von Dingen nur »gilt unter der Einschränkung, wenn diese Dinge als Gegenstände unserer sinnlichen Anschauung genommen werden« (KrV, A 27/B 43; vgl. A 39/B 57). Dadurch wird aber zugleich das Verhältnis der apriorischen Erkenntnis zur Erfahrung deutlicher, das sich für Kants Neubegründung der metaphysischen Erkenntnis bereits als zentral erwiesen hat (vgl. oben S. 21–27). Nach der ausführlichen Diskussion der »Transzendentalen Ästhetik« kann die geometrische Erkenntnis dabei als Modell herhalten. Die Geometrie stützt sich nicht auf unsere tatsächliche empirische Erfahrung, sondern auf die apriorische Anschauung des Raums. Da sich aber alle empirischen Gegenstände unserer Wahrnehmung nach dem Raum richten müssen, weil die Empfindungen, die wir auf sie beziehen, räumlich geordnet werden, greifen die synthetischen Urteile a priori der Geometrie nicht schlicht über die Grenzen jeglicher Erfahrung hinaus, sondern sind über den Raum als Form der äußeren Anschauung und des äußeren Sinns auf die möglichen Gegenstände der empirischen Wahrnehmung bezogen. Daher sind sie zum einen empirisch anwendbar und belehren uns zum anderen a priori über wahrnehmbare Gegenstände überhaupt, d.h. unabhängig und in diesem Sinne vor der empirischen Wahrnehmung eines bestimmten Gegenstandes. Ähnliches hatte Kant mit Blick auf die Neubegründung der Metaphysik vorgesehen. Sie soll zwar in Anknüpfung an die Tradition apriorische Erkenntnisse erlangen, die sich als solche nicht auf die Erfahrung von empirischen Gegenständen stützen; sie soll aber doch auch nicht alle Grenzen der Erfahrung übersteigen, sondern im Bezug stehen zur Erfahrung und uns a priori belehren über die »Objekte möglicher Erfahrung« (KrV, B 73).

Wie Kant die apriorische Erkenntnis der Metaphysik mit Bezug auf die Erfahrung begründen und begrenzen möchte, zeichnet sich so zwar bereits in der »Transzendentalen Ästhetik« ab. Für eine Theorie der synthetischen Urteile a priori bedarf es jedoch nicht nur mit Bezug auf Anschauung und Sinnlichkeit einer ›Revolution der Denkart‹, sondern auch hinsichtlich von Begriff und Verstand (vgl. KrV, B XVII f.). Es ist wohl dieser zweite Teil der Aufgabe, der Kant in den Jahren vor dem Erscheinen der *Kritik der reinen Vernunft* die meiste Zeit und Kraft gekostet hat. Denn die Diskussion des Raums in der »Transzendentalen Ästhetik« greift in wesentlichen Teilen auf die so genannte Inaugural-Dissertation zurück, die er bereits 1770 den damaligen Gepflogenheiten entsprechend vorgelegt hatte, als er die lang erhoffte Professur an der Universität Königsberg antrat (vgl. Kühn 2003: 223–225). Unter dem Titel *De mundi sensibilis atque intelligibilis forma et principiis* (*Über die Form und die Prinzipien der sinnlichen und der Verstandeswelt*) finden sich bereits wesentliche Bestandstücke der Analyse von Sinnlichkeit und Anschauung sowie ihrer Formen Raum und Zeit (vgl. Diss, 29–31 und 45–69). Es war offenbar nicht die Theorie der Sinnlichkeit, sondern die Theorie des Verstandes und mehr noch das Verhältnis beider Erkenntnisvermögen, die Kant nach der Inaugural-Dissertation viel Zeit kosteten. Denn er äußerte zwar schon zwei Jahre nach der Dissertation in einem berühmten Brief an Marcus Herz vom 21.2.1772 die Hoffnung, zumindest den »ersten Theil« einer »Critick der reinen Vernunft« »binnen etwa 3 Monathen herausgeben« (AA 10: 132) zu können. Diese Hoffnung erwies sich aber wie auch zahlreiche spätere Ausblicke auf einen baldigen Druck als trügerisch. Das Werk sollte erst beinahe zehn Jahre nach der Formulierung seiner Fragestellung und der Benennung des Titels erscheinen. Die *Kritik der reinen Vernunft* wartet aber schließlich mit einer gänzlich neuen Theorie des Verstandes auf. Alle Erkenntnis soll auf dem Zusammenspiel von Verstand und Sinnlichkeit, Begriffen und Verstand beruhen, da nicht nur Begriffe erläutert, sondern diese auf Gegenstände bezogen und im Rekurs auf die Anschauung erweitert werden sollen. Dieser Ansatz hat in Kants berühmter Formulierung Ausdruck gefunden: »Ohne Sinnlichkeit würde uns kein Gegenstand gegeben und ohne Verstand keiner gedacht werden. Gedanken ohne Inhalt sind leer, Anschauungen ohne Begriffe sind blind.« (KrV, A 51/B 75) Wenden wir uns also der Diskussion des Verstandes und des Begriffs in der »Transzendentalen Logik« zu.

3.6 Der Verstand und die Bestimmung der Erfahrung

Es ist durchaus bedeutsam, dass die »Transzendentale Logik« einleitend wie schon die »Transzendentale Ästhetik« nochmals das Verhältnis von Verstand und Anschauung erörtert, bevor sie das ihr zugeordnete Vermögen eingehend behandelt. Auch die Tätigkeit des Verstandes betrachtet Kant dabei nicht als konkreten psychischen Prozess. Vielmehr zielt er wiederum darauf ab, was dieses Erkenntnisvermögen ›aus sich selbst hergibt‹ und so zu unserer Erkenntnis beiträgt: Wie die »Transzendentale Ästhetik« aufgewiesen hat, dass der Anschauung die »Form, unter welcher etwas angeschaut wird«, eigen ist, soll die »Transzendentale Analytik« zeigen, dass der Verstand die »Form des Denkens eines Gegenstandes überhaupt« beisteuert (KrV, A 50 f./B 74 f.). Da es das zentrale Ziel der *Kritik der reinen Vernunft* ist, die Möglichkeit von synthetischen Urteilen a priori zu begründen, versteht es sich beinahe von selbst, dass diese ›Form‹ des Denkens wie die Formen der Anschauung eine apriorische Form darstellen, also nicht der Erfahrung entspringen, sondern Erfahrung zuallererst ermöglichen soll.

Das »erste Buch« der »Transzendentalen Analytik« ist die »Analytik der Begriffe«. Dieser Titel könnte in der Weise missverstanden werden, dass beliebige Begriffe mithilfe analytischer Urteile expliziert werden sollen. Kants ›Analytik‹ soll jedoch vielmehr erweisen, dass die ›Form des Denkens‹ dahingehend zu charakterisieren ist, dass dem Verstand eine Reihe von apriorischen Begriffen eigen ist. Die »Analytik der Begriffe« unternimmt deshalb eine »*Zergliederung des Verstandesvermögens* selbst, um die Möglichkeit der Begriffe a priori dadurch zu erforschen, daß wir sie im Verstande allein, als ihrem Geburtsorte, aufsuchen und dessen reinen Gebrauch überhaupt analysieren« (KrV, A 65 f./ B 90). Diese Begriffe, die Kant auch ›reine Verstandesbegriffe‹ nennt, sollen also die Tätigkeit des Verstandes und damit die Art und Weise charakterisieren, wie er Gegenstände denkt. Die »Analytik der Begriffe« muss daher zweierlei leisten: Das erste »Hauptstück« entspinnt den »Leitfaden der Entdeckung aller reinen Verstandesbegriffe« (vgl. KrV, A 66–83/B 91–166) und soll diese Begriffe also zuallererst bestimmen; das zweite »Hauptstück« ist der »Deduktion der reinen Verstandesbegriffe« (vgl. KrV, A 84–130/B 116–169) gewidmet und soll diese Begriffe und ihre Anwendung rechtfertigen.

Um die Verstandesbegriffe, die die ›Form des Denkens‹ charakterisieren, zu entdecken, geht Kant von der Aufgabe des Verstandes aus, die Gegenstände unserer Erfahrung durch Begriffe zu bestimmen. Die »Transzendentale Ästhetik« hatte bislang nämlich Anschauungen behandelt, deren Gegenstände lediglich räumlich und zeitlich strukturiert, aber nicht weitergehend bestimmt sind. Wir haben es hier also zum Beispiel mit einer rechteckigen, gräulichen Form zu tun, die sich als solche auch von einer runden, gelben Form unterscheiden lassen mag. Diese anschaulichen Formen sind aber weder als Rechtecke und Kreise klassifiziert und unterschieden, noch könnten wir sie als Turm oder Sonne identifizieren und benennen. Kant spricht mit Bezug auf die Anschauung und ihren begrifflich unbestimmten Gegenstand in einem terminologischen Sinne auch von ›Erscheinung‹: »Der unbestimmte Gegenstand einer empirischen Anschauung heißt Erscheinung.« (KrV, A 20/B 34)

Was passiert nun aber, wenn wir eine anschauliche Form durch einen Begriff bestimmen? Im Anschluss an die philosophische Tradition geht Kant davon aus, dass die begriffliche Bestimmung eines Gegenstands ihren expliziten Ausdruck in der Form des logischen Urteils findet. Der zu bestimmende Gegenstand fungiert dabei als Subjekt des Urteils: Er ist es, von dem das Urteil etwas aussagt; der Begriff fungiert dagegen als Prädikat: »Begriffe aber beziehen sich, als Prädikate möglicher Urteile, auf irgend eine Vorstellung von einem noch unbestimmten Gegenstande.« (KrV, A 69/B 94) Durch den Begriff und die ihm eigenen Merkmale wird also festgelegt, was das Urteil von dem zu bestimmenden Gegenstand aussagt: Es sind die Merkmale, die den Begriff definieren, die im Urteil dem Subjekt zugeschrieben werden und den Gegenstand der Anschauung bestimmen. Kant versteht den Verstand derart als »*Vermögen zu urteilen*« (KrV, A 69/B 94) und versucht dessen ›Form des Denkens eines Gegenstandes‹ anhand der logischen Form des Urteils auf die Spur zu kommen. Deshalb setzt die ›Entdeckung‹ der Begriffe des Verstandes an der sogenannten Urteilstafel an, um die »Verstandesformen« (KrV, A 70/B 95) herauszuarbeiten.

Diese Urteilstafel charakterisiert Urteile hinsichtlich der verschiedenen Aspekte der Zuschreibung von Prädikaten. Einen ersten Aspekt nennt Kant die »Quantität der Urteile« (KrV, A 70/B 95) und meint damit den Umfang der Gegenstände, auf die sich das Urteil bezieht, nämlich einen einzelnen Gegenstand, mehrere oder alle Gegenstände. Den zweiten Aspekt bezeichnet Kant als »Qualität«, worunter er die Art und Weise der Prädikation versteht, ob das Prädikat dem Gegenstand nämlich zugesprochen oder abgesprochen wird. Diese beiden ersten Aspekte sind elementar und betreffen den Inhalt eines Urteils. Der dritte Aspekt »Relation« bezieht sich auf die Beziehungen von Urteilen und unterscheidet Urteile, die ohne weitere Bedingungen kategorisch gelten, Paare von Urteilen, von denen eines unter Voraussetzung des anderen hypothetisch gilt, und eine Serie von Urteilen, die sich gegenseitig ausschließen, von denen eines aber doch zutreffen muss. Der vierte Aspekt schließlich heißt »Modalität« und bezieht sich auf die Sicherheit der Prädikation, da die Prädikate dem Gegenstand mit Notwendigkeit, mit Anspruch auf Wahrheit oder nur der Möglichkeit nach zugesprochen werden können. Diese Urteilstafel hat viele Fragen aufgeworfen, und es wurde ihr in der Diskussion oft mit Skepsis begegnet. Entsprechend hat auch die Forschung sie selten ins Zentrum gerückt, wobei einige Ausnahmen durchaus nennenswert sind (vgl. Brandt 1991; Longuenesse 2000: bes. 3–7).

Für das grundlegende Verständnis von Kants Argumentation ist in erster Linie die Frage zentral, wie aus der Urteilstafel nun die Begriffe gewonnen werden können, die nach seiner These dem Verstand eigen sind. Der grundlegende Gedanke von Kants Argumentation wird deutlich, wenn wir uns vor Augen führen, wie jedes Urteil nach dem damals vorherrschenden Verständnis einem Begriff einen Gegenstand subsumiert, indem es verschiedene Vorstellungen aufeinander bezieht und aus ihnen neue Zusammenhänge von Vorstellungen bildet. Denn der zu bestimmende Gegenstand ist allgemein Gegenstand einer Vorstellung und im Kontext von Kants Argumentation eine Erscheinung im Sinne des unbestimmten Gegenstands einer Anschauung. Der Begriff wiederum ist eine allgemeine Vorstellung, die zuallererst aus seinen Merkmalen besteht. Wenn der Verstand urteilt und die Erscheinung dem Begriff subsumiert, dann werden ihr die Merkmale des Begriffs zugeschrieben und ein Zusammenhang der beiden Vorstellungen, von Begriff und Anschauung gebildet. Genauer gesagt wird eine neue, zusammengesetzte Vorstellung gebildet, die sich auf den Gegenstand der Anschauung bezieht, ihn aber zugleich durch die Merkmale des Begriffs bestimmt.

Das Urteil stellt somit eine komplexere und strukturierte Vorstellung dar, die sich durch die Anschauung auf eine Erscheinung bezieht und sie aufgrund ihrer inhärenten Struktur zugleich vermittels des Begriffs und seiner Prädikate spezifiziert: »Das Urteil ist also die mittelbare Erkenntnis eines Gegenstandes, mithin die Vorstellung einer Vorstellung desselben.« (KrV, A 68/B 93) Kant unterstreicht dabei, dass die begriffliche Bestimmung der Erscheinung nicht so zu verstehen ist, dass Anschauung und Begriff in der Subsumtion nur eine äußerliche Verbindung eingehen, wie an einen Gegenstand ein Etikett angebracht wird. Vielmehr betont er die Einheit der komplexen Vorstellung, die im Urteil gebildet wird.

Dreh- und Angelpunkt von Kants Argumentation ist nun, dass diese Einheit in zweierlei Hinsicht charakterisiert werden kann. Sie kann zum einen nach ihrer expliziten Artikulation im Urteil betrachtet werden. Sie kann aber zum anderen auch mit Blick auf den Prozess betrachtet werden, durch den das Mannigfaltige der Anschauungen »durchgegangen, aufgenommen, und verbunden« wird, um sie so zu vereinheitlichen und »*auf* Begriffe zu bringen«, die sie sich schließlich subsumieren können (KrV, A 77 f./B 102–104). Diesen Prozess nennt Kant ›Synthesis‹ und versteht ihn wie das Urteil als Aufgabe des Verstandes: »Dieselbe Funktion, welche den verschiedenen Vorstellungen *in einem Urteile* Einheit gibt, die gibt auch der bloßen Synthesis verschiedene[r] Vorstellungen *in einer Anschauung* Einheit, welche, allgemein ausgedruckt, der reine Verstandesbegriff heißt.« (KrV, A 79/B 105 f.) Daher ist es auch möglich, die ›reinen Verstandesbegriffe‹, d.h. die »Begriffe, welche dieser reinen Synthesis Einheit geben, und lediglich in der Vorstellung dieser notwendigen synthetischen Einheit bestehen« (KrV, A 79/B 104), ausgehend von der Einheit in den Urteilen zu ›entdecken‹.

Auf der Grundlage der Urteilstafel gelangt Kant so zur »Tafel der Kategorien« (KrV, A 80/B 106), wobei er die ›reinen Verstandesbegriffe‹ in Anlehnung an Aristoteles nun auch ›Kategorien‹ nennt. Diese zweite Benennung ist insofern nachvollziehbar, als die ›reinen Verstandesbegriffe‹ sich wie die Kategorien auf Gegenstände von Urteilen beziehen und dadurch zugleich umreißen, was wir über diese Gegenstände im Allgemeinen aussagen können. Kant erläutert sie daher auch als »Begriffe von einem Gegenstande überhaupt, dadurch dessen Anschauung in Ansehung einer der logischen Funktionen zu Urteilen als bestimmt angesehen wird« (KrV, B 128, vgl. B 131, B 143, A 241 f., A 245). Sie haben anders gesagt in dem Sinne einen »transzendentalen Inhalt« (KrV, A 79/B 105), dass sie festlegen, was nicht diesen oder jenen empirischen Gegenstand spezifiziert, sondern was mögliche Gegenstände der Erfahrung als solche charakterisiert.

Die ›Tafel der Kategorien‹ leitet Kant so in aller Kürze von der ›Urteilstafel‹ her und verzichtet dabei nahezu gänzlich auf jede Erläuterung der verschiedenen Verstandesbegriffe oder ihrer jeweiligen Funktion.[4] Zudem sieht Kant in diesem Vorgehen wohl auch seinen stolzen Anspruch auf Vollständigkeit begründet: Die ›Tafel der Kategorien‹ soll im Gegensatz zu Aristoteles' Kategorienlehre alle elementaren und notwendigen Kategorien vollständig aufführen (vgl. KrV, A 80–82/B 106 f. und A 67/B 92). Für die grundsätzliche Argumentation und das Verständnis der *Kritik der reinen Vernunft* ist dieser Vollständigkeitsanspruch aber ebenso wenig wesentlich wie die technischen Details der Herleitung. Dagegen ist die »Deduktion der reinen Verstandesbegriffe« im zweiten »Hauptstück« der »Analytik der Begriffe« zentral. Denn sie leitet nicht wie die »Entdeckung« die ›Form des Denkens‹ für sich her, sondern setzt sie in Bezug zur ›Form der Anschauung‹. Sie behandelt damit das Zusammenspiel von Verstand und Sinnlichkeit, das insofern im Zentrum der gesamten *Kritik der reinen Vernunft* steht, als Erkenntnis allein in diesem Zusammenspiel möglich werden kann. Kant selbst hat die »Deduktion« daher als den wichtigsten Teil der *Kritik der reinen Vernunft* betrachtet (vgl. KrV, A XVI).

Das Zusammenspiel von Verstand und Sinnlichkeit wird in der »Deduktion« dabei nicht so sehr beschrieben, sondern soll vielmehr begründet werden. Kant lehnt sich mit diesem Titel nämlich an die juristische Terminologie seiner Zeit an und versteht unter ›Deduktion‹ den Aufweis eines »Rechtsanspruchs« oder der »Rechtmäßigkeit« (vgl. KrV, A 84 f./B 116 f.; Henrich 1989). Im Kontext von Kants Argumentation heißt das, dass die Anwendung der Kategorien auf die Anschauungen oder Erscheinungen infrage steht beziehungsweise zuallererst einer Begründung bedürftig ist. Warum ist eine solche Deduktion aber nötig? Auf den ersten Blick scheint kein größeres Problem zu bestehen, da man analog zur »Transzendentalen Ästhetik« argumentieren könnte. Dort hatte Kant nämlich schlicht gefolgert, dass alle Erscheinungen unter den Bedingungen unserer Anschauungen stehen, weil sie ansonsten schlicht keine Gegenstände dieser Anschauung sein könnten. Analog hieße das, dass die Gegenstände unseres Denkens eben den Bedingungen dieses Denkens und damit den Kategorien des Verstandes entsprechen müssen, weil sie Gegenstände des Denkens sind.

Tatsächlich hatte Kant in der Inaugural-Dissertation von 1770 noch so argumentiert, jedoch war die Ausgangslage da auch eine gänzlich andere als in der *Kritik der reinen Vernunft.* Zwar hatte er hier erstmals Sinnlichkeit und Verstand, Anschauungen und Begriffe scharf unterschieden. Zugleich hatte er aber angenommen, dass Sinnlichkeit und Verstand gleichsam nebeneinander stehen und sich jeweils auf ihnen eigene Gegenstände beziehen: Die Anschauung bezieht sich auf Erscheinungen, die in Raum und Zeit ihre formalen Bedingungen haben; der Verstand dagegen soll sich unabhängig davon auf Dinge an sich beziehen und sie vermittels seiner Begriffe erkennen können (vgl. Diss, 31–35). Diese traditionelle Annahme, dass der Verstand und seine Begriffe sich auf Dinge an sich beziehen, betrachtete Kant aber bald als das Einfallstor der metaphysischen Spekulation. Wie der Brief an Marcus Herz vom 21.2.1772 belegt, löste er sich deshalb von dieser Annahme und zog dem Verstand engere Grenzen: Er sollte sich nun darauf beschränken, das in Sinnlichkeit und Anschauung Gegebene zu verarbeiten. Auf Gegenstände kann der Verstand sich also nur noch beziehen, indem er die Anschauung unter sich begreift und ihre Erscheinungen begrifflich bestimmt (vgl. AA 10: 130–132 und Guyer 1987: 11–70; Carl 1989: bes. 16–28).

Für die »Analytik der Begriffe« hat dies aber zur Folge, dass nicht von vornherein angenommen werden kann, dass die ›reinen Verstandesbegriffe‹ notwendig angemessen sind für das, was die Anschauung an Mannigfaltigem gibt: »Denn daß Gegenstände der sinnlichen Anschauung denen im Gemüt a priori liegenden formalen Bedingungen der Sinnlichkeit gemäß sein müssen, ist daraus klar, weil sie sonst nicht Gegenstände für uns sein würden; daß sie aber auch überdem den Bedingungen, deren der Verstand zur synthetischen Einsicht des Denkens bedarf, gemäß sein müssen, davon ist die Schlußfolge nicht so leicht einzusehen. Denn es könnten wohl allenfalls Erscheinungen so beschaffen sein, daß der Verstand sie den Bedingungen seiner Einheit gar nicht gemäß fände« (KrV, A 90/B 122 f.). Anders gesagt scheint es zumindest denkbar, dass der Verstand in seiner Tätigkeit die Kategorien zwar faktisch voraussetzt, diese sich für die Synthesis des Mannigfaltigen aber als inadäquat erweisen und es damit also nicht gelingt, den Gegenstand der Anschauung zu denken. Die »transzendentale Deduktion« (KrV, A 85/B 117) soll somit, negativ formuliert, ausschließen, dass die Kategorien »*subjektive*

Bedingungen des Denkens« sind, ohne »*objektive Gültigkeit*« (KrV, A 89/B 122) für die Gegenstände der Anschauung beanspruchen zu können. Positiv formuliert zielt sie ab auf die »Erklärung der Art, wie sich Begriffe a priori auf Gegenstände beziehen können« (KrV, A 85/B 177), und würde auf diesem Wege nicht zuletzt begründen, wie Erkenntnis von Gegenständen der Anschauung als solcher und mithin ohne empirische Erfahrung möglich sein kann.

Wie die ›Transzendentale Deduktion‹ argumentativ vorgeht, ist leider sehr viel weniger klar und daher eine der traditionell umstrittensten Fragen der Kant-Forschung. Dazu hat beigetragen, dass Kant die ›Transzendentale Deduktion‹ der ersten Ausgabe des Werks von 1781 (A-Deduktion) für die zweite Ausgabe 1787 (B-Deduktion) überarbeitet hat, und zwar so grundlegend, dass viele Interpreten in den beiden Deduktionen nicht nur zwei unterschiedliche Beweisstrategien, sondern zwei verschiedene philosophische Positionen zu erkennen meinten. Dennoch lässt sich eine Grundidee beider Deduktionen zumindest grob skizzieren. Gehen wir dazu nochmals von der Einheit der Vorstellungen im Urteil aus. Wenn Begriff und Anschauung im Urteil zusammenkommen, dann wird nämlich keineswegs nur eine einzelne Erscheinung durch diesen Begriff bestimmt. Ein Begriff wird vielmehr viele Erscheinungen unter sich fassen und zugleich aufeinander beziehen. Dadurch werden sie aber trotz all ihrer Unterschiede untereinander zuallererst als Erscheinungen eines einzelnen Gegenstandes bestimmt. Erscheinungen und Anschauungen müssen somit in den Zusammenhang der Erfahrung integriert werden, damit sie zugleich auf ein »*Objekt der Erfahrung*« (KrV, A 93/B 126) bezogen werden können. Es wird auf diese Weise ein »Gegenstand gedacht«, der im Zusammenhang mit anderen Erscheinungen »dieser Anschauung entspricht« (KrV, A 92f./B 125).

Es ist daher zentral für die »Transzendentale Deduktion«, dass der Verstand vielfältige Beziehungen von Vorstellungen untereinander herstellt und so einen *Zusammenhang der Erfahrung* bildet. Bislang hatten wir den Begriff der Erfahrung noch nicht explizit angesprochen und also eher im landläufigen Sinne benutzt. Im Kontext der »Analytik der Begriffe« wird nun aber deutlich, dass Kant unter Erfahrung nicht etwa beliebige einzelne Anschauungen oder empirische Wahrnehmungen versteht. Vielmehr zeichnet sich Erfahrung durch ihren Zusammenhang aus, der durch die Urteile und Synthesen des Verstandes aus vielfältigen Vorstellungen und Anschauungen gebildet wird. Die »Transzendentale Deduktion« rückt daher auch die »Handlung, verschiedene Vorstellungen zu einander hinzuzutun, und ihre Mannigfaltigkeit in einer Erkenntnis zu begreifen« (KrV, A 77/B 103), ins Zentrum der Untersuchung. Wenn der Zusammenhang der Erfahrung als *systematischer Zusammenhang* verstanden wird, dann bezeichnet ›Erfahrung‹ bei Kant mitunter auch nichts anderes als Erkenntnis, die er stets als systematische Erkenntnis begreift.

Die zentrale Idee der ›transzendentalen Deduktion‹ ist schließlich, dass die Kategorien oder reinen Verstandesbegriffe gar nicht notwendigerweise Bedingungen der Erscheinung oder Anschauung als solcher sind. Es reicht aus, dass sie als Bedingungen des Denkens fungieren und als Bedingungen des Zusammenhangs der Erfahrung, so dass sie auch als Bedingung der Anschauung fungieren, insofern diese in der Erfahrung ›angetroffen wird‹: »Die transz. Deduktion aller Begriffe a priori hat also ein Principium, worauf die ganze Nachforschung gerichtet werden muß, nämlich dieses: daß sie als Bedingungen a priori der Möglichkeit der Erfahrungen erkannt werden müssen (es sei der Anschauung, die in ihr angetroffen wird, oder des Denkens).« (KrV, A 94/B 126) Die Kategorien haben demnach objektive Gültigkeit für die Gegenstände der Anschauung, weil diese überhaupt nur auf Gegenstände bezogen werden können, indem sie in den Zusammenhang der Erfahrung integriert werden. Diese Integration leistet aber der Verstand unter der Maßgabe seiner Kategorien, weshalb sie in den Gegenständen der Anschauungen als ›Objekten der Erfahrung‹ je schon vorausgesetzt sind.

Die *A-Deduktion* lässt sich gerade im Vergleich zur B-Deduktion dadurch charakterisieren, dass ihre Argumentation an einer einzelnen empirischen Anschauung ansetzt und ihre Integration in den Zusammenhang der Erfahrung nachvollzieht: »Wenn eine jede einzelne Vorstellung der andern ganz fremd, gleichsam isoliert, und von dieser getrennt wäre, so würde niemals so etwas, als Erkenntnis ist, entspringen, welche ein Ganzes verglichener und verknüpfter Vorstellungen ist.« (KrV, A 97) Die Argumentation geht auf diesem Weg von der ›einzelnen Vorstellung‹ oder Anschauung zur Erfahrung im Sinne eines ›Ganzen verglichener und verknüpfter Vorstellungen‹, also zunächst »von unten auf« (KrV, A 119) vor. Dieses Vorgehen ähnelt zunächst empiristischen Modellen der Erfahrung und zeitgenössischen Theorien der empirischen Begriffsbildung: Sie gehen von elementaren Sinneseindrücken aus, um die Entstehung von komplexeren Vorstellungen durch Vergleich und Abstraktion zu erklären (vgl. Longuenesse 2001: 107 ff.). Kants Vorgehen zielt dagegen gerade darauf ab zu zeigen, dass die Integration von Anschauungen in den Zusammenhang der Erfahrung nicht ohne Voraussetzungen auskommt, die selbst nicht durch Erfahrung ausgewiesen werden können.

Die Voraussetzung, auf die Kant damit zunächst abzielt, ist allgemein gesprochen die Notwendigkeit der Synthesis, dass also »außer der Empfänglichkeit der Eindrücke, noch etwas mehr, nämlich eine Funktion der Synthesis derselben erfordert wird« (KrV, A 120, Anm.), damit wir einen bestimmten Gegenstand erfahren können. Eine empirische Anschauung bringt zunächst nichts mehr und nichts weniger mit sich als ein ›Mannigfaltiges‹, das räumlich und zeitlich geordnet ist (vgl. KrV, A 98 f.). Kant verwirft dagegen die Annahme, »die Sinne lieferten uns nicht allein Eindrücke, sondern setzten solche auch so gar zusammen, und brächten Bilder der Gegenstände zuwege« (KrV, A 120, Anm.). Zugleich nimmt er mit dieser Formulierung aber die Aufgabe und den Zweck der Synthesis in den Blick, nämlich im Zuge der Integration der Anschauung in den Zusammenhang der Erfahrung ihr Mannigfaltiges in solche ›Bilder der Gegenstände‹ zu verwandeln. Diese Formulierung ist gleich in verschiedener Hinsicht alles andere als unbedarft. Denn Kant greift mit ihr nicht nur eine philosophiehistorisch altehrwürdige Vorstellung von der Bildlichkeit der Wahrnehmung und Imagination auf. Er bringt damit auch eine Analyse einer komplexen Wahrnehmung auf den Begriff, die auf der Synthese einer Vielfalt von Eindrücken beruht (vgl. Matherne 2015: 750–762). Ein ›Bild‹ von einem Gegenstand setzt nämlich nicht nur voraus, dass wir in Eindrücken überhaupt einheitliche Formen wahrnehmen. Wir müssen in diesen Formen auch einen Gegenstand erblicken, der sich ebenso in anderen Formen darstellen kann. Ein ›Bild‹ eines Gegenstands ist daher niemals isoliert, weil es prinzipiell selbst Element einer »Reihe« (KrV, A 121) von möglichen anderen ›Bildern‹ desselben Gegenstands ist. Anders gesagt ist es damit der innere Zusammenhang einer solchen Serie von Bildern, der es allein ermöglicht, dass wir deren Gegenstand erkennen beziehungsweise einen bestimmten Gegenstand erfahren können.

Wie die Synthesis den Zusammenhang der Erfahrung bildet und zugleich das Mannigfaltige der Anschauungen in ein ›Bild eines Gegenstandes‹ überführt, entwickelt die A-Deduktion schrittweise im Nachvollzug »einer dreifachen Synthesis« (KrV, A 97) des ›Mannigfaltigen‹: (1) Es ist »erstlich das Durchlaufen der Mannigfaltigkeit und denn die Zusammennehmung desselben notwendig, welche Handlung ich die *Synthesis der Apprehension* nenne« (KrV A 99, vgl. A 119 f.). Diese Tätigkeit geht somit zunächst vom Mannigfaltigen der räumlich geordneten Eindrücke aus und zielt auf die »Einheit der Anschauung« (ebd.) ab. Es kann aber wohl angenommen werden, dass dem Mannigfaltigen, insofern es »*in einer* Vorstellung enthalten« ist, eine einheitliche anschauliche Form entspricht. Die Synthese eines zeitlich erstreckten Mannigfaltigen kann damit aber kaum abgeschlossen sein, weil mit ihm kein isolierter, momentaner Eindruck gegeben ist, sondern jeder Eindruck in vielfältigen Bezügen zu weiteren, vorangehenden oder anschließenden Eindrücken steht. (2) Es ist daher in einem zweiten Schritt notwendig, in aufeinander folgenden Eindrücken Formen wiederzuerkennen und damit zu identifizieren. Kant nennt diesen Prozess »Reproduktion« (KrV, A 100) und zielt damit auf die Herstellung der Kontinuität von erscheinenden Formen in der Zeit ab. Eine solche Kontinuität herzustellen setzt aber voraus, dass die Formen sich nicht willkürlich und beliebig wandeln, sondern einer »beständigen Regel« (ebd.) gehorchen. Nur so wird es möglich, die wahrgenommenen Formen zu beziehen auf Formen, aus denen sie entstehen oder in die sie übergehen. (3) Es ist diese Regel, die sich auch für die nächste Synthese als entscheidend erweist. Denn die »Rekognition im Begriffe« (KrV, A 103) fügt dem bislang hergestellten Zusammenhang der Anschauungen vor allem das Bewusstsein der Regel hinzu. Damit ist nicht allein gemeint, dass die Wahrnehmung von Formen insofern eine Regel voraussetzt, dass sie übergehen kann zu anderen Wahrnehmungen, die auf dieselbe, allerdings nach der Regel veränderte Form bezogen sind. Vielmehr werden all diese Vorstellungen im Bewusstsein der Regel unter der sie beherrschenden Regel gedacht und begriffen. Dadurch wird also nicht nur der Übergang zwischen den Vorstellungen gewährleistet, sondern werden sie allesamt als Wahrnehmungen ein und desselben Gegenstands durch seine unterschiedlichen Erscheinungen hindurch verstanden. Die ›dreifache Synthesis‹ ist somit an ihrem Ziel angelangt: Das Mannigfaltige der Anschauung ist in einen Zusammenhang von Vorstellungen so synthetisiert worden, dass es als ein Gegenstand gedacht und begrifflich bestimmt ist, auf den sich die Erfahrung in ihrem Zusammenhang beziehen kann.

Diese Erläuterung lässt die ›dreifache Synthesis‹ einer empirischen Anschauung geradezu als eine Theorie der Wahrnehmung erscheinen. Sie wäre in dieser Darstellung jedoch allenfalls umrissen und ließe so manche Frage offen. Kant geht es aber gar nicht um eine Theorie der Wahrnehmung und den Nachvollzug eines empirischen Prozesses. Vielmehr soll die Deduktion den Nachweis liefern, dass diese Synthesis der empirischen Anschauung apriorische Bedingungen hat, die ihrerseits die Anwendung der Kategorien des Verstandes auf das in der Anschauung gegebene Mannigfaltige als angemessen ausweisen und damit letztlich ihre ›objektive Gültigkeit‹ begründen. Deshalb argumentiert Kant in jedem Schritt, dass den geschilderten Prozessen eine »reine Synthesis« (KrV, A 100) entspricht: Er nennt sie nicht nur ›rein‹ in dem Sinne, dass sie ohne empirische Anschauung auskommt, sondern vor allem weil sie von der Synthese der empirischen Anschauung als apriorische Bedingung vorausgesetzt wird. Das Ziel von Kants Argumentation ist diese ›reine Synthesis‹, die zuallererst den »empirischen Gebrauch möglich machen« (KrV, A 115; vgl. A 98–106) soll.

Für jeden Aspekt der ›dreifachen‹ Synthesis führt Kant so aus, welche ›reine Synthesis‹ unabhängig von und vor allem empirischen Mannigfaltigen vorausgesetzt werden muss, weil sie nicht durch und mit diesem Mannigfaltigen gegeben sein kann und doch im Begriff des Gegenstands einer Vorstellung notwendig gesetzt ist. Im Falle der (1) Apprehension argumentiert Kant so, dass »weder die Vorstellungen des Raumes, noch der Zeit a priori« (KrV, A 99) möglich wären, da diese beiden *Formen* der Anschauung der Einheit ermangeln, die den Gegenstand einer Vorstellung auszeichnet. Es bedarf demnach einer reinen Synthese, die die Formen zumindest teilweise ›durchläuft‹ und ›zusammennimmt‹ und ihnen so die Einheit des Gegenstands einer Vorstellung verleiht. Ähnlich argumentiert Kant im Falle der (2) Reproduktion, da auch die Vorstellung eines nicht-empirischen Gegenstands wie des Raums nicht möglich wäre, wenn wir diese Form ›durchlaufen‹ und ›zusammennehmen‹ würden, im Zuge dessen aber nicht reproduzieren könnten, was schon zusammengefasst wurde. Die Apprehension würde so vergeblich voranschreiten, weil sie zwar mehr und mehr Teile des Raums in die Einheit einer gegenständlichen Vorstellung des Gegenstands aufnehmen, aber doch zugleich immer wieder Teile verlieren würde. Kant vergleicht diesen vergeblichen Versuch, sich den Raum vorzustellen, damit, eine Linie zu ziehen, die sich zugleich fortwährend auflöst, so dass wir niemals eine einheitliche Linie zustande bringen (vgl. KrV, A 102). Auf diese Weise könnten wir die isolierten Eindrücke vielleicht zusammenkehren, ihr Haufen würde aber ebenso schnell verweht werden, wie wir kehren können.

Es reicht aber auch nicht aus, einen »regellosen Haufen« (KrV, A 121) von wahllos zusammengekehrten Eindrücken aufzutürmen. Vielmehr bedarf es einer inneren Verbindung oder Ordnung der Eindrücke, damit sie in die Einheit des Gegenstandes einer Vorstellung überführt werden können. Es bedarf genauer gesagt der (3) Rekognition einer Regel, die die Eindrücke aufeinander bezieht. Eine solche Regel synthetisiert die Eindrücke nochmals auf einer neuen Ebene, weil sie sie letztlich in sich begreift. Anders gesagt bildet sie die Eindrücke ihrer begrifflichen

Bestimmung zu, da Kant Begriffe stets auch als Regeln versteht (vgl. KrV, A 106). Durch die Rekognition der Regel sind wir damit bei der Einheit eines Gegenstands der Vorstellung angelangt, der viele Erscheinungen in sich synthetisiert, indem er sie begrifflich bestimmt. Der Gegenstand der Vorstellung ist demnach Ausdruck des geregelten Zusammenhangs der Vorstellungen, die sie in sich synthetisiert. Damit ist aus Kants Sicht aber auch klar, welche ›reine Synthesis‹ der Rekognition im Begriff entspricht und in ihrer empirischen Anwendung letztlich vorausgesetzt wird: Es ist die Notwendigkeit des inneren Zusammenhangs der Eindrücke, Erscheinungen und Anschauungen, die sie synthetisiert, die im Gegenstand der Vorstellung vorausgesetzt und letztlich mit ihm gesetzt ist (vgl. KrV, A 104 f.).

Die ›transzendentale Deduktion‹ hat ihre Pointe demnach darin, dass es letztlich der Verstand und seine Begriffe sind, die den Zusammenhang der Erfahrung herstellen und damit auch alle Gegenstände der Anschauung bestimmen. Die Anschauung mag als Anschauung betrachtet ihre Bedingungen allein in den apriorischen Formen der Sinnlichkeit haben – insofern diese Anschauung jedoch auf einen Gegenstand der Erfahrung bezogen werden kann, muss sie unter den Bedingungen des Verstandes stehen: »Alle Erscheinungen liegen also als mögliche Erfahrungen eben so a priori im Verstande, und erhalten ihre formale Möglichkeit von ihm, wie sie als bloße Anschauungen in der Sinnlichkeit liegen, und durch dieselbe, der Form nach, allein möglich sind.« (KrV, A 127) Diese Bedingungen können wir mit den Kategorien oder reinen Verstandesbegriffen identifizieren. Denn diese elementaren Begriffe des Verstandes bezeichnen nach dem ersten Teil der »Analytik der Begriffe« schließlich nichts anderes als die minimale Einheit der Anschauung oder Erscheinung, insofern sie sich begreifen und auf einen Gegenstand der Erfahrung beziehen lässt. Entsprechend beschließt Kant die A-

Deduktion mit folgenden Worten: »Reine Verstandesbegriffe sind also nur darum a priori möglich, ja gar, in Beziehung auf Erfahrung, notwendig, weil unser Erkenntnis mit nichts, als Erscheinungen zu tun hat, deren Möglichkeit in uns selbst liegt, deren Verknüpfung und Einheit (in der Vorstellung eines Gegenstandes) bloß in uns angetroffen wird, mithin vor aller Erfahrung vorhergehen, und diese der Form nach auch allererst möglich machen muß. Und aus diesem Grunde, dem einzigmöglichen unter allen, ist denn auch unsere Deduktion der Kategorien geführt worden.« (KrV, A 130; vgl. A 111)

Die ›Transzendentale Deduktion‹ bringt damit eine Verschiebung des Begriffs des Gegenstands auf den Punkt, die die *Kritik der reinen Vernunft* insgesamt begleitet (vgl. Longuenesse 2000: 17–26). Die »Transzendentale Ästhetik« behandelte zunächst die *Gegenstände der Anschauung*. Kant griff dabei eine verbreitete realistische Auffassung von Wahrnehmung auf, wenn er diese Gegenstände mitunter als Ursache der Empfindung der empirischen Anschauung einführte und dadurch den Bezug der Anschauung zu den erscheinenden Gegenständen gewährleistet sah (vgl. AA 10: 130 und Willaschek 1997: 546–548). Gegen eine solche Idee der Affektion wurden bald schon scharfe Einwände erhoben (vgl. Jacobi 2004 [1787]: 108–112), und letztlich scheint sich auch die »Transzendentale Ästhetik« davon zu lösen: Von einem *Gegenstand der Anschauung* kann eigentlich nämlich erst dann gesprochen werden, wenn die Empfindung unter Voraussetzung der apriorischen Formen Raum und Zeit geordnet ist (vgl. Aquila 1978: 96 f.). Wir haben es auf dieser Ebene also mit Erscheinungen zu tun, die Kant aber auch als »unbestimmte[n] Gegenstand einer empirischen Anschauung« (KrV, A 20/B 34) bezeichnet und damit von vornherein auf ihre begriffliche Bestimmung zum *Gegenstand der Erfahrung* bezieht. Dieser Gegenstand steht nach der »Transzendentalen Deduktion« im Zusammenhang der Erfahrung (vgl. KrV, A 108–110), der in der Synthese der Vorstellungen durch den Verstand gebildet wird und damit die ›reinen Verstandesbegriffe‹ voraussetzt. Er ist also alles andere als ein Ding an sich, das der Erkenntnis fremd gegenüberstünde und dennoch irgendwie in die Erfahrung übertreten müsste. Vielmehr ist er nichts anderes als der Ausdruck des notwendigen und gesetzmäßigen Zusammenhangs der Erfahrung selbst.

In der empirischen Wahrnehmung wird dieser Zusammenhang in seiner Gesetzmäßigkeit empirische Anschauungen einbeziehen. Kant argumentiert jedoch, dass dieser Bezug auf einen empirischen Gegenstand eine grundlegende Notwendigkeit im Zusammenhang der Anschauungen voraussetzt, ohne die kein Gegenstand der Vorstellung zustande käme. Es gibt demnach eine notwendige minimale Einheit des Gegenstands, die es nach Kants Argumentation zuallererst erlaubt, Anschauungen auf Gegenstände im erläuterten Sinne zu beziehen. Sie definiert gleichsam die Form des Gegenstands der Vorstellung oder Erfahrung überhaupt, die also allen Gegenständen als solchen gemein ist und keinerlei Gegenstände voneinander unterscheiden kann. Kant bezeichnet diese Form wiederum als einen ›Gegenstand‹ und charakterisiert sie mit Bezug auf den Verstand als einen ›reinen Begriff‹: »Der reine Begriff von diesem transzendentalen Gegenstande (der wirklich bei allen unsern Erkenntnissen immer einerlei = X ist) ist das, was in allen unsern empirischen Begriffen überhaupt Beziehung auf einen Gegenstand, d.i. objektive Realität verschaffen kann. Dieser Begriff kann nun gar keine bestimmte Anschauung enthalten, und wird also nichts anders, als diejenige Einheit betreffen, die in einem Mannigfaltigen der Erkenntnis angetroffen werden muß, so fern es in Beziehung auf einen Gegenstand steht.« (KrV, A 109) Im Verlaufe der Argumentation der *Kritik der reinen Vernunft* hat der Begriff des Gegenstandes somit eine grundsätzliche Transformation erfahren, die von der ›kopernikanischen Drehung‹ auf der Ebene der Sinnlichkeit sowie ihrer Formen ausgeht und auf der Ebene des Verstandes sowie seiner Begriffe konsequent fortgeführt wird (siehe S. 67–74).

Es ist für das Verständnis der *Kritik der reinen Vernunft* und der »Deduktion der reinen Verstandesbegriffe« schließlich von Bedeutung, dass diese Verschiebung des Begriffs des Gegenstands mit einer vertieften Reflexion auf den Verstand und das Bewusstsein der Erfahrung einhergeht. Die ›Einheit‹ nämlich, »die in einem Mannigfaltigen der Erkenntnis angetroffen werden muß, so fern es in Beziehung auf einen Gegenstand steht«, sieht Kant in letzter Instanz nämlich nicht nur im Zusammenhang der Erfahrung verortet, sondern in der ›Einheit des Bewußtseins‹ begründet: »In dieser Einheit des möglichen Bewußtseins aber besteht auch die Form aller Erkenntnis der Gegenstände (wodurch das Mannigfaltige, als zu Einem Objekt gehörig, gedacht wird).« (KrV, A 130) Es geht Kant dabei keinesfalls um die Einheit eines konkreten Bewusstseins, die beobachtet werden könnte. Vielmehr geht es um die Einheit des Bewusstseins, die notwendig gegeben sein muss, damit Erfahrung möglich ist. Kants Argument zielt somit auf die notwendige *Form* des Bewusstseins, die in jeder Erfahrung schon vorausgesetzt ist und insofern also jedem Bewusstsein zukommt. Wie Kant den ›transzendentalen Gegenstand‹ einführt, um die allgemeine und notwendige Form des Bezugs von Vorstellungen auf Gegenstände der Erfahrung zu kennzeichnen, kennzeichnet er mit der »transzendentalen Apperzeption« die allgemeine und notwendige Form des Zusammenhangs der Erfahrung, die allem Bewusstsein zukommt: »Nun können keine Erkenntnisse in uns statt finden, keine Verknüpfung und Einheit derselben unter einander, ohne diejenige Einheit des Bewußtseins, welche vor allem Datis der Anschauungen vorhergeht, und, worauf in Beziehung, alle Vorstellung von Gegenständen allein möglich ist. Dieses reine ursprüngliche, unwandelbare Bewußtsein will ich nun die *transzendentale Apperzeption* nennen.« (KrV, A 107)

Der ›transzendentale Gegenstand‹ und die ›transzendentale Apperzeption‹ beschreiben demzufolge die Formen der Gegenstände und der Zusammenhänge von Vorstellungen, insofern sie es erlauben, Vorstellungen auf Gegenstände zu beziehen und damit letztlich Erfahrungen oder Erkenntnisse zu machen. Dreh- und Angelpunkt ist dabei die Einheit des Gegenstands, die Ausdruck der Gesetzmäßigkeit des Zusammenhangs seiner Anschauungen ist und so wiederum in der Einheit des Bewusstseins als Zusammenhangs der Erfahrung ihre Bedingung hat. Deshalb akzentuiert Kant mit dem Begriff der ›transzendentalen Apperzeption‹ die Einheit des Bewusstseins, insofern sie Bedingung der Einheit der Gegenstände seiner Vorstellungen ist (vgl. KrV, A 106 f.). Zugleich begreift er diese Einheit und vermittels dessen auch die Einheit des Gegenstandes wiederum als Ausdruck einer Tätigkeit. Die ›transzendentale Apperzeption‹ ist so mehr noch als die ›Einheit des Bewußtseins‹ das »Radikalvermögen aller unsrer Erkenntnis« (KrV, A 114, vgl. A 117, Anm.), das jene zustande bringt und dabei im Bunde steht mit dem Verstand und seinen Kategorien (vgl. KrV, A 119).

Die Einheit des Bewusstseins und der Gegenstände seiner Vorstellungen wurzelt demnach letztlich in einer Synthesis, die Kant als ›Funktion‹ oder ›Handlung‹, mithin also als eine Tätigkeit der Erkenntnisvermögen versteht. Sie integriert die Vorstellungen in die notwendige Einheit des Bewusstseins und bringt die Mannigfaltigkeit der Anschauungen in die Einheit eines Gegenstands der Erfahrung. Zugleich ermöglicht sie dadurch aber auch, dass sich das Bewusstsein im Zusammenhang seiner Erfahrung und der Mannigfaltigkeit seiner Vorstellungen seiner eigenen Identität gewiss ist, weil es sich der Identität der Handlung der Synthesis bewusst ist: »das Gemüt konnte sich unmöglich die Identität seiner selbst in der Mannigfaltigkeit seiner Vorstellungen und zwar a priori denken, wenn es nicht die Identität seiner Handlung vor Augen hätte« (KrV, A 108). Es ist dieses Bewusstsein der Identität, in dem Kant schließlich selbst die Einheit des Bewusstseins wiederum glaubt rückversichern zu müssen: »Denn diese Einheit des Bewußtseins wäre unmöglich, wenn nicht das Gemüt in der Erkenntnis des Mannigfaltigen sich der Identität der Funktion bewußt werden könnte, wodurch sie dasselbe synthetisch in einer Erkenntnis verbindet.« (KrV, A 108; vgl. A 116 f.)

Mit der Einführung der ›transzendentalen Apperzeption‹ entfaltet sich folglich eine ganze Kaskade von Argumenten. Dabei kann man sich zum einen kaum des Eindrucks erwehren, dass Kant diese Argumente mehr anreißt als ausführt. Zum anderen zeichnet sich aber doch ab, dass die ›transzendentale Apperzeption‹ die Pointe der A-Deduktion bildet, die zunächst von einzelnen empirischen Anschauungen ausgegangen war und ihre Synthese im Zusammenhang der Erfahrungen schrittweise verfolgt hatte: »Wollen wir nun den inneren Grund dieser Verknüpfung der Vorstellungen bis auf denjenigen Punkt verfolgen, in welchem sie alle zusammenlaufen müssen, und darin allererst Einheit der Erkenntnis zu einer möglichen Erfahrung bekommen, so müssen wir von der reinen Apperzeption anfangen.« (KrV, A 116) Auf gewisse Weise hat Kant genau dies getan, als er die Deduktion für die zweite Ausgabe der *Kritik der reinen Vernunft* grundlegend überarbeitet hat. Denn die sogenannte B-Deduktion begründet alle Erfahrung auf dem »Grundsatz der synthetischen Einheit der Apperzeption«, den sie zugleich als das »oberste Prinzip alles Verstandesgebrauchs« (KrV, B 136) versteht, an das also alle Erfahrung geknüpft werden soll. Anders gesagt setzt die B-

Deduktion ganz im Gegensatz zur A-Deduktion nicht ›bottom-up‹, sondern neu ›top-down‹ an (vgl. Longuenesse 2001: 59).

Die B-Deduktion geht daher wie schon die A-Deduktion davon aus, dass die Sinnlichkeit zwar »Mannigfaltiges«, aber keine »Verbindung« desselben gebe, um daraus jedoch rasch auf die Notwendigkeit der »Synthese« zu schließen, die allein ihre »Verbindung« und »Einheit« bewerkstelligen kann (vgl. KrV, B 129–131). Diese Synthese führt Kant nun unmittelbar auf die »reine Apperzeption« zurück, die er als »ursprünglich-synthetische Einheit« (KrV, B 131 f.) charakterisiert. Diese Einheit bezieht sich zum einen auf die Einheit der Vorstellungen des Bewusstseins und ist insofern vorausgesetzt in jeder ›meiner Vorstellungen‹: »Das: *Ich denke*, muß all meine Vorstellungen begleiten *können*« (KrV, B 131). Zum anderen verknüpft Kant diese Einheit sogleich mit dem Bewusstsein der eigenen ›Identität‹, das all diese Vorstellungen begleitet und letztlich im Bewusstsein der »Selbsttätigkeit« (KrV, B 130) in der Synthese der Vorstellungen gipfelt: »Also nur dadurch, daß ich ein Mannigfaltiges gegebener Vorstellungen *in einem Bewußtsein* verbinden kann, ist es möglich, daß ich mir die *Identität des Bewußtseins in diesen Vorstellungen* selbst vorstelle« (KrV, B 133).

Die Grundlinien der Argumentation der B-Deduktion erinnern im Folgenden deutlich an die A-Deduktion. Die transzendentale Apperzeption durch den Verstand wird als Bedingung der Erfahrung erwiesen und ist daher zwar nicht unmittelbare Bedingung der Anschauung (wie deren apriorische Formen Raum und Zeit), doch eine mittelbare Bedingung, sofern die Anschauung in den Zusammenhang der Erfahrung aufgenommen und damit auf Gegenstände der Erfahrung bezogen wird (vgl. KrV, B 136–138). Die Einheit eines solchen Gegenstands entspricht einer Synthese von Anschauungen, deren Verbindung notwendig ist und ihren Ausdruck im Urteil findet (vgl. KrV, B 141 f.).

Daher steht die Anschauung, insofern sie Teil der Erfahrung ist, unter den Bedingungen des Urteils durch den Verstand und das Mannigfaltige der Anschauung, insofern es zugleich auf einen Gegenstand der Erfahrung bezogen wird, unter der Bedingung der reinen Verstandesbegriffe oder Kategorien (vgl. KrV, B 143). Die Kategorien sind deshalb nicht nur subjektive Bedingungen der Verstandestätigkeit, sondern auch objektive Bedingungen der Gegenstände der Erfahrung und der Anschauungen im Zusammenhang der Erfahrung.

Trotz dieser gemeinsamen Grundlinien nimmt die B-Deduktion jedoch einige bedeutsame Akzentverschiebungen vor. Indem sie die transzendentale Apperzeption an den Anfang stellt und diese zugleich als ›oberstes Prinzip alles Verstandesgebrauchs‹ versteht, rückt sie die ›Selbsttätigkeit‹ der Synthese ins Zentrum – und zwar so sehr, dass Kant selbst offenbar die Gefahr von Missverständnissen aufkommen sah. Er hält es nämlich für nötig, mehrmals zu betonen, dass das Bewusstsein trotz allem auf die Gegebenheit von Anschauungen durch die Sinnlichkeit angewiesen ist. In dieser Hinsicht unterscheidet er das Bewusstsein auch anders als in der A-Deduktion wiederholt von Gott, der einer traditionellen Auffassung zufolge stets hervorbringt, was er denkt, und also neben dem Denken keiner eigenen Anschauung bedarf, um sich auf Gegenstände zu beziehen (vgl. KrV, B 135 f., B 138 f., B 145 f.).

Eine zweite Akzentverschiebung hat damit zu tun, dass die transzendentale Apperzeption eng mit dem Verstand verbunden ist, so dass der Verstand und seine Kategorien die maßgebliche Rolle einzunehmen scheinen. Die Apprehension wird so zwar zum Ende der Deduktion hin noch behandelt, steht nun aber von vornherein unter den Vorzeichen des »Erfahrungsgebrauchs der reinen Verstandesbegriffe« (vgl. KrV, B 159–163). Kants Darstellung kann infolgedessen den Eindruck erwecken, dass die Einbildungskraft, die in der A-Deduktion mitunter noch das für die Synthesis maßgebliche Vermögen zu sein schien und eng im Bunde ist mit Anschauung und Sinnlichkeit (vgl. KrV, A 124 f.), nun eher ausführt, was der Verstand anstößt oder vorgibt (vgl. KrV, B 150–152). Es ist diese Akzentverschiebung, an der bereits Martin Heidegger Anstoß nahm (vgl. Heidegger 1991: 160–171), während andere Interpreten wie schon Hermann Cohen sie als Klärung und Vorzug betrachteten (vgl. Cohen 1885: 315–327). Die B-Deduktion ist deshalb bis heute ein Referenztext für Philosophen, die an Kant anschließen und die Rolle des Begriffs für unsere Erfahrung und Erkenntnis in einem solchen Maße betonen, dass eine Anschauung oder Wahrnehmung ohne Begriff schließlich unmöglich scheint (vgl. McDowell 1994). Dieser Debatte um den ›Konzeptualismus‹ Kants lieferte die B-Deduktion vielfältige Argumente und mehr noch reichhaltigen Zündstoff.

Allerdings bleibt Kant keineswegs bei der »Deduktion« stehen. Vielmehr entfaltet er die Synthesis als die »gemeinschaftliche Funktion des Gemüts« (KrV, A 109) weiter und bezieht dabei neben der angesprochenen Einbildungskraft weitere Erkenntnisvermögen ein. Die »Analytik der Begriffe« hatte in der Deduktion nachzuweisen versucht, *dass* die Kategorien oder reinen Verstandesbegriffe für die Gegenstände der Erfahrung objektiv gültig sind und auch auf die Anschauungen und ihre Mannigfaltigkeit rechtmäßig angewendet werden. Um zu erläutern, *wie* diese Synthese vonstattengeht, führt Kant in der anschließenden »Analytik der Grundsätze« die Urteilskraft ein, da es deren Aufgabe ist, zwischen allgemeinen Begriffen und Anschauungen, die sich nach Kants Definition als solche auf einzelne Gegenstände beziehen, zu vermitteln. Unter diesen Abschnitten hat vor allem der berühmte »Schematismus« (vgl. KrV, A 137–147/B 176–187) viel Aufmerksamkeit erfahren und wiederum eigene interpretatorische Probleme aufgeworfen, in die wir uns nicht weiter vertiefen können. Stattdessen treten wir ein Stück zurück, um die *Kritik der reinen Vernunft* nochmals in einem größeren Zusammenhang zu betrachten und zur praktischen Philosophie Kants überzuleiten.

4. Regeln und Gesetze, Natur und Handlung

Die *Kritik der reinen Vernunft* widmet sich zuallererst der Frage der Erkenntnis. Sie beansprucht dabei, über die metaphysische Tradition hinauszugehen, weil sie die Möglichkeit von Erkenntnis zuallererst zu begründen und wo nötig auch zu begrenzen versucht. Sie bleibt dieser Tradition im Begriff der Erkenntnis aber zugleich verhaftet, wenn sie dabei voraussetzt, dass Erkenntnis stets strikte Notwendigkeit und Allgemeinheit behaupten muss. In der Konsequenz können wir Kant zufolge nur erkennen, was nicht in empirischen Gegenständen, sondern in den apriorischen Formen und Regeln unserer Erfahrung begründet liegt und daher für alle Gegenstände unserer Erfahrung notwendig gilt. Auch die empirische Erkenntnis kann sich daher nur insofern auf Dinge beziehen, als diese sich nach den Bedingungen unserer Erkenntnisvermögen richten.

Im Folgenden wollen wir diese Position nochmals von einer distanzierteren Warte aus beleuchten. Wir werden daher zunächst betrachten, wie die ›Regeln‹ der Erkenntnisvermögen sich in Gesetze der Natur übersetzen. Es ist vor allem die Kausalität, die dabei im Zentrum stehen wird. Sodann erörtern wir den Vorwurf, dass es sich bei der *Kritik der reinen Vernunft* um eine idealistische Position handle – ein Vorwurf, der Kant offenbar bereits bekannt war und in seine Überarbeitung der *Kritik der reinen Vernunft* für die zweite Auflage eingegangen ist. Schließlich gehen wir auf die Regeln der Erkenntnis und genauer des Verstandes nochmals in einer neuen Perspektive ein. Diese Regeln begründen nämlich nicht nur die Gesetze der Natur, sondern sind als Regeln der Tätigkeit der Synthesis auch mit einem Bewusstsein der ›Handlung‹ des Verstandes verbunden. Der Begriff der Handlung schlägt wiederum in der zweiten Auflage der *Kritik der reinen Vernunft* eine Verbindung zur praktischen Philosophie Kants.

4.1 Regeln der Erfahrung, Gesetze der Natur

Im vorangehenden Kapitel zu Kants Theorie der Erkenntnis in der *Kritik der reinen Vernunft* spielte der Begriff der Regel eine wichtige, wenn auch etwas unterbeleuchtete Rolle. Kant geht es ganz allgemein um die apriorischen Bedingungen, die Sinnlichkeit und Verstand jeweils mit sich bringen. Es sind dabei vor allem die reinen Verstandesbegriffe, die Kant gerne auch als ›Regeln‹ versteht, während er die ›apriorischen Formen‹ der Anschauung, Raum und Zeit, nur in Parallelisierung zum Verstand gelegentlich als »Regeln der Sinnlichkeit« (KrV, A 52/B 76) bezeichnet (vgl. KrV, A 126). Der Grund ist darin zu sehen, dass Kant die Sinnlichkeit als Vermögen der Rezeptivität, den Verstand dagegen als Vermögen der Spontaneität begreift und letzteren daher mit Bezug auf seine ›Funktion‹ und seine ›Handlungen‹ charakterisiert, die sich leicht mit dem Begriff der Regel verbinden lassen. Die synthetische Tätigkeit des Verstandes gibt dadurch »die allgemeinen und notwendigen Regeln« (KrV, A 59/B 83 f.) vor, die es überhaupt erst ermöglichen, einen Gegenstand zu denken.

Der Begriff der Regel hat einen Vorzug, der spätestens mit dem Abschluss der Deduktion in der *Kritik der reinen Vernunft* deutlich wird. Die Regeln der Synthesis und ihres obersten Prinzips, der transzendentalen Apperzeption, begründen nach Kants Argumentation die Notwendigkeiten und Gesetzmäßigkeiten im Zusammenhang der Erfahrung, die zuallererst die Synthese der Mannigfaltigkeit der Anschauungen ermöglichen und sie auf einen Gegenstand der Erfahrung zu beziehen erlauben; sie bestimmen aufgrund dessen aber zugleich die allgemeinsten gesetzmäßigen Zusammenhänge, die zwischen den Gegenständen der Erfahrung als solchen herrschen müssen. Anders formuliert begründen die notwendigen Regeln der Synthesis durch den Verstand die allgemeine Form der Gegenstände der Erfahrung und zugleich die sie beherrschenden allgemeinsten Gesetze: »Regeln, so fern sie objektiv sind, (mithin der Erkenntnis des Gegenstandes notwendig anhängen), heißen Gesetze. Ob wir gleich durch Erfahrung viel Gesetze lernen, so sind diese doch nur besondere Bestimmungen noch höherer Gesetze, unter denen die höchsten (unter welchen andere alle stehen) a priori aus dem Verstande selbst herkommen, und nicht von der Erfahrung entlehnt sind, sondern vielmehr den Erscheinungen ihre Gesetzmäßigkeit verschaffen, und eben dadurch Erfahrung möglich machen müssen. Es ist also der Verstand nicht bloß ein Vermögen, durch Vergleichung der Erscheinungen sich Regeln zu machen: er ist selbst die Gesetzgebung vor die Natur« (KrV, A 126).

Diese Formulierungen stehen am Ende der A-Deduktion und finden sich in leicht abgewandelter Form auch in der B-Deduktion (vgl. KrV, B 163–165). Sie sind schon wegen der prominenten Platzierung kaum zu unterschätzen und bringen tatsächlich eine Pointe von Kants Argumentation auf den Punkt: Es sind die Regeln, die jede Erfahrung notwendig voraussetzen muss und die die Form des Gegenstands der Erfahrung definieren, welche zugleich die Gesetze begründen, denen alle möglichen Gegenstände der Erfahrung in strikter Notwendigkeit unterworfen sind. Ein wesentliches Ziel der *Kritik der reinen Vernunft* ist damit erreicht, nämlich die Naturgesetze und die Naturwissenschaft zu begründen, die Kant als leuchtendes Beispiel für die menschliche Erkenntnis vor Augen stehen. Wie die *Metaphysischen Anfangsgründe der Naturwissenschaft* zeigen, geht es Kant dabei vorrangig um die Gesetze der Newton-Galilei'schen Physik, die er unter Zuhilfenahme eines einzigen »empirischen Begriffs« – dem der »Materie« als eines »*Beweglichen* im Raume« (AA 04: 480) – aus den apriorischen Regeln der Erfahrung abzuleiten sucht (vgl. Plaaß 1965: 74–78; Friedman 2001).

Es sind aber keineswegs die Naturwissenschaftler, die Kant einer solchen Begründung für bedürftig hält. Vielmehr richtet er sich an die Philosophie und gibt einen wichtigen Adressaten auch dadurch zu erkennen, dass er einer Kategorie des Verstandes besondere Aufmerksamkeit schenkt. Es ist die Kategorie der Kausalität, auf die Kant beispielhaft immer wieder eingeht, weil sie im klassischen Verständnis von Wissenschaft und insbesondere in der modernen Physik einerseits eine zentrale Rolle spielt und von David Hume andererseits einer grundsätzlichen Kritik unterzogen worden war. Hume hatte nämlich argumentiert, dass Kausalitätsgesetze dadurch zustande kommen, dass wir zunächst beobachten, wie bestimmte Ereignisse regelmäßig aufeinander folgen. Wir gewöhnen uns infolgedessen daran, das erste Ereignis mit dem folgenden Ereignis zu assoziieren. Schließlich denken wir, dass dieses Ereignis notwendig durch jenes verursacht wird, und verallgemeinern diesen kausalen Zusammenhang in der Form eines Gesetzes (vgl. Hume 2007 [1739]: 53–58, 105). Ein solches Gesetz beansprucht aber eine Geltung, die wir so letztlich nicht begründen können, da wir etwaige Ausnahmen ebenso wenig ausschließen wie die zukünftige Geltung garantieren können. Denn die Formulierung des Gesetzes kann sich nur darauf stützen, was wir bis dahin beobachten konnten.

Kant hält nun Hume eine Argumentation entgegen, die auf der »Deduktion der reinen Vernunftbegriffe« beruht und sie insbesondere auf zeitliche Bezüge zwischen Erscheinungen bezieht. Prinzipiell nehmen wir in der Zeit wahr und folgen Erscheinungen also aufeinander (vgl. KrV, A 189–202/B 232–247). Die Reihenfolge ist dabei nicht immer vorgegeben, denn ich kann beispielsweise, so Kant, ein Haus vom Keller zum Dach oder andersherum betrachten. In anderen Fällen ist dem aber nicht so, denn ein auf einem Fluss treibendes Schiff, so wiederum Kants Beispiel, sehe ich erst an einem Punkt und dann ein Stück flussabwärts. Vereinfacht gesagt bestimme ich im ersten Beispiel selbst die Reihenfolge der Erscheinungen, im zweiten Beispiel ist sie dagegen durch das Geschehen bestimmt. Im ersten Fall ist die Folge der Erscheinungen rein subjektiv, im zweiten Fall objektiv, und zwar in dem Sinne, dass ich überhaupt feststellen kann, dass sich tatsächlich etwas ereignet hat. Genauer zeigt sich nur in diesem Fall in der zeitlichen Folge der Erscheinungen eine Veränderung, die mich auch über die Gegenstände belehrt, an denen ich diese Veränderung beobachten kann. Gegenstände kann ich mir aber schwerlich auch nur vorstellen, ohne dass sie sich einerseits verändern und sich andererseits in ihren regel- oder gesetzmäßigen Veränderungen zugleich erhalten. Wenn man diese Überlegung so weit akzeptiert, dann wäre darin ein Argument dafür zu sehen, dass es Regel- oder Gesetzmäßigkeiten in der zeitlichen Folge unserer Auffassung von Erscheinungen braucht, damit wir feststellen können, dass sich etwas verändert hat, und letztlich Objekte erfahren können, die sich zugleich verändern und erhalten.

Die zentrale Frage ist nun, woher diese Regel- und Gesetzmäßigkeiten kommen. Hume würde argumentieren, dass wir sie in der Erfahrung an den Dingen beobachten und über unsere Gewöhnung zunehmend verallgemeinern. Schließlich glauben wir, es handele sich um Naturgesetze, obwohl diese Gewohnheit keinerlei Notwendigkeit für sich hat: Es könnte auch anders sein und es kann jederzeit anders kommen. Kant würde dieser Argumentation wohl zustimmen, wenn unsere Erkenntnis es mit Dingen an sich zu tun hätte, die wir tatsächlich nur beobachten könnten (vgl. KpV, A 88–94). Er geht stattdessen aber davon aus, dass wir es mit Erscheinungen in ihrer zeitlichen Folge zu tun haben, die wir zuallererst auf Gegenstände der Erfahrung und ein objektives Geschehen beziehen müssen. Wie die ›Transzendentale Deduktion‹ allgemein gezeigt hat, dass wir unsere Anschauungen nur dank Gesetzmäßigkeiten im Zusammenhang der Erfahrung auf Gegenstände beziehen können, argumentiert Kant also für den spezifischen Fall der Kausalität, dass es dafür insbesondere der kausalen Gesetzmäßigkeiten in der zeitlichen Folge der Erscheinungen bedarf. Es sind dabei notwendige kausale Zusammenhänge, wie Kant betont, die ganz im Sinne der »Deduktion« auf dem reinen Verstandesbegriff der »Ursache und Wirkung« und damit auf einer besonderen Regel der Synthesis des Verstands beruhen müssen (vgl. KrV, B 233 f., A 91 f./B 124).

Die möglichen Gegenstände unserer Erfahrung, die Veränderungen der Gegenstände und alles natürliche Geschehen setzen so Kausalität voraus. Kant definiert daher »Natur« auch als »Inbegriff der Erscheinungen, so fern diese, vermöge eines innern Prinzips der Kausalität, durchgängig zusammenhänge« (KrV, A 418/B 446, Anm.; vgl. A 125 f.). Die Kausalität bildet so einen Zusammenhang zwischen Erscheinungen, ohne den wir unsere Anschauungen auf keine Gegenstände beziehen könnten. Sie begründet damit aber zugleich ein Naturgesetz, dem nichts zu entkommen vermag – zumindest nichts unter den Erscheinungen und damit im Feld von Erfahrung und Erkenntnis.

4.2 Wie idealistisch ist die Kritik?

Kants Begründung der Naturwissenschaft wendet sich vor allem gegen deren skeptische Infragestellung in der Philosophie. Die *Metaphysischen Anfangsgründe der Naturwissenschaft* zeigen aber auch, dass sie ein Beispiel gibt für eine *neue Metaphysik*. Kant hatte zwar die traditionelle Metaphysik kritisiert, weil sie allein aus Begriffen apriorische Erkenntnisse über die Wirklichkeit als solche abzuleiten sucht, ohne sich zuvor zu fragen, ob und wie dies überhaupt möglich ist (siehe oben S. 16–18). Und die *Kritik der reinen Vernunft* führt im Anschluss an die »Transzendentale Analytik« in der »Transzendentalen Dialektik« aus, dass eine solche, rein begriffliche Spekulation ohne jeden Bezug zur Erfahrung an den klassischen Themen der traditionellen Metaphysik wie Seele, Welt und Gott scheitern musste, weil diesen Begriffen keine Anschauung entsprechen kann. Zugleich beansprucht die *Kritik der reinen Vernunft* jedoch Erkenntnisse, die an strikter Notwendigkeit und Allgemeinheit unabhängig von aller Erfahrung den traditionellen Ansprüchen der Metaphysik keineswegs nachzustehen scheinen. Allerdings ist einzuräumen, dass sich Kants neue Metaphysik nicht auf die Wirklichkeit an sich, sondern auf die möglichen Gegenstände der Erfahrung als solche bezieht.

Unabhängig von der Frage, inwieweit Kants Argumentation schlüssig ist und überzeugen kann, ist festzustellen, dass sie problematische Konsequenzen hat. Eine erste Konsequenz betrifft das Bild der Naturwissenschaft, das Kant in seiner Argumentation entwirft. Kant betrachtet als ›Naturgesetz‹ nur solche Gesetze, die a priori strikt notwendig und allgemein gelten. Alle anderen Gesetze bezeichnet er im Gegensatz dazu als »zufällig« (AA 04: 469). Es kommt hinzu, dass die Naturgesetze, die Kant als notwendig annimmt, allein solche der Newton-Galilei'schen Physik sind. Die entstehende Biologie und die sich gerade neu begründende Chemie erlangen daher nicht die Privilegien einer Naturwissenschaft (vgl. AA 04: 468–471). Was zum Teil auch den historischen Umständen geschuldet sein mag, erweist sich aber insofern als ein systematisches Problem, als Kants Begründung von Naturgesetzen nur auf solche Gesetze zielt, die für alle möglichen Gegenstände der Erfahrung überhaupt gelten und daher mit einem Singular *der* Naturwissenschaft einhergehen, der den Naturwissenschaften nach der Ausbildung vielfältiger Disziplinen im 19. Jahrhundert kaum mehr gerecht zu werden mag. Letztlich stellt sich die Frage, ob Kants Annahme einer strikt notwendigen und allgemeinen Geltung der Naturgesetze überhaupt den empirischen Gesetzen gerecht wird, die unser Verständnis von wissenschaftlicher Erkenntnis heute prägen und zum Beispiel durchaus eine Vielfalt von spezifischen Kausalgesetzen erlauben. Es ist möglich, dass Kants Argumentation diesen Herausforderungen besser Rechnung tragen kann, als es auf den ersten Blick scheint. Kant selbst hat hier aber zumindest auch Herausforderungen gesehen und wird auf sie in der *Kritik der Urteilskraft* zurückkommen (vgl. S. 164–166).

Eine zweite Konsequenz hat sehr viel mehr Aufmerksamkeit erfahren und bildet einen der Brennpunkte der philosophischen Diskussion von Kants Philosophie seit nun bald 250 Jahren. Kants Argumentation, dass der Verstand die »Gesetzgebung vor die Natur« (KrV, A 126) für sich in Anspruch nehmen kann, beruht auf der Voraussetzung, dass sich die Gegenstände nach den Bedingungen unserer Erkenntnis oder Erfahrung richten (vgl. KrV, B XVII). Kant gibt damit aber bewusst die verbreitete Selbstverständlichkeit preis, dass sich Erkenntnis auf eine *Wirklichkeit* beziehen müsse, die als solche *unabhängig von unserer Erkenntnis* ist, und gerade dann zutrifft, wenn sie dieser Wirklichkeit in der ein oder anderen Form entspricht: »Daß die Natur sich nach unserem subjektiven Grunde der Apperzeption richten, ja gar davon in Ansehung ihrer Gesetzmäßigkeit abhangen solle, lautet wohl sehr widersinnisch und befremdlich.« (KrV, A 114) Kant dürfte daher auch mit dem Einwand gerechnet haben, er vertrete eine idealistische Position, weil sich unsere Erfahrung nur insofern auf Gegenstände beziehen kann, als sich diese nach den Bedingungen unserer Erkenntnisvermögen richten. Er scheint schließlich die Wirklichkeit, wie sie an sich ist, für ein Hirngespinst einzutauschen, das vielleicht Gesetzmäßigkeiten folgt, die allerdings nur seine eigenen sind.

Gegen diesen Vorwurf versucht sich Kant daher schon in der ersten Auflage der *Kritik der reinen Vernunft* zu verteidigen, indem er seine Philosophie von idealistischen Positionen unterscheidet und zu diesem Zweck vor allem die Frage der Existenz der Außenwelt diskutiert. In dem Abschnitt zur »Idealität (des äußeren Verhältnisses)« (KrV, A 306) in seiner Kritik der metaphysischen Seelenlehre im Rahmen der »Transzendentalen Dialektik« wendet sich Kant insbesondere gegen Descartes' Argumentation in den *Meditationen.* Descartes hatte der inneren Selbstwahrnehmung nämlich insofern einen Vorzug zugesprochen, als wir zwar die Existenz der Außenwelt bezweifeln können, aber nicht die eigene Existenz, da das Denken mit der untrüglichen und unbezweifelbaren Evidenz von der eigenen Existenz verbunden ist (vgl. Descartes 1986 [1641]: 76–97). Auf der Grundlage dieser Evidenz hatte er infolgedessen in einem weiteren Schritt versucht, die Existenz der Außenwelt zu beweisen (vgl. Descartes 1986 [1641]: 176–193; KrV, A 366–369). Kant gesteht Descartes die Evidenz der eigenen Existenz ohne Weiteres zu, bezweifelt aber ihren Vorzug gegenüber der äußeren Wahrnehmung. Denn er geht davon aus, dass die von Descartes in Anspruch genommene Evidenz der eigenen Existenz auf der inneren Wahrnehmung meiner selbst beruht. Sie bezieht sich damit wie die äußere Wahrnehmung auf Erscheinungen, die genauso zu bezweifeln beziehungsweise nicht zu bezweifeln sind wie die Erscheinungen der äußeren Wahrnehmung. Daher genießt die Existenz der äußeren Dinge dieselbe Gewissheit wie die Existenz meiner selbst und bedarf Kant zufolge keines weiteren Beweises (vgl. KrV, A 370–372).

Mit Bezug auf Descartes argumentiert Kant somit zunächst, dass es gar nicht notwendig ist, die Existenz der Außenwelt zu beweisen, weil unsere äußere Wahrnehmung nicht ungewisser ist als unsere innere Wahrnehmung. In einem zweiten Schritt versucht er sodann zu zeigen, dass es gar nicht möglich ist, die Existenz einer Außenwelt zu beweisen, wenn darunter eine Wirklichkeit unabhängig von unseren Vorstellungen verstanden wird. Den verbreiteten Versuch, von unseren Vorstellungen auf ihre Ursache in den Dingen an sich zu schließen, hält Kant für keinen gangbaren Weg, weil ein solcher Schluss prinzipiell unsicher bleibt (vgl. KrV, A 368 und 387). Daher gesteht er auch der idealistischen Schlussfolgerung, dass die Vorstellungen sich nur auf eine vorgestellte Idealität und nicht die Wirklichkeit als solche beziehen lassen, eine gewisse Konsequenz zu (vgl. KrV, A 372). Kant dreht aber den Spieß um, denn er argumentiert schließlich, dass der Versuch, die Existenz einer Wirklichkeit unabhängig von unseren Vorstellungen zu beweisen, weder möglich noch sinnvoll ist. Ihm scheint eine Wirklichkeit jenseits unserer Vorstellungen schlicht widersinnig. Denn jenseits unserer Vorstellungen kann eine solche Wirklichkeit gar keinen Ort haben, weil Raum und Zeit nur Formen unserer Anschauung sind (vgl. KrV, A 373–376). Der Forderung nach einem Beweis der Existenz der Außenwelt billigt er auf diese Weise lediglich die Fruchtbarkeit eines Irrtums zu: Indem sie sich als unsinnig erweist, trägt sie dazu bei, den Begriff der Wirklichkeit in Kants Sinne an unsere äußere Wahrnehmung von Erscheinungen im Raum zurückzubinden und im Zusammenhang unserer Erfahrung von Gegenständen zu situieren (vgl. KrV, A 377–379).

Aus einer gewissen Distanz betrachtet wirkt Kants Argumentation jedoch kaum zwingend. Allem Anschein nach setzt sie die Lehre von Raum und Zeit als apriorischen Formen der Anschauung aus der »Transzendentalen Ästhetik« voraus, die kaum auf allgemeine Zustimmung unter Philosophen rechnen durfte (siehe oben S. 48–72). Zudem war keineswegs damit zu rechnen, dass sich alle Philosophen von Kants Einwand beeindruckt zeigen würden, dass eine Wirklichkeit jenseits unserer Vorstellungen, wenn es sie denn gäbe, als solche unerkennbar sei (vgl. KrV, A 378). Tatsächlich ließ die Kritik nicht lange auf sich warten, und vor allem Friedrich Heinrich Jacobi hat sie schon bald scharfzüngig formuliert. Seiner Schrift *David Hume über den Glauben oder Idealismus und Realismus* von 1787 hängt er nämlich die Beilage *Ueber den Transscendentalen Idealismus* an, in der er Kant des Idealismus bezichtigt und dabei insbesondere dessen Kritik an Descartes' Idealismus aufgreift. Dreh- und Angelpunkt seiner Kritik ist jedoch eine Spannung zwischen der Theorie der Sinnlichkeit, in der Kant die Empfindung mitunter selbst als Wirkung einer Affektion durch äußere Dinge einführt, und der Theorie des Verstandes, in der die Gegenstände der Erfahrung durch die Synthesis der Anschauungen zuallererst gebildet werden. Kant kann nach Jacobis Argumentation diesen Widerspruch jedoch nicht auflösen. Denn zum einen könne er auf die Annahme einer Affektion durch Dinge nicht verzichten, weil sie die Rezeptivität der Sinne definiere und damit zuallererst die Unterscheidung von Verstand und Sinnlichkeit ermögliche. Zum anderen rücke Kant aber nicht davon ab, dass »alle Gegenstände der Erfahrung bloße Erscheinungen sind, deren Materie und realer Inhalt durch und durch nichts anders, als unsere eigene Empfindung« sei. So »ist unsere ganze Erkenntniß nichts als ein Bewußtseyn verknüpfter Bestimmungen unseres eigenen Selbstes, woraus auf gar nichts anderes geschlossen werden kann« (Jacobi

2004 [1787]: 110). Offenbar kann Jacobi mit der Stoßrichtung von Kants *Kritik der reinen Vernunft* wenig anfangen, seine kurze Kritik ist aber zuallererst ein Aufruf zur Klarheit: »Der transscendentale Idealist muß also den Muth haben, den kräftigsten Idealismus, der je gelehrt worden ist, zu behaupten« (Jacobi 2004 [1787]: 110).

Ob und wann Kant diese im April 1787 erschienenen Zeilen gelesen hat oder nicht, es dürfte jedenfalls klar sein, dass er einen solchen Idealismus nicht vertreten wollte. Er sah sich offenbar sogar genötigt, sein Verhältnis zum Idealismus zu klären und genauer seine Kritik des Idealismus zu schärfen. In der zweiten Auflage der *Kritik der reinen Vernunft*, die im Juni 1787 vorliegt, überarbeitet er zunächst die Auseinandersetzung mit Descartes und verschiebt sie in die »Transzendentale Ästhetik« (vgl. KrV, B 69–71). Er verkürzt sie dabei und erläutert vor allem, dass die Erscheinung in der Anschauung alles andere als bloßer ›Schein‹ ist, wie nach Kants Darstellung George Berkeley gefolgert hatte. Seine eigentliche Pointe gegen den Idealismus findet sich allerdings in dem Abschnitt »Widerlegung des Idealismus«, den Kant in die »Transzendentale Analytik« einfügt (vgl. KrV, B 274–279). Er knüpft hier nochmals an seine Argumentation gegen den Vorzug der inneren gegenüber der äußeren Wahrnehmung an, der es bei Descartes und mehr noch Berkeley überhaupt notwendig erscheinen ließ, die Existenz der Außenwelt zu beweisen. Doch er verschärft sein Argument darüber hinaus entscheidend.

In der ersten Auflage der *Kritik der reinen Vernunft* hatte Kant für die Gleichwertigkeit von innerer und äußerer Wahrnehmung argumentiert, da die äußere Wahrnehmung genauso unmittelbar sei wie die innere und sie daher ebenso wenig eines Beweises der Existenz ihrer Gegenstände bedürfe wie diese. Jedoch ließ dies prinzipiell noch den Einwand zu, dass diese äußere Wahrnehmung sich nur insofern auf die Wirklichkeit beziehen könne, als sich diese nach uns richte, und damit die Wirklichkeit aufgebe, wie sie unabhängig von unserer Wahrnehmung sei. Die »Widerlegung des Idealismus« versucht einem solchen Einwand und letztlich jedem Idealismus die Grundlage zu entziehen: Die innere Wahrnehmung, auf die sich die idealistischen Positionen stützen, soll als solche ohne äußere Wahrnehmung unmöglich sein, so dass jede Selbstwahrnehmung schon im Zusammenhang der äußeren Wahrnehmung steht und jede Evidenz von der eigenen Existenz bereits die Existenz von Gegenständen im Raum voraussetzt. Kants Argument geht dabei davon aus, dass die Zeit in der inneren Wahrnehmung unaufhaltsam fließt und dabei alles mit sich nimmt. Sie kann daher nur mithilfe von etwas ›Beharrlichem‹ erfahren oder dargestellt werden, das uns aber allein dank der äußeren Anschauung im Raum zur Verfügung stehen kann: »Dieses Beharrliche aber kann nicht etwas in mir sein; weil eben mein Dasein in der Zeit durch dieses Beharrliche allererst bestimmt werden kann. Also ist die Wahrnehmung dieses Beharrlichen nur durch ein *Ding* außer mir und nicht durch die bloße *Vorstellung* eines Dinges außer mir möglich. Folglich ist die Bestimmung meines Daseins in der Zeit nur durch die Existenz wirklicher Dinge, die ich außer mir wahrnehme, möglich.« (KrV, B 275 f.; vgl. B 291 f.) Dieses Argument ist durchaus schneidend, kehrt Kant den Vorzug der inneren Erfahrung doch geradezu um, so dass die »innere Erfahrung selbst nur mittelbar und nur durch äußere möglich« (KrV, B 277) sein soll. Kants Beispiele zeigen, dass er durchaus an konkrete äußere Anhaltspunkte und zyklische Prozesse denkt, die den Menschen wie die ›Planetenbewegung‹ seit jeher zur Bestimmung der Zeit gedient haben und ohne die Kant zufolge sich auch unsere eigene Selbstwahrnehmung in einen haltlosen Fluss auflösen müsste.

Dieses Argument soll dem Idealismus den scheinbaren Boden der Selbstwahrnehmung unter den Füßen wegziehen. Zugleich soll es jedoch Kants eigene Position vom Idealismus im diskutierten Sinne unterscheiden: Innere und äußere Wahrnehmung sind nicht nur gleichwertig, sondern jede Selbstwahrnehmung setzt äußere Wahrnehmungen voraus und steht insofern in ihrem Zusammenhang. Kant gibt damit aber die zentrale, bahnbrechende These der *Kritik der reinen Vernunft* keineswegs auf. Er hält daran fest, dass Erkenntnis nicht daran zu messen ist, inwiefern sie sich auf eine von ihr unabhängige Wirklichkeit beziehen kann. Vielmehr muss sie durch ihre eigenen Begriffe und Regeln, Formen und Ordnungen zuallererst strukturieren und systematisieren, was ihr in der Anschauung und Empfindung gegeben ist, um dadurch schließlich zu bestimmen, was als Wirklichkeit zu begreifen ist.

Jacobi hat sich davon nicht überzeugen lassen und legt stattdessen eine scharfsinnige und lesenswerte Ausarbeitung seiner Kritik an Kants Philosophie vor (vgl. Jacobi 2004 [1802]). Er hält letztlich daran fest, dass man dem Idealismus nur entkommen könne, indem man eine an sich seiende Wirklichkeit annimmt und sie zum vorgängigen Maßstab aller Erkenntnis und Erfahrung macht. Unter dieser Voraussetzung mag Kant ein Idealist zu nennen sein. Selbst dann bleibt jedoch noch einzuwenden, dass Kant keinesfalls einen Konstruktivismus im Sinne des 20. Jahrhunderts vertritt, von dem der kantische Ansatz oft aufgenommen und für die Bedingungen unserer Erfahrung in sprachlichen Strukturen, kulturellen Weltverständnissen und vieles andere mehr adaptiert wurde. Denn Kant argumentiert zwar, dass die Formen der Anschauung und die Regeln des Verstandes die »Erfahrung ihrer Form nach allererst und ursprünglich möglich« (KrV, A 128) machen. Er betont aber zugleich, dass mit dieser ›Form‹ weder die spezifischen empirischen Gesetze festgelegt noch die konkreten Gegenstände bestimmt sind, die wir tatsächlich erfahren (vgl. KrV, A 127 f. und B 165). Die Bedingungen der Möglichkeit von Erfahrung spannen also lediglich einen Möglichkeitsraum für Erfahrungen auf, in denen wir über das »bloße Spiel, es sei der Einbildungskraft, oder des Verstandes, respective mit ihren Vorstellungen« (KrV, A 239/B 298) hinausgehen, um tatsächlich Gegenstände wahrzunehmen und empirische Gesetze zu ermitteln. Die Möglichkeit der Erfahrung, die sich auf den Formen und Regeln der Erfahrung begründet, erübrigt nicht, sondern erfordert vielmehr wirkliche, empirische Erfahrung.

4.3 Handlung der Synthesis, Freiheit des Handelns

Kants Argumentation gegen den Idealismus beruht ganz zentral auf der Infragestellung des Primats der inneren gegenüber der äußeren Wahrnehmung. Es gilt nun jedoch zu ergänzen, dass wir neben der inneren Wahrnehmung und unabhängig von der Erscheinung uns der Spontaneität des Verstandes bewusst werden können. Genauer wird die Handlung des Verstandes, die wir bislang mit Bezug auf ihre notwendigen Regeln und hinsichtlich der durch sie begründeten Naturgesetze betrachtet haben, von einem Bewusstsein des »Actus seiner Selbsttätigkeit« (KrV, B 130) begleitet. Dieses Selbstbewusstsein der eigenen Spontaneität rückt ins Zentrum von Kants Theorie der Erkenntnis und schlägt zugleich eine Verbindung zur praktischen Philosophie.

Der Ausgangspunkt ist folgender: Meine Vorstellungen und ihre Gegenstände sind mir insofern bewusst, als ich sie in ihrem zeitlichen Zusammenhang im inneren Sinn anschaue. Diese Anschauung meiner selbst geht zum anderen aber mit dem Bewusstsein einher, dass dieser Zusammenhang zwischen Vorstellungen in meinen eigenen Handlungen der Synthesis zuallererst hergestellt und über dessen innere Gesetzmäßigkeit zugleich der Bezug zu Gegenständen der Erfahrung allein ermöglicht wird. Auf dieses Argument waren wir schon gestoßen: Die ›Identität‹ des Subjekts der Erfahrung in der Mannigfaltigkeit der Anschauungen muss auf dem *Bewusstsein der Einheit* der Handlung der Synthesis beruhen, die diese Anschauungen zu dem einheitlichen und gesetzmäßigen Zusammenhang der Erfahrung verknüpft (siehe S. 92–94).

Diesem Argument gibt Kant vor allem in der zweiten Auflage der *Kritik der reinen Vernunft* jedoch eine neue Wendung, indem er das Bewusstsein der *Handlung* der Synthese selbst oder das *Selbstbewusstsein der Spontaneität des Verstandes* akzentuiert. Ich bin mir demnach bewusst, dass ich mich in meinem inneren Sinn selbst durch Handlungen der Synthesis affizieren musste, damit ich meine Vorstellungen in ihrem zeitlichen Zusammenhang anschauen und mich auf ihre Gegenstände beziehen kann: In Kants Worten ist so die »Synthesis, wenn er [der Verstand, A.S.] für sich allein betrachtet wird, nichts anderes, als die Einheit der Handlung, deren er sich, als einer solchen, auch ohne Sinnlichkeit bewußt ist, durch die er aber selbst die Sinnlichkeit innerlich in Ansehung des Mannigfaltigen, was der Form ihrer Anschauung nach ihm gegeben werden mag, zu bestimmen vermögend ist« (KrV, B 153). Das Subjekt ist sich also seiner eigenen Handlung durch den Verstand ›auch ohne Sinnlichkeit‹ bewusst und weiß sich doch zugleich in seiner Sinnlichkeit affiziert von derselben Handlung. Kant setzt so das obige Zitat fort: Der Verstand »also übt [...] diejenige Handlung aufs *passive* Subjekt, dessen *Vermögen* er ist, aus, wovon wir mit Recht sagen, daß der innere Sinn dadurch affiziert werde« (KrV, B 153 f.). Anders gesagt: Das Subjekt schaut im inneren Sinn seine eigenen Vorstellungen sowie ihre Gegenstände in der Zeit an und ist sich dabei zugleich ›auch ohne Sinnlichkeit‹ der spontanen Handlung der Synthesis bewusst, die es im inneren Sinn affiziert haben muss, um den Zusammenhang dieser Vorstellungen zu synthetisieren.

Eine seltsam anmutende Doppelung des Subjekts ist jedoch die Konsequenz, wenn »das Ich, der ich denke, von dem Ich, das sich selbst anschauet, unterschieden und doch mit diesem letzteren als dasselbe Subjekt einerlei« (KrV, B 155) sein soll. Es muss aber zunächst klargestellt werden, dass Kant damit keine zwei Gegenstände nebeneinanderstellt, sondern zwei Weisen des Selbstbezugs unterscheidet: Dasselbe Subjekt kann im inneren Sinn anschauen und wird zum Objekt seiner Erfahrung oder es ist sich in der Handlung des Verstandes seiner eigenen Spontaneität bewusst: »*Ich,* als Intelligenz und *denkend* Subjekt, erkenne *mich* selbst als *gedachtes* Objekt« (KrV, B 155). Diese beiden Perspektiven zu unterscheiden ist zunächst notwendig, um Fehlschlüsse zu vermeiden. Diese ›Intelligenz‹ im Sinne des ›denkenden Subjekts‹ verfügt über keine Anschauung ihrer selbst und kann sich also auch nicht erkennen: Wir können »unser eigenes Subjekt nur als Erscheinung, nicht aber nach dem, was es an sich selbst ist, erkennen« (KrV, B 156). Selbstbewusstsein ist also gerade keine Selbsterkenntnis. Wenn das Subjekt sich dagegen anschaut und sich also auch erkennen kann, dann wird es zum angeschauten und ›gedachten Objekt‹. Selbsterkenntnis ist also gerade kein Selbstbewusstsein. Diese Klärung ist für Kant deshalb wichtig, weil er in der »Transzendentalen Dialektik« gegen die rationale Seelenlehre der metaphysischen Tradition gerade eingewendet hatte, sie verkenne, dass es »keine *Erkenntnis* von mir, *wie ich bin*, sondern bloß, wie ich mir selbst *erscheine*«, geben kann (KrV, B 158; vgl. A 401 und B 409, 421 f.).

Da das Selbstbewusstsein der Spontaneität in den Handlungen der Synthesis dagegen ›auch ohne Sinnlichkeit‹ auskommt, entziehe ich mich als ›Intelligenz und *denkend* Subjekt‹ aber den

Erscheinungen wie den Naturgesetzen. Diese ›Intelligenz‹ kann daher in einem Spielraum residieren, den die »Transzendentale Dialektik« gleichsam von außen schon vermessen hatte. Denn Kant hatte dort nicht nur die Frage aufgeworfen, »ob Freiheit überall nur möglich sei, und ob, wenn sie es ist, sie mit der Allgemeinheit des Naturgesetzes der Kausalität zusammen bestehen könne« (KrV, A 536/B 564; vgl. A 532–558/B 560–586). Er hatte sie auch recht eindeutig so beantwortet, dass die Kausalität zwar die Erscheinungen und Gegenstände möglicher Erfahrungen notwendig und ausnahmslos beherrscht, damit aber nichts über »Dinge an sich« aussage und deshalb auch nicht etwaige »intelligibele Ursachen« (KrV, A 537/B 565) der Erscheinungen ausschließe. Jede Erscheinung kann daher in zwei Hinsichten betrachtet werden: Sie kann zum einen im Zusammenhang der Erfahrung beobachtet werden und ist dann als Wirkung ihrer natürlichen Ursache zu erkennen – oder sie kann als ›Wirkung‹ einer ›intelligiblen Ursache‹ zumindest gedacht werden, womit wir jedoch über die Grenzen von Erfahrung und Erkenntnis hinausgreifen. Die Freiheit hat demnach zwar keinen Platz unter den Erscheinungen, ihr bleibt aber doch ein zumindest denkbarer Spielraum.

Dieser Spielraum wird somit zunächst aus der Sicht der theoretischen Philosophie umrissen, sodann aber in der Perspektive der praktischen Philosophie konzipiert: Die Erscheinungen, die Kant in jener doppelten Hinsicht betrachtet, sind nämlich Handlungen. Als »Ursache jener Handlungen als Erscheinungen« können wir zum einen nämlich andere Erscheinungen angeben, die sie im Rahmen der Naturgesetze hervorbringen; zum anderen kommt als zumindest denkbare ›intelligible Ursache‹ aber ebenso das »handelnde Subjekt« (KrV, A 539/B 567) infrage, das seine Handlungen aus freien Stücken bewirkt. Es ist nun ausgesprochen bedeutsam, dass diese mögliche Ursache mit dem Selbstbewusstsein des ›handelnden Subjekts‹ und seiner Spontaneität verbunden wird: »der Mensch, der die ganze Natur sonst lediglich nur durch Sinne kennt, erkennt sich selbst auch durch bloße Apperzeption, und zwar in Handlungen und inneren Bestimmungen, die er gar nicht zum Eindrucke der Sinne zählen kann, und ist sich selbst freilich eines Teils Phänomen, anderen Teils aber, nämlich in Ansehung gewisser Vermögen, ein bloß intelligibeler Gegenstand, weil die Handlung desselben gar nicht zur Rezeptivität der Sinnlichkeit gezählt werden kann« (KrV, A 546 f./ B 574 f.).

Die Nähe zwischen diesen Überlegungen aus der »Transzendentalen Dialektik« mit ihrem Vorgriff auf Fragen der praktischen Philosophie und den Erörterungen des Selbstbewusstseins als ›Intelligenz und *denkend* Subjekt‹ in den Handlungen der Synthese aus der B-Deduktion sind unverkennbar. Diese Beobachtung legt aber nahe, dass die Erörterungen der B-Deduktion zum Selbstbewusstsein der ›Intelligenz‹ eben nicht nur zur Absicht haben, der Theorie der Erkenntnis eine noch tiefere und festere Grundlage zu geben. Sie haben zugleich und vielleicht mehr noch zum Ziel, eine Verbindung zu schlagen zu einer neuen, komplementären Perspektive auf die Handlung, das Subjekt und letztlich den Menschen, der nun nicht mehr dank der Handlung der Synthese durch den Verstand und ihrer Regeln in Gestalt der Verstandesbegriffe erkennt, wie die Natur notwendig ist, sondern aus Freiheit handeln soll und dazu einer rationalen Erwägung von Gründen bedarf (vgl. KrV, A 547–558/B 575–586). Dass Kant diese Perspektive vor allem in der zweiten Auflage der *Kritik der reinen Vernunft* von 1787 mit der transzendentalen Apperzeption verknüpft und so gleichsam im Herzen seiner Theorie der Erfahrung und Erkenntnis verankert, hat wohl damit zu tun, dass er sich intensiver mit der praktischen Philosophie zu beschäftigen begonnen hatte. Bereits 1785 erscheint die *Grundlegung zur Metaphysik der Sitten* und ein Jahr nach der zweiten Auflage der *Kritik der reinen Vernunft* von 1787 auch die *Kritik der praktischen Vernunft.*

5. Handlung aus Freiheit

Nachdem die *Kritik der reinen Vernunft* die theoretische Philosophie behandelt hat, widmet sich die *Kritik der praktischen Vernunft* der praktischen Philosophie. Diese schlichte Beobachtung ist häufig mit der scheinbar naheliegenden Vermutung einhergegangen, Kant arbeite die beiden wichtigsten Teile der Philosophie nach einem vorgefassten Plan nacheinander ab. Jedoch lässt sich diese Vermutung durch die Texte kaum bewahrheiten. Die erste Kritik kündigt nämlich keineswegs eine zweite Kritik an, wie man es bei einem solchen vorgefassten Plan wohl erwarten könnte. Zudem ist Kants Beschäftigung mit der praktischen Philosophie bereits in der *Kritik der reinen Vernunft* erkennbar (vgl. KrV, A 547–558/B 575–586) und findet einen ersten, eigenständigen Höhepunkt in der *Grundlegung zur Metaphysik der Sitten* von 1785.

Die *Grundlegung zur Metaphysik der Sitten* setzt an den grundlegenden Fragen der Moral neu an und wendet sich an ein breiteres Publikum. Kant wählt damit in der praktischen Philosophie ein anderes Vorgehen als in der theoretischen Philosophie. Dort sollte die *Kritik der reinen Vernunft* unsere Erkenntnis der Natur zunächst untersuchen und insbesondere begründen und umgrenzen, was wir a priori und also ohne Erfahrung von der Natur und »Gesetzen, nach denen alles geschieht« (GMS, BA IV), wissen können. Auf dieser Grundlage sollte dieses Wissen schließlich in der »Metaphysik der Natur« (KrV, A XXI; GMS BA V) entfaltet werden, die Kant mit den *Metaphysischen Anfangsgründen der Naturwissenschaft* 1786 auch vorgelegt hat. In der praktischen Philosophie entwickelt er in der *Grundlegung zur Metaphysik der Sitten* dagegen zuallererst die Grundzüge des Wissens, das wir von unserem Handeln und Gesetzen, »nach denen alles geschehen soll« (GMS, BA V), unabhängig von aller Erfahrung wissen können. Kant scheint dies in der praktischen Philosophie ohne eine vorgängige kritische Reflexion für möglich und notwendig zu halten.

Tatsächlich erklärt Kant, dass ein solches Vorgehen in der praktischen Philosophie möglich sei, weil sie an die ›gemeine Menschenvernunft‹ anknüpfen und das ihr eigene Prinzip lediglich herausarbeiten soll. Kant beansprucht also gerade nicht, »etwas Neues zu lehren«, sondern möchte vielmehr die ›gemeine Menschenvernunft‹, »wie Sokrates tat, auf ihr eigenes Prinzip aufmerksam machen« (GMS, BA 21). Es geht ihm insofern um ein ›Prinzip‹, das »nicht so wohl gelehret als vielmehr nur aufgeklärt zu werden bedarf« (GMS, BA 8). Ziel des ersten Abschnitts ist daher der »Übergang von der gemeinen sittlichen Vernunfterkenntnis zur philosophischen«. Für notwendig und dringlich hält Kant eine solche Aufklärung vor allem deshalb, weil die ›gemeine Menschenvernunft‹ an Klarheit und Halt gewinnt, indem sie über ihr eigenes Prinzip aufgeklärt wird, und sich damit gegenüber den Wirrnissen der Zeit und der zeitgenössischen Philosophie wappnen kann (vgl. KrV, BA 30–36). Der zweite Abschnitt »Übergang von der populären Moralphilosophie zur Metaphysik der Sitten« entfaltet zu diesem Zweck die bekanntesten kantischen Thesen und soll die Leserschaft nicht zuletzt auch für Kants Philosophie gewinnen. Schließlich muss aber auch der systematische Zusammenhang von Kants praktischer und theoretischer Philosophie entwickelt werden.

Dieser Aufgabe greift die *Grundlegung zur Metaphysik der Sitten* in ihrem dritten und abschließenden Abschnitt »Letzter Schritt von der Metaphysik der Sitten zur Kritik der reinen praktischen Vernunft« vor. Es bleibt allerdings die Aufgabe der *Kritik der praktischen Vernunft* zu klären, wie dasjenige, was wir von unserem Handeln und den Gesetzen, »nach denen alles geschehen soll« (GMS, BA V), unabhängig von aller Erfahrung wissen können, mit der *Kritik der reinen Vernunft* einen kohärenten und stimmigen Zusammenhang ergeben kann.

5.1 Wie handeln wir moralisch?

Der erste Satz der *Grundlegung zur Metaphysik der Sitten* ist bekannt: »Es ist überall nichts in der Welt, ja überhaupt auch außer derselben zu denken möglich, was ohne Einschränkung für gut könnte gehalten werden, als allein ein *guter Wille.*« (GMS, BA 1) Dieser Satz ist eingängig, aber wohl auch deshalb so bekannt geworden, weil er schon so viel des Kommenden vorwegnimmt. Kant macht nämlich bereits in diesem ersten Satz klar, dass er an die traditionelle Frage nach dem Guten anknüpft, ihr aber eine solche Wendung gibt, dass die Antwort nur in einem Guten ›ohne Einschränkung‹ ans Ziel kommen könne. Er gibt indes sogleich seine eigene Antwort oder nennt doch zumindest das passende Stichwort: der ›gute Wille‹. Wie sich zeigen wird, bedarf es jedoch einer anspruchsvollen Deutung dieses Begriffs, damit der ›gute Wille‹ tatsächlich als eine Antwort verständlich wird, die Kant für befriedigend hält.

Bei der Lektüre der folgenden Seiten wird dabei rasch deutlich, dass Kants Verständnis des guten Willens und damit seine Antwort auf die Frage nach dem Guten viele heutige Leserinnen durchaus erstaunen dürfte. Wir dürften dazu neigen, allerlei

Verschiedenes gut zu nennen, wie zum Beispiel Gesundheit, ein glückliches Leben oder einen friedlichen Umgang mit Konflikten. Kant würde dem aber entgegnen, dass nichts, was meist gut scheinen mag, sich nicht auch als sein Gegenteil erweisen könnte: Seine Gesundheit mag einem Diktator weiter die brutale Unterdrückung seines Landes erlauben; ein glückliches Leben mag für manche Menschen die sexuelle Ausbeutung anderer einschließen, und der friedliche Umgang mit den Totalitarismen des 20. und 21. Jahrhunderts kann moralisch verwerflich erscheinen. Kants Beispiele greifen weniger ins Politische aus, machen aber doch dasselbe Argument: Alles, was wir landläufig gut nennen, kann sich unter anderen Umständen in sein Gegenteil verkehren (vgl. GMS, BA 1–3). Wir würden daraus vielleicht die Folgerung ziehen, dass alles, was wir gut nennen, nur mit Bezug auf konkrete Umstände als gut zu bewerten ist. Kant schlussfolgert jedoch ganz im Gegenteil: Was wir landläufig gut nennen, sich aber auch in sein Gegenteil verkehren kann, ist nicht gut. Vielmehr sollten wir nur dasjenige als gut gelten lassen, was unabhängig von allen Umständen und mithin als solches gut ist.

Dass das Gute nicht wegen einer Beziehung zu situativen Gegebenheiten gut sein kann, schließt Kant auch deshalb aus, weil er es nicht als Aufgabe der praktischen Philosophie versteht, einzelne Handlungen in problematischen oder dilemmatischen moralischen Konfliktsituationen differenziert zu erörtern und verschiedene Handlungsoptionen gegeneinander abzuwägen. Schon Kants Titel der *Grundlegung zur Metaphysik der Sitten* macht vielmehr deutlich, dass es ihm dagegen um Metaphysik in seinem Sinne geht, also um ein apriorisches Wissen, das unabhängig von aller Erfahrung ist und strikte Notwendigkeit und Allgemeinheit für sich beanspruchen kann. Diese *Metaphysik der Sitten* bezieht sich so zwar nicht wie die ›Metaphysik der Natur‹ auf die möglichen Gegenstände unserer Erfahrung und die »Gesetze, nach denen alles geschieht« (GMS, BA IV), sondern auf unser Handeln, die ihm eigenen Prinzipien und die Gesetze, »nach denen alles geschehen soll« (GMS, BA IV f.). Die Maßstäbe, die Kant an das Wissen anlegt, bleiben nichtsdestotrotz die gleichen, wobei vor allem die strikte Allgemeinheit und Notwendigkeit von entscheidender Bedeutung sind.

Vor diesem Hintergrund mag es zumindest auf den ersten Blick erstaunen, warum Kant bereits im ersten Satz der *Grundlegung zur Metaphysik der Sitten* gerade den ›guten Willen‹ als dasjenige präsentiert, ›was ohne Einschränkung für gut könnte gehalten werden‹. Nach dem alltäglichen Verständnis hängt ein Wille von Umständen ab, von langfristigen biografischen Prägungen bis hin zu Einflüssen in einzelnen konkreten Situationen. Zudem würden wir heute wohl dazu neigen, einen Willen im engen Zusammenhang damit zu betrachten, worauf er abzielt. Ob ein Wille gut ist oder nicht, hinge infolgedessen davon ab, ob er Dinge anstrebt oder sich an Werten orientiert, die ihm gut erscheinen oder allgemein als gut angesehen werden. Mit Kants Verständnis des ›guten Willens‹ hat all dies jedoch wenig zu tun. Sein Anspruch auf apriorisches Wissen von strenger Notwendigkeit und Allgemeinheit verbietet es nicht nur, den Willen unter Einbeziehung von Erfahrungen zu verstehen, die ihn prägen oder beeinflussen. Ebenso wenig kann der Wille in seinem Bezug zu Gegenständen, Zwecken oder Werten betrachtet werden, die sich prinzipiell in ihr Gegenteil verkehren können und sich zudem der Erfahrung verdanken dürften. Weil ein Wille im Sinne der *Grundlegung zur Metaphysik der Sitten* frei bleiben muss von all diesen Verstrickungen mit der Erfahrung, spricht Kant auch von einem »reinen Willen« (GMS, BA XII).

Es stellt sich umso mehr die Frage, was Kant überhaupt unter einem solchen Willen versteht. Er bezeichnet den Willen als »Begehrungsvermögen« (KpV, A 96), was jedoch kein psychologisch-empirischer Begriff ist, sondern entsprechend dem Begriff des Vermögens im Sinne Kants verstanden werden sollte (vgl. GMS, BA XI f., und oben S. 43–46). Im Kontext der hier verfolgten Argumentation kommt es dabei in erster Linie darauf an, dass der Wille uns dazu bestimmt zu handeln. Ein ›guter Wille‹ wäre dementsprechend als eine Art und Weise zu erläutern, wodurch oder wie wir uns zum Handeln bestimmen. Jedoch kann es durchaus als rätselhaft erscheinen, wie ein Wille uns überhaupt zum Handeln bestimmen kann, wenn er als ›reiner Wille‹ unabhängig von aller Erfahrung gefasst werden soll. Aus dieser zunächst negativen Charakteristik des Willens gewinnt Kant jedoch letztlich eine positive Bestimmung. Ein ›guter Wille‹ muss zunächst prinzipiell davon Abstand nehmen, uns mit Bezug auf Gegenstände, inhaltlich spezifizierte Zwecke oder materiale Werte zur Handlung zu bestimmen. Wenn er dies täte, dann wählte er zum »Bestimmungsgrund« (GMS, BA 16) seiner selbst und damit des Handelns die Erfahrung und aller Anspruch der praktischen Philosophie auf strikte Notwendigkeit und Allgemeinheit wäre unvermeidlich dahin (vgl. KpV, A 38–40).

Wenn der Wille uns zum moralischen Handeln bestimmen und also ein ›guter Wille‹ sein soll, dann bedarf er folglich eines alternativen ›Bestimmungsgrunds‹ unabhängig von Erfahrung. Worin könnte ein solcher apriorischer Bestimmungsgrund jedoch bestehen? Kant bedient sich hier einer Argumentationsfigur, die bereits aus seiner theoretischen Philosophie vertraut ist: Das apriorische Element der Erfahrung hatte Kant auf verschiedenen Ebenen stets durch Formen oder Regeln bestimmt. Nun soll sich auch das apriorische Element der Handlung als eine Form oder Regel bestimmen lassen (vgl. KpV, A 48 f.), nämlich durch die »allgemeine Gesetzmäßigkeit der Handlungen überhaupt« (GMS, BA 17). Jedoch unterscheidet sich diese einschneidend von den ›Gesetzmäßigkeiten‹ der Natur: Die Naturgesetze herrschen über alle möglichen Gegenstände der Erfahrung, weil unsere Anschauungen nur durch die Regeln des Verstandes auf solche Gegenstände bezogen werden können (siehe S. 100–104). Die ›Gesetzmäßigkeit der Handlungen‹ soll dem Willen dagegen zuallererst als Bestimmungsgrund für unser Handeln dienen. Entsprechende Gesetze beherrschen also nicht Handlungen, die gegeben sind und die wir erfahren, sondern wir stellen sie uns vor, um zu entscheiden, wie wir handeln sollen, und schließlich tatsächlich zu handeln: »Ein jedes Ding der Natur wirkt nach Gesetzen. Nur ein vernünftiges Wesen hat das Vermögen, *nach der Vorstellung* der Gesetze, d.i. nach Prinzipien, zu handeln, oder einen Willen.« (GMS, BA 36) Der Bestimmungsgrund, auf den sich der Wille unabhängig von der Erfahrung beziehen kann, ist demnach nichts anderes als die ›Vorstellung der Gesetze‹. Kant geht zumindest an dieser Stelle sogar so weit, den Willen mit dieser ›Vorstellung der Gesetze‹ zu identifizieren. Dies ist insofern durchaus konsequent, als der Wille uns durch die ›Vorstellung der Gesetze‹ zum Handeln bestimmen soll.

Unweigerlich drängt sich damit die Frage auf, welche Gesetze vorgestellt werden und unser Handeln bestimmen sollen. Nach der Anlage des Arguments können die Gesetze nicht unserer Erfahrung entspringen. Woher also Gesetze für unser Handeln nehmen? Wie ein »moralisches Gesetz« ausfindig machen, durch dessen Vorstellung wir moralisch handeln können? Kant formuliert genau diesen Anspruch: »Es kann daher nichts anders als die *Vorstellung des Gesetzes* an sich selbst [...], so fern sie [...] der Bestimmungsgrund des Willens ist, das so vorzügliche Gute, welches wir sittlich nennen, ausmachen« (GMS, BA 15 f.). Die Pointe seiner Argumentation ist nun, dass das moralische Gesetz nicht gegeben sein muss, damit wir es uns vorstellen und unser Handeln bestimmen können. Vielmehr argumentiert Kant, dass die Vorstellung von möglichen ›Gesetzen‹ unseres Handelns uns zuallererst ermöglicht, das Gesetz zu ermitteln, das uns zum *moralischen* Handeln bestimmt.

Ausgangspunkt ist dabei ein beliebiges ›Gesetz‹, das Kant auch eine »Maxime« (GMS, BA 51, Anm.) nennt, wenn es lediglich ein »subjektives Prinzip zu handeln« ist, ohne dass damit ein moralischer Anspruch verbunden sein müsste. Es kann und soll nach Kant sodann jedoch gefragt werden, wann eine solche Maxime ein moralisches Gesetz sein kann. Das entscheidende Kriterium sieht er darin, dass moralisches Handeln allgemein verbindlich sein muss: Nur wenn es mir also wünschenswert erscheint, dass alle ihr Handeln nach meiner Maxime bestimmen, dann eignet sich diese für ein allgemein verbindliches moralisches Gesetz und kann auch ich meinen Entschluss zur Handlung auf sie begründen: »ich soll niemals anders verfahren, als so, *daß ich auch wollen könne, meine Maxime solle ein allgemeines Gesetz werden*« (GMS, BA 17). Die Frage ist also nicht, woher wir ein moralisches Gesetz nehmen könnten. Vielmehr gilt es zu prüfen, ob die Maxime des eigenen Handelns auch anderen als Maxime dienen sollte und ein geeignetes allgemeines und verbindliches Gesetz wäre. Diesen Gedanken bringt Kant auch in die berühmte Form des »kategorischen Imperativs«: »*handle nur nach derjenigen Maxime, durch die du zugleich wollen kannst, daß sie ein allgemeines Gesetz werde*« (GMS, BA 52).

Ein guter Wille zeichnet sich demnach dadurch aus, dass er als Bestimmungsgrund unseres Handelns allein die Vorstellung eines Gesetzes gelten lässt, und zwar nur eines solchen Gesetzes, das uns auch als allgemeines Gesetz für alle Handlungen und das Handeln aller wünschenswert erscheint: »Deine Handlungen mußt Du also zuerst nach ihrem subjectiven Grundsatze betrachten: ob aber dieser Grundsatz auch objectiv gültig sei, kannst Du nur daran erkennen, daß [...] er sich zu einer solchen allgemeinen Gesetzgebung qualificire.« (AA 06: 225) Eine moralische Handlung wäre eine solche, zu der wir uns aufgrund einer solchen ›allgemeinen Gesetzgebung‹ entschließen. Eine Konsequenz dieser Argumentation ist, dass sich eine moralische Tat bei Kant weder an der guten Absicht noch an den wünschenswerten Folgen bemisst (vgl. GMS, BA 13 f. und 3 f.). Ebenso wenig wird sie zur moralischen Tat dadurch, dass sie ein besonderes, gutes Objekt anstrebt. Es ist vielmehr allein die zum allgemeinen Gesetz taugliche Maxime, die diese Handlung moralisch macht und zugleich die Objekte bestimmt, die wir wollen sollen (vgl. KpV, A 59–61). Es ist, so hält Kant nicht zuletzt der philosophischen Tradition entgegen, die die praktische Philosophie auf einem höchsten Gut errichten wollte (vgl. KpV, A 100–114), allein die ›Vorstellung des Gesetzes‹ oder das »*Prinzip des Willens*« (GMS, BA 14) entscheidend.

Dieser Grundzug von Kants praktischer Philosophie, den Willen und die »Tauglichkeit seiner Maximen zu seiner eigenen allgemeinen Gesetzgebung« (GMS, BA 88) als alleinige Grundlage der Moralität zu betrachten, weitet nicht nur die Perspektive der praktischen Philosophie über die einzelne Handlung und ihre moralische Bewertung hin aus. Er bringt mit der Verbindlichkeit unter Handelnden, einzelne Handlungen prinzipiell auszuschießen oder wechselseitig zu gewährleisten, auch die Grundlagen dessen in den Blick, was wir das Zusammenleben oder Gemeinwesen der Handelnden nennen können.

Ein Beispiel ist hilfreich, um diese Perspektive verständlicher zu machen. Das vermutlich berühmteste und vielleicht kontroverseste Beispiel von Kants praktischer Philosophie ist wohl das strikte Verbot zu lügen beziehungsweise, was Kant kaum davon unterscheidet, ein Versprechen abzugeben ohne die Absicht, es auch halten zu wollen (vgl. GMS, BA 18 f. und 54 f.). Kant gesteht ein, dass es möglich ist, sich durch ein solches Versprechen »aus einer gegenwärtigen Verlegenheit zu ziehen«. Er gibt aber auch zu bedenken, dass langfristig gesehen daraus auch umso größere Unannehmlichkeiten entstehen können. Letztlich ist das schwer abzuschätzen, so dass es unter Umständen auch klüger wäre, jedes »lügenhafte Versprechen« zu vermeiden. Aber auch diese Schlussfolgerung ist Kant zufolge zu verwerfen, weil sie sich darauf bezieht, wie die Folgen des eigenen Handelns »schlau« zu kalkulieren und der eigene Vorteil zu gewährleisten oder zu maximieren ist. Dagegen fordert der kategorische Imperativ zu prüfen, ob man die Maxime, »mich durch ein unwahres Versprechen aus Verlegenheit zu ziehen«, auch als »allgemeines Gesetz (sowohl für mich als andere)« wollen könne. Diese Prüfung ist Kant zufolge so einfach, wie ihr Befund eindeutig ist, da »ich zwar die Lüge, aber ein allgemeines Gesetz zu lügen gar nicht wollen könne; denn nach einem solchen würde es eigentlich gar kein Versprechen geben, weil es vergeblich wäre, meinen Willen in Ansehung meiner künftigen Handlungen andern vorzugeben, die diesem Vorgeben doch nicht glauben [...] würden, mithin meine Maxime, so bald sie zum allgemeinen Gesetze gemacht würde, sich selbst zerstören müsse.« (GMS, BA 19)

Woran scheitert also die in diesem Beispiel betrachtete Maxime? Es sind nicht die Folgen dieser einen Handlung, die infrage steht, sondern vielmehr die Konsequenzen für das Zusammenleben der Menschen, wenn jeder nach derselben Maxime handelte. Die Maxime erscheint so betrachtet in sich widersprüchlich, weil sie das Versprechen voraussetzt, es aber doch zugleich unterläuft. Da es sich hier nicht um einen Widerspruch zwischen Aussagen handelt, wäre es aber sehr viel präziser, davon zu sprechen, dass diese Maxime die Praxis des Versprechens hintertreibt, indem sie sich das in ihr gewährte Vertrauen missbräuchlich zunutze macht und diese Praxis in der Konsequenz so sehr aushöhlen könnte, dass sie schließlich zusammenbrechen würde. Allgemeiner formuliert bedienen sich Handlungen einer solchen Maxime folgend der Normen des Zusammenlebens derart missbräuchlich, dass sie dieses letztlich untergraben. Weil der kategorische Imperativ die Maxime auf seine Verallgemeinerbarkeit hin prüft, verschiebt sich die Perspektive folglich von der einzelnen Handlung und ihren etwaigen Folgen zu den Grundlagen aller Handlungen und des Gemeinwesens der Handelnden. Der gute Wille wird unser Handeln an Maximen ausrichten, die diese Grundlagen gewährleisten, und alle Maximen und Handlungen ausnahmslos verwerfen, die diese Grundlagen aufs Spiel setzen.

Dieses Absehen auf die Grundlagen der Handlungen und des Gemeinwesens erklärt auch einen Zug von Kants praktischer Philosophie, der heutige Leserinnen durchaus befremden kann. Kants praktische Philosophie billigt dem Begriff der Pflicht eine zentrale Rolle zu und unterscheidet scharf zwischen einer »pflichtmäßigen Handlung» und einer Handlung »aus Pflicht« (vgl. GMS, BA 8–13). Darunter ist zu verstehen, dass es nicht ausreicht, dass wir so handeln, wie ein guter Wille bestimmen würde, dabei aber vielleicht auch unseren »Neigungen« folgen. Eine solche Handlung wäre zwar äußerlich dieselbe Handlung wie die moralische Handlung. Sie hätte aber nicht deren moralischen Wert, weil der Entschluss zur moralischen Handlung allein auf der Vorstellung einer Maxime und deren Tauglichkeit zum allgemeinen Gesetz beruhen darf. Diese strikte Forderung begründet sich wiederum dadurch, dass es Kant um die Grundlagen unseres Gemeinwesens zu tun ist. Dieses Gemeinwesen kann nach Kants Ansicht unmöglich in Handlungen begründet sein, die wie Handlungen aus Neigung wie alle Neigungen selbst wandelbar, ungewiss und zufällig sind (vgl. GMS, BA X). Vielmehr bedarf es dazu eines allgemeinen Gesetzes, das uns zu Handlungen *aus Pflicht* notwendig bestimmt, zu denen wir uns also um willen dieses Gesetzes und der Grundlagen unseres Gemeinwesens entschließen: »*Pflicht ist Notwendigkeit einer Handlung aus Achtung fürs Gesetz.*« (GMS, BA 14)

Ein solcher Satz mag in unseren Ohren einen scharfen Ton haben. Aber ›Gesetz‹ meint hier nicht das staatliche Gesetz, das in den Totalitarismen des 20. Jahrhunderts sich als nützliches Instrument erwiesen hat, die Grundlagen des Gemeinwesens auszuhöhlen und ungeheure Verbrechen zu begehen. Kant geht es gerade nicht darum, dass Gesetze bestimmte Handlungen oder ihre Unterlassung ungeachtet der persönlichen Motivation oder des individuellen Entschlusses verbindlich machen. Vielmehr kommt beim ›moralischen Gesetz‹ alles auf die Einsicht des Wollens in die ›Tauglichkeit seiner Maximen zu seiner eigenen allgemeinen Gesetzgebung‹ an (vgl. AA 06: 218–221). Es wäre daher zumindest möglich, mit Kant zu argumentieren, dass die staatlichen Gesetze einer Prüfung und Kritik anhand der Tauglichkeit der Maximen bedürfen. Die Schärfe von Kants Pflichtbegriff könnte so gerade auch eine Möglichkeit eröffnen, den Missbrauch von staatlichen Gesetzen infrage zu stellen, und artikuliert auch in dieser Hinsicht eine Sorge um die Grundlagen des Zusammenlebens und Gemeinwesens, die durch staatliche Gesetze nicht immer gewährleistet werden.

5.2 Auf der Schwelle zum Reich der Zwecke

Im vorangegangenen Abschnitt haben wir verfolgt, wie Kant die Moralität einer Handlung allein davon abhängig macht, ob der Entschluss zu dieser Handlung durch eine Maxime begründet und diese Maxime auch zur ›allgemeinen Gesetzgebung‹ tauglich ist. Es kommt demnach letztlich auf ein allgemeines Gesetz an, das uns verpflichtet, das uns Achtung einflößt und mit Notwendigkeit zu handeln gebietet. In dieser Argumentation sind wir jedoch sehr schnell von der Perspektive eines Handelnden und seiner persönlichen Maxime zu einem allgemeinen Gesetz übergegangen, das für alles Handeln gelten soll. Dadurch haben wir aber außer Acht gelassen, dass dieses Gesetz, insofern es allgemein ist, wie für das eigene zukünftige Handeln auch für die Handlungen anderer gelten soll. Ein »allgemeines Gesetz (sowohl für mich als andere)« (GMS, BA 19) kann jedoch kaum auf meiner Gesetzgebung allein beruhen, sondern nur auf einer ›allgemeinen Gesetzgebung‹, die mich wie andere einschließt. Anders gesagt zielt diese Gesetzgebung nicht nur auf die Grundlagen unseres Zusammenlebens ab, wie wir betont haben. Sie findet auch nur im Zusammenleben oder im Gemeinwesen der Handelnden statt.

Es ist durchaus überraschend, dass Kant diesen Aspekt seiner praktischen Philosophie mithilfe des Begriffs des Zwecks behandelt. Denn dieser Begriff mag sich der praktischen Philosophie zwar insofern aufdrängen, als sie es mit Handlungen und dem Willen zu tun hat: Anders als natürliche Ereignisse, die nach der *Kritik der reinen Vernunft* in Kausalketten stattfinden und bestimmt werden, handeln wir um unserer Ziele und Zwecke willen. Den Willen, der uns zum Handeln bestimmt, bezeichnet Kant daher auch gelegentlich als das »Vermögen der Zwecke« (KpV, A 103). Jedoch bezieht sich eine solche Beschreibung zuallererst auf das individuelle Handeln und Wollen, das sich Zwecke setzt und sie zu realisieren sucht.

Zur Analyse des Zweckbegriffs geht Kant daher auch zunächst von den »hypothetischen Imperativen« aus (vgl. GMS, BA 39–44). Solche Imperative setzen einen individuellen Zweck voraus, der meist kein unmittelbares Ziel einer einzelnen Handlung oder unseres Willens bezeichnet, sondern ein ferneres Ziel, das wir nur in einer Abfolge von Handlungen realisieren können. Es bedarf dazu meist der Mittel, ob nun technischer Hilfsmittel und der erforderlichen Kompetenzen, der umsichtigen Planung von Handlungen, der Umwege oder Zusammenarbeit. Wo wir es auf einen Zweck abgesehen haben, sind Mittel zum Zweck selten weit und meist sehr zahlreich. Ein hypothetischer Imperativ empfiehlt unter Voraussetzung eines Zwecks nun die geeigneten Mittel, gebietet also, dies oder jenes zu tun, um das selbst gesteckte Ziel zu erreichen: »Wenn Du Dein Buch bald fertigstellen willst, dann solltest Du Dich um ein geregeltes Leben bemühen!« Ihr Sollen steht damit unter der Annahme oder Hypothese eines Zwecks und wird durch diesen vorgängigen Zweck gerechtfertigt: Wenn ich einen Zweck anstrebe, dann muss ich auch die geeigneten und nötigen Mittel wollen, sofern ich denn vernünftig handle. Kant bezeichnet diese Imperative in Analogie zur theoretischen Philosophie daher auch als analytisch: Wie ein Satz, der vom Begriff nur aussagt, was schon in ihm enthalten ist, seine Wahrheit in sich selbst trägt, rechtfertigt der hypothetische Imperativ sein Gebot allein für sich, weil der vorausgesetzte Zweck die Mittel eben erfordert (vgl. GMS, BA 44–48).

Kant geht auf diese hypothetischen Imperative allerdings nur ein, um sie letztlich aus der praktischen Philosophie auszuschließen. Sie artikulieren Zweck-Mittel-Beziehungen, die für das alltägliche Handeln von zentraler Bedeutung sein mögen, aber kein Gegenstand einer praktischen Philosophie sind, die die Moralität der Handlung allein an der Maxime des Handelns und an deren Tauglichkeit zu einem allgemeinen Gesetz misst: »Man muß *wollen können*, daß eine Maxime unserer Handlung ein allgemeines Gesetz werde: dies ist der Kanon der moralischen Beurteilung derselben überhaupt.« (GMS, BA 57; vgl. BA 49 f. und 63 f.) Der kategorische Imperativ setzt daher gerade keinen Zweck voraus, weshalb man auch vermuten könnte, dass Kant in seiner weiteren Erläuterung des kategorischen Imperativs auf den Begriff des Zwecks verzichtet.

Ganz im Gegenteil gibt Kant dem Begriff des Zwecks eine neue Form, die ihm hilfreich scheint, um den kategorischen Imperativ weiter zu erläutern und insbesondere die Rolle des Gemeinwesens der Handelnden deutlicher zu machen.[5] Ausgangspunkt ist dabei folgende Frage: »Gesetzt aber, es gäbe etwas, *dessen Dasein an sich selbst* einen absoluten Wert hat, was, als *Zweck an sich selbst*, ein Grund bestimmter Gesetze sein könnte, so würde in ihm, und nur in ihm allein, der Grund eines möglichen kategorischen Imperativs, d.i. praktischen Gesetzes, liegen.« (GMS, BA 64) Kant versucht mit diesem ›Zweck an sich selbst‹ also etwas zu denken, das auf den ersten Blick widersinnig scheinen kann. Es handelt sich um einen Zweck, dessen Zweckcharakter nicht davon abhängt, dass er als Zweck gewählt oder gesetzt wurde. Er kann daher auch als ein objektiver Zweck verstanden werden, da er von keiner subjektiven Zwecksetzung und individuellen Wahl abhängt. Er hat insofern einen »absoluten Wert« (GMS, BA 65), als er nichtsdestotrotz den Anspruch erhebt, »notwendig für jedermann Zweck« (GMS, BA 66) zu sein. Ein ›Zweck an sich selbst‹ würde demnach gut zum kategorischen Imperativ passen, weil er für alle einen notwendigen Zweck ihres Handelns darstellen würde.

Ein solcher Zweck scheint auf den ersten Blick ein Unding. Kant ist jedoch gegenteiliger Ansicht. Er vertritt nämlich die These, dass jeder Mensch und jedes ›vernünftige Wesen‹ als ›Zweck an sich selbst‹ gelten muss. Damit ist vor dem Hintergrund der Erörterung der hypothetischen Imperative zunächst gemeint, dass ein solcher Zweck für alle und immer Zweck sein muss und niemals auf ein Mittel reduziert werden darf: Jeder Mensch muss »in allen seinen, sowohl auf sich selbst, als auch auf andere vernünftige Wesen gerichteten Handlungen jederzeit *zugleich als Zweck* betrachtet werden« (GMS, BA 64). Bei subjektiv gesetzten Zwecken ist das anders: Das Traumauto, das für den einen scheinbar einen absoluten Wert hat und das er deshalb niemals eintauschen würde, verkauft der nächste ohne Weiteres, um eine Weltreise machen zu können. Es handelt sich hier jedoch nicht nur um subjektive Zwecke, sondern auch um Dinge und »Sachen«, die einen »Preis« haben. Die »Zwecke an sich selbst« sind dagegen »Personen«, die keinen Preis, sondern »Würde« haben (vgl. GMS, BA 65 und 76–79). Entsprechend reformuliert Kant den kategorischen Imperativ in der folgenden Form: »Der praktische Imperativ wird also folgender sein: *Handle so, daß du die Menschheit, sowohl in deiner Person, als in der Person eines jeden andern, jederzeit zugleich als Zweck, niemals bloß als Mittel brauchst.*« (GMS, BA 66)

Diese Formulierung ist zunächst nur negativ, insofern sie verbietet, vernünftige Wesen auf ein Mittel zu meinen Zwecken zu reduzieren (was aber keineswegs ausschließt, sie *auch* als Mittel zu brauchen, wenn ich beispielsweise einem Techniker den Auftrag gebe, meinen Computer wieder in Ordnung zu bringen). Es ist aber zuallererst die positive Forderung, alle vernünftigen Wesen als ›Zwecke an sich *selbst*‹ zu sehen, die dazu überführt, die ›allgemeine Gesetzgebung‹ auf das Gemeinwesen der Handelnden zu beziehen. Die grundlegende Idee ist dabei, dass jede Person deshalb ein Zweck an sich selbst ist, weil auch sie »ein Grund bestimmter Gesetze« (GMS, BA 64) ist. Die Selbstgesetzgebung führt somit nicht unmittelbar von der Perspektive meines eigenen Handelns zur ›allgemeinen Gesetzgebung‹ über, sondern vermittelt sich zugleich mit den Perspektiven von anderen Handelnden und also ›Gründen‹ von Gesetzgebung. Dieser Aspekt der Argumentation steht nicht unbedingt im Zentrum von Kants Aufmerksamkeit, wird aber in beiläufigen Beobachtungen doch deutlich: »das Subjekt, welches Zweck an sich selbst ist, dessen Zwecke müssen, wenn jene Vorstellung bei mir *alle* Wirkung tun soll, auch, so viel möglich, *meine* Zwecke sein« (GMS, BA 69).

Demnach bin ich mir dessen bewusst, dass auch andere vernünftige Wesen die Perspektive des Handelns einnehmen, so dass ich aber davon ausgehen muss, dass meine eigene Perspektive ebenso von deren Perspektive aus wahrgenommen werden kann: Jedes vernünftige Wesen wird so »seine Maximen jederzeit aus dem Gesichtspunkte seiner selbst, zugleich aber auch jedes andern vernünftigen als gesetzgebenden Wesens (die darum auch Personen heißen) nehmen« (GMS, BA 83) müssen. Die Perspektive des Handelns und der Selbstgesetzgebung ist folglich ebenso eine eigene wie allgemeine Perspektive, so dass die praktische Philosophie es mit einem komplexen Gewebe sozialer Beziehungen und sozialer Reflexivität zu tun bekäme.

Kants Augenmerk liegt aber in erster Linie darauf, dass der »Grund aller praktischen Gesetzgebung« (GMS, BA 70) als die Gesamtheit der handelnden und vernünftigen Wesen zu bestimmen ist. Im Bewusstsein dessen, dass *jedes* vernünftige Wesen die Perspektive des Handelns einnimmt, um sich selbst durch subjektive Maximen zum Handeln zu bestimmen und die ›Tauglichkeit seiner Maximen zu seiner eigenen allgemeinen Gesetzgebung‹ zu prüfen, gelangen wir nämlich zur »Idee *des Willens jedes vernünftigen Wesens als eines allgemein gesetzgebenden Willens*« (GMS, BA 70). Wir können daraus jedoch folgern, dass kein Handelnder einem allgemeinen Gesetz unterworfen ist, dass er sich nicht selbst gegeben hätte. Jedes Gesetz, das er befolgen soll, hat er sich selbst (wie andere auch sich selbst) gegeben: »Der Wille wird also nicht lediglich dem Gesetze unterworfen, sondern so unterworfen, daß er auch als *selbstgesetzgebend*, und eben um deswillen allererst dem Gesetze (davon er selbst sich als Urheber betrachten kann) unterworfen, angesehen werden muß.« (GMS, BA 70 f.) Anders und kürzer gesagt sind wir keinem Gesetz unterworfen, das uns bloß auferlegt wurde.[6] Wir unterliegen nur solchen Gesetzen, die wir uns auch selbst gegeben haben. Die Idee der Selbstgesetzgebung oder Autonomie im Unterschied zur Heteronomie ist daher allgemein für alle handelnden und vernünftigen Wesen (vgl. GMS, BA 73 f. und 87–89; KpV, A 58 f.).

Diese allgemeine Autonomie führt somit zu einem Gemeinwesen der Selbstgesetzgebung, dem alle vernünftigen und gesetzgebenden Wesen als Glieder angehören: »Nun ist auf solche Weise eine Welt vernünftiger Wesen (mundus intelligibilis) als ein Reich der Zwecke möglich, und zwar durch die eigene Gesetzgebung aller Personen als Glieder. Demnach muß ein jedes vernünftige Wesen so handeln, als ob es durch seine Maximen jederzeit ein gesetzgebendes Glied im allgemeinen Reiche der Zwecke wäre.« (GMS, BA 83) Da es Kant vorrangig um die Selbstgesetzgebung geht und die Grundlagen eines Gemeinwesens von Handelnden, insofern sie ebenso notwendig wie allgemein und damit Gegenstand eines apriorischen Wissens von den Gesetzen des Sollens sind, sieht er »von dem persönlichen Unterschiede vernünftiger Wesen, imgleichen allem Inhalte ihrer Privatzwecke« ab und betont den systematischen Charakter dieses Gemeinwesens: »Ich verstehe aber unter einem *Reiche* die systematische Verbindung verschiedener vernünftiger Wesen durch gemeinschaftliche Gesetze. [...] [V]ernünftige Wesen stehen alle unter dem *Gesetz*, daß jedes derselben sich selbst und alle andere *niemals bloß als Mittel*, sondern jederzeit *zugleich als Zweck an sich selbst* behandeln solle. Hiedurch aber entspringt eine systematische Verbindung vernünftiger Wesen durch gemeinschaftliche objektive Gesetze, d. i. ein Reich, welches, weil diese Gesetze eben die Beziehung dieser Wesen auf einander, als Zwecke und Mittel, zur Absicht haben, ein Reich der Zwecke (freilich nur ein Ideal) heißen kann.« (GMS, BA 74 f.)

Kants kurz gefasste Überlegungen zum ›Reich der Zwecke‹ lassen nicht wenige Fragen aufkommen, die kaum einhellig zu beantworten sein werden. Es kann und muss aber klargestellt werden, dass sie nicht als Beschreibung unserer Lebenswirklichkeit missverstanden werden sollten. Wir können dies am Begriff des vernünftigen Wesens deutlich machen, der in den vorangehenden Zeilen unter der Hand eingeführt wurde. Für Kant ist dieser Begriff zunächst von Bedeutung, weil er behauptet, seine praktische Philosophie sei unabhängig von den empirischen Besonderheiten des Menschen und gelte daher auch für alle anderen vernünftigen Wesen, wenn es denn solche gäbe (vgl. GMS, BA 28 f. und 59 f.). Sodann ist der Begriff des vernünftigen Wesens jedoch deshalb zentral, weil wir Menschen Kant zufolge zwar vernünftig, aber keine *rein* vernünftigen Wesen sind. Wir sind auch leibliche Wesen mit körperlichen Bedürfnissen und sinnlichen Neigungen. Daher sind wir immer dazu verleitet, uns von den Gegenständen, nach denen es uns verlangt, zum Handeln bewegen zu lassen: »Der Wille gibt alsdenn sich nicht selbst, sondern das Objekt durch sein Verhältnis zum Willen gibt diesem das Gesetz.« (GMS, BA 88) Der Mensch bewegt sich infolgedessen konstitutiv im Zwiespalt zwischen der Autonomie des Vernunftwesens und der Heteronomie des Sinnenwesens, das Kant auch oft mit dem tierischen Dasein besetzt (vgl. KpV, A 107–109 und 288 f.).

Diese Spannung zwischen der vernünftigen und der sinnlichen Bestimmung des Menschen bildet den Hintergrund von zahlreichen Begriffen, die dieser Abschnitt diskutiert hat. Weil wir keine rein vernünftigen Wesen sind, haben wir keinen »vollkommen guten« oder, wie Kant auch sagt, *»heiligen* Willen« (GMS, BA 39), für den Sollen und Wollen in eins fällt. Deshalb bedürfen wir überhaupt der Imperative und ihres Sollens, das uns zum moralischen Handeln anleitet (vgl. GMS, BA 36–39; KpV, A 56–58). Gegenüber unseren sinnlichen Bedürfnissen und Verlangen wirkt ein Imperativ dabei geradezu als ›Nötigung‹. Seine Macht, sich gegen unsere Neigungen dennoch durchzusetzen, flößt uns daher zugleich die ›Achtung‹ ein, die wir dem moralischen Gesetz erweisen (vgl. KpV, A 126–142). Die Achtung ist demnach ein »durch einen Vernunftbegriff *selbstgewirktes* Gefühl« (GMS, BA 16, Anm.), das die Handlung ›aus Pflicht‹ begleitet (vgl. KpV, A 142–147). Es ist aber die Aufgabe der praktischen Vernunft, auf diese Weise einen *»an sich selbst guten Willen* hervorzubringen« (GMS, BA 7; vgl. BA 36 f.).

Kant träumt in seiner praktischen Philosophie aber nicht davon, den Menschen seines sinnlichen Daseins zu berauben und ihm so einen heiligen Willen zu verschaffen. Vielmehr zielt er darauf ab, die Selbstgesetzgebung gegenüber der Bestimmung unserer Handlungen durch die Gegenstände, nach denen es uns verlangt, den Vorrang erlangen zu lassen. In Kants Diskussion der Glückseligkeit wird diese Absicht besonders deutlich. Unter dem Begriff der Glückseligkeit fasst Kant allgemein gesagt das »Interesse« an unserem körperlichen Wohlbefinden und eigenem Wohlergehen (vgl. KpV, A 40). Sie ähnelt insofern dem Glück, wie es in den letzten Jahren in der Philosophie vermehrt diskutiert und meist als gelungenes Leben ausbuchstabiert wurde. Was uns heute als Ziel der eigenen Lebensführung erscheinen mag, hält Kant dagegen insofern für problematisch, als es unser sinnlich-körperliches Dasein zum Maßstab unseres Handelns macht. Er gesteht zwar zu, dass eigene Bedürfnisse keineswegs ignoriert werden müssten oder außer Acht gelassen werden sollten. Sie sind aber in erster Linie deshalb zu berücksichtigen, weil das eigene Wohlergehen eine faktische Bedingung unseres moralischen Handelns und unserer Autonomie darstellt (vgl. KpV, A 108 f. und 166 f.). Wenn die praktische Vernunft darauf abzielt, einen ›an sich selbst guten Willen hervorzubringen‹, dann wendet sie sich also keineswegs gegen das körperliche Dasein des Menschen, sondern behauptet vielmehr den Vorrang der Autonomie, unter deren Maßgabe den Bedürfnissen des Menschen aber zugleich Rechnung getragen werden muss.

Das eigentliche Ziel von Kants praktischer Philosophie bleibt aber das Reich der Zwecke, das Gemeinwesen der Selbstgesetzgebung aller vernünftiger Wesen. Unter der Voraussetzung unseres körperlichen Daseins stehen wir zwar zuallererst auf der Schwelle zu diesem Reich vollkommener Autonomie vernünftiger Wesen und können diese Schwelle wohl auch niemals überschreiten, um in das ›Reich der Zwecke‹ einzutreten und alles andere als das moralische Gesetz hinter uns zu lassen (vgl. KpV, A 147–150). Deshalb ist dieses Reich aber umso mehr »eine praktische Idee, um das, was nicht da ist, aber durch unser Tun und Lassen wirklich werden kann, und zwar eben dieser Idee gemäß, zu Stande zu bringen« (GMS, BA 80, Anm.). Wie sehr Kant hierin nicht nur ein theoretisches Argument, sondern auch eine politische Forderung sah, wird vor allem in seiner späteren Schrift *Zum ewigen Frieden* von 1795 deutlich, wenn er den »Republikanismus« als die »einzige vollkommen rechtliche Verfassung« (AA 08: 353) des Staatswesens versteht. Auch sie vereint nämlich »die *Freiheit* der Glieder einer Gesellschaft (als Menschen)«, die »*Abhängigkeit* aller von einer einzigen gemeinsamen Gesetzgebung (als Unterthanen)« und ihre »*Gleichheit* [...] (*als Staatsbürger*)« (AA 08: 353). Wenn das ›Reich der Zwecke‹ auf den ersten Blick eine luftige Träumerei zu sein scheint, dann erweist sie sich bei genauerem Hinsehen doch als ziemlich praktische Idee und letztlich politische Forderung.

5.3 Freiheit im Gesetz

Die Grundzüge von Kants praktischer Philosophie wurden in den beiden vorangehenden Abschnitten dieses Kapitels vorgestellt, ohne zwei zentrale Herausforderungen zu behandeln oder auch nur zu erwähnen. Da wir mit der *Grundlegung zur Metaphysik der Sitten* nochmals neu und unabhängig von der *Kritik der reinen Vernunft* angesetzt haben, stellt sich zunächst die Frage nach dem systematischen Zusammenhang von Kants praktischer und theoretischer Philosophie. Diesen Zusammenhang skizziert bereits die *Grundlegung zur Metaphysik der Sitten*, indem sie vor allem im abschließenden Abschnitt auf die *Kritik der reinen Vernunft* zurückgreift und in seinem Titel den »Letzten Schritt von der Metaphysik der Sitten zur Kritik der reinen praktischen Vernunft« zu machen verspricht. Im sachlichen Zentrum dieser Verknüpfungen, die die *Kritik der praktischen Vernunft* aufgreift und ausführt, steht sodann die zweite zentrale Herausforderung von Kants praktischer Philosophie. Gestützt auf die Begrifflichkeiten der *Kritik der reinen Vernunft* versteht Kant den kategorischen Imperativ nämlich als einen synthetischen Satz und hält daher eine Begründung für erforderlich (vgl. GMS, BA 50 und 95). Ganz im Stile der ersten Kritik nennt er auch diese Begründung eine ›Deduktion‹.

Einen roten Faden von Kants Überlegungen bildet dabei der Begriff der Freiheit. Dieser Begriff ist in der praktischen Philosophie Kants zunächst gar nicht so prominent, wie man erwarten könnte, weshalb wir bislang auch ohne ihn ausgekommen sind. Er wird aber spätestens zentral, wenn Kant den systematischen Zusammenhang von theoretischer und praktischer Philosophie zu knüpfen sucht. Die Verbindung mit der praktischen Philosophie ergibt sich Kant dabei relativ leicht: Jedes moralische Handeln setzt Freiheit voraus (vgl. GMS, BA 99–101). Da dieses Handeln aber auf Autonomie beruht, hat Freiheit bei Kant nichts mit Wahlfreiheit oder Kontingenz zu tun: Es geht hier nicht darum, dass ich dies oder jenes tun oder auch lassen kann. Vielmehr ist Freiheit für Kant untrennbar verbunden mit der Autonomie oder

Selbstgesetzgebung im moralischen Handeln, die uns unsere Freiheit so auch zuallererst bewusst macht (vgl. GMS, BA 97 f., KpV, A 5, Anm., und 52–54). In der praktischen wie der theoretischen Philosophie haben wir es also mit Gesetzen zu tun, »Gesetzen der *Natur*, oder der *Freiheit*« (GMS, BA IV). Der Unterschied ist lediglich darin zu sehen, dass wir uns die ›Gesetze der Freiheit‹ selbst geben, um uns zum Handeln zu bestimmen. Weil wir Handlungen demnach gesetzmäßig hervorbringen, wie die Gegenstände unserer Erfahrung gemäß den ›Gesetzen der Natur‹ durch kausale Verursachung entstehen, spricht Kant in einer durchaus fragilen Analogie auch mit Blick auf unser Handeln von einer ›Kausalität durch Freiheit‹ (vgl. KpV, A 87–100).

Die Verbindung zwischen theoretischer und praktischer Philosophie versucht Kant nun vor allem dadurch zu knüpfen, dass er diese beiden Kausalitäten möglichst eng aufeinander bezieht. Dabei ist es jedoch wesentlich, dass er die prinzipielle Differenz nicht außer Acht lässt, die es überhaupt nur erlaubt, diese beiden Kausalitäten ohne Widerspruch zusammen zu denken. Bereits in der *Kritik der reinen Vernunft* hatte Kant nämlich argumentiert, dass die Gegenstände der Erfahrung und damit die Natur insgesamt von Kausalgesetzen beherrscht sind, es aber dennoch zumindest denkbar bleibt, dass dieselben Erscheinungen zugleich durch ›Dinge an sich‹ verursacht werden, was wir allerdings prinzipiell nicht erkennen können (vgl. KrV, A 536 f./B 564 f.). Wie wir bereits gesehen haben, greift hier bereits die *Kritik der reinen Vernunft* der praktischen Philosophie vor: Handelnden Subjekten (als ›Dinge an sich‹ betrachtet) käme demnach insofern eine »Kausalität durch Freiheit« zu, als ihre Handlungen als Erscheinungen zwar wie alle Erscheinungen kausal bestimmt sind, sie aber doch zugleich auf das Subjekt als ihre ›intelligible Ursache‹ bezogen werden können (vgl. KrV, A 538–547/B 566–575; GMS, BA 113–116).

Die *Kritik der reinen Vernunft* hat somit bereits gezeigt, dass die Kausalität »nach der *Natur*, oder aus *Freiheit*« (KrV, A 532/B 560) ohne Widerspruch nebeneinander zu denken sind. Sie ist aber insofern noch ein Stück weitergegangen, als sie die Annahme einer ›Kausalität der Freiheit‹ zugleich als einen Notbehelf der theoretischen Vernunft betrachtete. In der »Transzendentalen Dialektik« hatte Kant nämlich erörtert, dass die theoretische Vernunft die Kausalketten vollständig zu erfassen versuchen muss, um ein natürliches Ereignis vollständig zu bestimmen. An diesem Unterfangen muss sie aber scheitern, weil sie die Kette der Bedingungen nicht bis zu einer ersten Ursache zurückverfolgen kann. Dieser Notlage kann sie nur insofern entkommen, als sie eine Kausalität annimmt, die unabhängig von der Kausalität der Natur, aber doch im Einklang mit ihr neu anfangen könne und sie insofern davon entlastet, immer weiter in der Kette der Ursachen zurückzugehen (vgl. KrV, A533/B 561). Die Annahme einer bloß denkbaren ›Kausalität durch Freiheit‹ wird dadurch zwar weder erklärt noch begründet. Sie scheint selbst aus der Perspektive der theoretischen Philosophie jedoch insofern bekräftigt zu werden, als sie der Vernunft aus der Verlegenheit hilft.

Der Spielraum der ›Kausalität durch Freiheit‹ wird derart gleichsam von außen vermessen, weil von der Perspektive der Erkenntnis und der theoretischen Vernunft ausgegangen wird. Es ist daher wichtig zu betonen, dass die *Grundlegung zur Metaphysik der Sitten* und schließlich die *Kritik der praktischen Vernunft* genau hier ansetzen können, aber eben die Perspektive der praktischen Vernunft einnehmen und damit die ›Kausalität durch Freiheit‹ von innen her charakterisieren. Ein handelndes Subjekt kann sich nicht als Erscheinung betrachten, sondern muss sich unter die Dinge an sich oder ins ›Reich der Zwecke‹ versetzen (vgl. GMS, BA 117–120, 124). Nur in dieser Sphäre jenseits der Natur, und ihrer Gesetze kann es sich seiner selbst als handelnd bewusst sein und sich durch Vorstellung einer Maxime oder eines Gesetzes zur Handlung bestimmen.

Dieser Perspektive hat Kant in der Überarbeitung der »Deduktion der reinen Verstandesbegriffe« für die zweite Ausgabe der *Kritik der reinen Vernunft* und damit im Herzen seiner Theorie der Erkenntnis entgegengearbeitet, wie wir schon gesehen haben: Er hatte nämlich argumentiert, dass das Subjekt sich in der Handlung der Synthesis, auf der alle Erkenntnis gründet, stets auch der Spontaneität seines Verstandes und damit seiner selbst als »Intelligenz« bewusst wird (siehe S. 114–118; vgl. KrV, A 546 f./B 574 f.; GMS, BA 108). Zwar geht es hier um die synthetischen Handlungen des Verstandes, die in den Verstandesbegriffen ihre Regeln haben, und nicht um die praktische Vernunft, die sich ihre Maximen oder Gesetze vorstellt. Dennoch ist eine Verbindung zur praktischen Philosophie geschlagen, weil das Subjekt des »Actus seiner Selbsttätigkeit« (KrV, B 130) und seiner selbst als ›Intelligenz‹ bewusst wird.

Kant verknüpft auf diese Weise theoretische und praktische Philosophie so eng wie möglich, ohne die prinzipielle Differenz ihrer Perspektiven aufzuheben. In der Konsequenz hat ein »vernünftiges Wesen« wie der Mensch jedoch »zwei Standpunkte, daraus es sich selbst betrachten, und Gesetze des Gebrauchs seiner Kräfte, folglich aller seiner Handlungen, erkennen kann, *einmal*, so fern es zur Sinnenwelt gehört, unter Naturgesetzen (Heteronomie), *zweitens*, als zur intelligibelen Welt gehörig, unter Gesetzen, die, von der Natur unabhängig, nicht empirisch, sondern bloß in der Vernunft gegründet« (GMS, BA 108) sind. Es bleibt jedoch zu betonen, dass die Annahme einer solchen ›intelligiblen Welt‹ oder eines ›Reichs der Zwecke‹ in der Perspektive der praktischen Philosophie zwar unverzichtbar und insofern gerechtfertigt sein mag, dass sie aber jenseits der Erkenntnis bleibt und auch bleiben muss.

Die zweite zentrale Herausforderung von Kants praktischer Philosophie, die Begründung des kategorischen Imperativs, ist eng mit dieser Verzahnung von theoretischer und praktischer Philosophie verbunden. Sie hat jedoch eine so komplizierte wie interessante Geschichte, da auch Kant den richtigen Weg erst finden musste. Weil er den kategorischen Imperativ als einen synthetischen Satz a priori betrachtet und zu begründen versucht, führt der Abschnitt »Von der Deduktion der Grundsätze der reinen praktischen Vernunft« (KpV, A 72) zunächst weitläufig die Unterschiede zwischen synthetischen Sätzen in der theoretischen und der praktischen Philosophie aus. Diese Erörterung hat dabei zum Ziel, die apriorische Bestimmung von möglichen Gegenständen der Erfahrung und die apriorische Bestimmung des Willens durch seine Gesetzmäßigkeit möglichst scharf voneinander zu unterscheiden (vgl. KpV, A 77–79). Als er auf den kategorischen Imperativ und seine »*Deduktion*, d.i. der Rechtfertigung seiner objektiven und allgemeinen Gültigkeit« (KpV, A 80) zu sprechen kommt, scheint ihm zudem dringlich, die Begründung des kategorischen Imperativs von einer Deduktion nach dem Vorbild der theoretischen Philosophie nochmals in aller Deutlichkeit abzusetzen.

Auf den ersten Blick kann dieses Vorgehen durchaus umständlich wirken, jedoch zeigt sich bei genauerer Lektüre, dass Kant selbst hier kritisch auf seinen ersten Versuch einer ›Deduktion‹ reagiert. Die *Grundlegung zur Metaphysik der Sitten* hatte in dem Abschnitt »Wie ist ein kategorischer Imperativ möglich?« nämlich bereits eine »Deduktion« (GMS, BA 112) des kategorischen Imperativs unternommen, die sich eine Analogie zur Deduktion der synthetischen Sätze a priori im Feld der Erkenntnis zunutze machte: »[O]hngefähr so, wie zu den Anschauungen der Sinnenwelt Begriffe des Verstandes, die für sich selbst nichts als gesetzliche Form überhaupt bedeuten, hinzu kommen, und dadurch synthetische Sätze a priori, auf welchen alle Erkenntnis einer Natur beruht, möglich machen« (GMS, BA 111 f.), sollen demnach die in der Verstandeswelt durch die ›Intelligenz‹ selbst gesetzten Gesetze letztlich die Gesetze in der Sinnenwelt und genauer den synthetischen Satz des kategorischen Imperativs begründen. Diese Deduktion beruht also wesentlich darauf, dass auch in praktischer Hinsicht »*die Verstandeswelt den Grund der Sinnenwelt, mithin auch der Gesetze derselben, enthält*« (GMS, BA 111; vgl. auch BA 123).

Einen solchen Ansatz verwirft Kant in der *Kritik der praktischen Vernunft* nun jedoch in aller Schärfe. Denn die »Grundsätze des reinen theoretischen Verstandes [...] bezogen sich auf Gegenstände möglicher Erfahrung, nämlich auf Erscheinungen, und man konnte beweisen, daß nur dadurch, daß diese Erscheinungen nach Maßgabe jener Gesetze unter die Kategorien gebracht werden, diese Erscheinungen als Gegenstände der Erfahrung erkannt werden können, folglich alle mögliche Erfahrung diesen Gesetzen angemessen sein müsse. Einen solchen Gang kann ich aber mit der Deduktion des moralischen Gesetzes nicht nehmen.« (KpV, A 80) Genauer gesagt hatte Kant diesen Weg in der *Grundlegung zur Metaphysik der Sitten* eingeschlagen. Jetzt verwirft er ihn jedoch, weil das Verhältnis der apriorischen Bestimmung des Willens durch Selbstgesetzgebung zu den Imperativen in der Welt des sinnlichen Wesens offenbar ein anderes ist: Statt in der Erkenntnis Gegenstände zu bestimmen, bestimmt es den Willen zur Handlung. Wenn der Verstand beide Male ein Gesetz vorgibt, so schreibt er es zum einen den Erscheinungen und den Gegenständen der Erfahrung vor, das andere Mal aber sich selbst und seinem Handeln, so dass es an uns ist, dieses Gesetz in die Tat umzusetzen und so wirklich werden zu lassen.

Der »vergeblich gesuchten Deduktion des moralischen Prinzips« (KpV, A 82) versucht Kant jedoch nochmals eine positive

Wendung zu geben. Er setzt dabei an dem Befund an, dass die praktische Vernunft den Spielraum, den die theoretische Vernunft nur von außen vermessen kann, von innen bestimmt und *für sich* insofern als notwendig rechtfertigen kann, als jedes Subjekt seiner Freiheit und Autonomie bewusst sein und sich zudem in das ›Reich der Zwecke‹ versetzen muss, um sich zum Handeln bestimmen zu können. Auch wenn hier nichts im Sinne der theoretischen Vernunft erklärt oder begründet wird, reicht das nun aus Kants Sicht, der Kausalität durch Freiheit eine »objektive, obgleich nur praktische Realität« (KpV, A 83) zuzubilligen (vgl. KpV, A 4, 52–54, 83–87 und 241–246). Kant geht mit dieser ›objektiv-praktischen Realität‹ über die theoretische Philosophie hinaus und wagt sich noch weiter vor, wenn er auf dieser Grundlage auch von einer »praktischen Erkenntnis« (KpV, A 100 und 185) spricht. Zwar betont er immer wieder nachdrücklich, dass diese Erkenntnis und ihre Realität etwas anderes meinen als Erkenntnis und Objektivität im Sinne der *Kritik der reinen Vernunft*. Nach dem diskutierten Modell der positiven Bestimmung einer Kausalität jenseits der Natur als Kausalität durch Freiheit soll die praktische Philosophie dennoch der theoretischen Philosophie aushelfen können, wo deren Kritik an der metaphysischen Tradition in erster Linie Lücken hinterlassen hatte. Denn Kant versucht auf diese Weise in der *Kritik der praktischen Vernunft* nicht nur die Freiheit, sondern auch die Unsterblichkeit des Handelnden und die Existenz Gottes als »Postulate der praktischen Vernunft« (vgl. KpV, A 238–241) neu zu fassen. Er überführt damit zentrale Bausteine der philosophisch-christlichen Tradition in einen *»reinen praktischen Vernunftglauben«* (KpV, A 262 f.), den er aber allein auf der Selbstgesetzgebung des vernünftigen und doch zugleich geschaffenen, sinnlichen Wesens begründet wissen will.

Diese Argumentation wirft viele Fragen auf, die hier nicht diskutiert, geschweige denn beantwortet werden können. Es lässt sich jedoch beobachten, wie weit sich Kant von seinem Ausgangspunkt entfernt hat und wie er dabei so zentrale Begriffe wie den der Erkenntnis und ihrer objektiven Realität erweitert, verschiebt und neu rahmt. Die theoretische Philosophie stellt jeweils zumeist den Ausgangspunkt dar, die Entwicklung der praktischen Philosophie liefert die Impulse, und Kants Bemühen um ihren systematischen Zusammenhang zeichnet mögliche Wege vor. Anders gesagt hält Kant nicht an einem festgelegten System und vorgefassten Begrifflichkeiten starr fest. Vielmehr sind es die sachlichen Herausforderungen, an denen Kant auch dann noch festhält, wenn sie sich wie die Deduktion des kategorischen Imperativs in der *Grundlegung zur Metaphysik der Sitten* bereits erledigt zu haben scheinen. In der Aussicht auf eine bessere Argumentation kommt Kant darauf zurück und entwickelt seine Begrifflichkeiten und Strategien flexibel weiter.

Ein solcher Befund steht im Widerspruch zu einem verbreiteten wie zählebigen Klischee von Kant als einem starren Systematiker. Vor diesem Hintergrund mag es also überraschen, dass Kant bereits in der »Vorrede« zur *Kritik der praktischen Vernunft* ankündigt, was wir beobachten konnten. Er gesteht nämlich ein, dass auch wegen Einwänden, die gegen die *Kritik der reinen Vernunft* erhoben worden waren, deren »Begriffe [...] hin und wieder nochmals der Prüfung unterworfen werden« mussten, »weil die Vernunft mit jenen Begriffen im Übergang zu einem ganz anderen Gebrauche betrachtet wird, als den sie *dort* von ihnen machte« (KpV, A 11). Zwar hat Kant von diesen »Begriffen, die dort nur problematisch vorgestellt werden konnten«, sich nun aber »in ihrer realen Darstellung einsehen« (KpV 13) lassen sollen, offenbar in erster Linie den Begriff der Freiheit im Sinn und zielt damit auf den systematischen Zusammenhang von theoretischer und praktischer Philosophie ab. Nichtsdestotrotz mussten Begriffe wie objektive Realität und Erkenntnis in Bewegung versetzt werden, um diesen Zusammenhang erst einmal in den Blick zu bekommen.

6. Zwecke des Handelns, Zwecke der Natur?

Das letzte Kapitel hat vor allem anhand der *Kritik der praktischen Vernunft* gezeigt, wie Kant die praktische Philosophie so entwickelt, dass sie einen systematischen Zusammenhang mit der theoretischen Philosophie bildet. Im Zentrum stand dabei vor allem der Begriff der Freiheit: Die *Kritik der reinen Vernunft* hatte die Freiheit zunächst insoweit »retten« (KrV, A 536/B 564) wollen, dass sie nicht im Widerspruch steht zur Kausalität, die die Natur und damit alles beherrscht, was wir erfahren und erkennen können. Sie lässt der Freiheit damit aber allenfalls einen Spielraum, von dem wir nichts erfahren oder erkennen können. Die praktische Philosophie setzt hier ein und bestimmt diesen Spielraum durch ihre eigene Theorie der Kausalität durch Freiheit, die auch sie zwar nicht objektiv zu erkennen, aber doch zumindest begrifflich zu analysieren vermag. Theoretische und praktische Philosophie greifen auf diese Weise ineinander und füllen wechselseitig die jeweiligen Lücken. Sie werden geradezu verzahnt.

Allerdings bilden die beiden Zweige von Kants Philosophie insofern keine gemeinsame Perspektive aus, als ihre Blickwinkel voneinander strikt unterschieden werden müssen, damit die Kausalketten der Natur ebenso unverbrüchlich bestehen bleiben wie die Selbstgesetzgebung frei von jeder Einschränkung durch empirische Gegebenheiten. In der Konsequenz kann die praktische Philosophie sich zwar auf das Selbstbewusstsein der Selbstgesetzgebung und unserer Freiheit in der Handlung stützen, muss aber auf jeden anderweitigen Rückhalt in der Erfahrung zugleich verzichten. Selbst an den Handlungen, die wir beobachten, bleibt ihre moralische Dimension ungreifbar, wie Kant betont, »weil, wenn vom moralischen Werte die Rede ist, es nicht auf die Handlungen ankommt, die man sieht, sondern auf jene innere Prinzipien derselben, die man nicht sieht« (GMS, BA 26; vgl. BA 48–50). Der Geltung des moralischen Gesetzes als solchen mag das nicht abträglich sein. Es scheint jedoch zugleich eine durchaus missliche Lage, sich als Handelnder einem Sollen unterwerfen zu müssen, ohne dass sich dieses in einer zu beobachtenden Handlung oder einem natürlichen Geschehen zeigen könnte. Es wäre allemal vorzuziehen, wenn wir Erfahrungen machen könnten, die die Geltung der Imperative bekräftigen und uns für sie empfänglicher machen könnten.

Es müssten sich jedoch das ›Reich der Zwecke‹ der praktischen Philosophie und die Natur als Reich der möglichen Gegenstände der Erfahrung gewissermaßen überlappen, damit solche Erfahrungen zumindest denkbar oder gar möglich werden. Dass dies nicht vollkommen ausgeschlossen sein muss, deutet sich in einigen rhetorischen Überkreuzungen von Natur und Zweck an. Zum einen hatte Kant in einer seiner Reformulierungen des kategorischen Imperativs das allgemeine Gesetz, das sich vernünftige Wesen gemeinsam geben, auch als »Naturgesetz« bezeichnet, was jedoch lediglich dazu diente, dessen strikte Allgemeingültigkeit zu betonen (vgl. GMS, BA 81 f.). Zum anderen hatte er in der »Transzendentalen Dialektik« den ›physikotheologischen Beweis‹ der Existenz Gottes zwar verworfen, weil er ungerechtfertigt von der »Zweckmäßigkeit und Wohlgereimtheit so vieler Naturanstalten« (KrV, A 626/B 654) auf einen notwendigen »höchsten Urheber« (KrV, A 624/B 652) schließe. Zugleich war Kant dieser Sicht auf die Natur jedoch mit offener Sympathie begegnet und billigte ihr zudem das Verdienst zu, dass die »Idee der zweckmäßigen Kausalität der obersten Weltursache« im Rahmen der empirischen Forschung dienlich sein kann, um die »Zwecke des Gliederbaues eines organischen Körpers« zu untersuchen oder »nach teleologischen Gesetzen die Dinge der Welt zu verknüpfen« (KrV, A 687 f./B 715 f.). Wie zuvor die Selbstgesetzgebung unter den Vorzeichen des Naturgesetzes erscheint die Natur hier im Lichte des Zweckbegriffs. Die *Grundlegung zur Metaphysik der Sitten* bringt diese rhetorischen Überkreuzungen von Natur und Zweck auf den Punkt: »Die Teleologie erwägt die Natur als ein Reich der Zwecke, die Moral ein mögliches Reich der Zwecke als ein Reich der Natur.« (GMS, BA 80, Anm.)

Diese Formulierungen werfen die Frage auf, inwieweit insbesondere Zweckmäßigkeiten in der Natur eine Verbindung zur praktischen Philosophie schlagen könnten. Genauer stellt sich aus der Perspektive der *Kritik der praktischen Vernunft* nachträglich die Frage, inwieweit solche Zwecke in der Natur etwas mit den Zwecken in der Perspektive unseres Handelns zu tun haben. Tatsächlich wird Kant die Frage nach den Zwecken in der Natur in der *Kritik der Urteilskraft* erneut aufgreifen und Erfahrungen der Zweckmäßigkeit der Natur ausführlich erörtern, um theoretische und praktische Philosophie enger miteinander zu verknüpfen. Diese systematische Möglichkeit ist in den älteren Texten jedoch allenfalls zu erahnen. Dass Kant sie tatsächlich gesehen und in seiner umfangreichsten, dritten Kritik verwirklicht hat, könnte neben den angedeuteten systematischen Gründen aber auch einen konkreten Anlass haben in einem der dunkelsten Kapitel in Kants Werk.

6.1 Der Begriff der Rasse und seine (Un)Zweckmäßigkeit

Mitte der 1780er Jahre war Kant in eine Kontroverse verstrickt, die mit allzu vielen Fragen der Zeit verknüpft war und mit einigen Fäden zur *Kritik der Urteilskraft* führen sollte. Kants *Bestimmung des Begriffs einer Menschenrace* von 1785 dürfte auf heutige Leserinnen durchaus verstörend wirken, zielt der Aufsatz doch auf die Klärung eines Begriffs ab, der aufgrund seiner Geschichte diskreditiert ist. Kant greift ihn nach seiner Schilderung aus der anthropologischen oder ethnologischen Literatur seiner Zeit auf, die das Wissen um die Vielfalt der Menschheit und ihrer Kulturen wesentlich bereichert hat. Aus der Sicht des Philosophen nimmt er diese Vielfalt aber vor allem als Herausforderung zur Systematisierung wahr und betrachtet den Begriff der Rasse dafür offenbar als ein geeignetes Hilfsmittel (vgl. AA 08: 91). Er moniert so zwar, dass dieser Begriff bislang notorisch unklar geblieben sei, bemüht sich mit Blick auf eine Klassifikation der Menschen und ihrer Vielfalt jedoch um Klärung.

Es ist dabei nicht unbedingt anrüchig, dass Kant den Menschen als biologisches Wesen oder wie auch in anderen Kontexten als Tier betrachtet, wenn er sich auf die biologische Tradition der Klassifikation bezieht, die in den Arbeiten Carl von Linnés einen Höhepunkt erreicht hatte. Diese Tradition bringt allerdings methodische Anforderungen mit sich, da sie relativ weit entwickelt und zugleich doch Gegenstand der Kritik war. Kant muss deshalb nicht nur präzisieren, inwieweit der Begriff der Rasse zur Klassifikation dienlich ist und auf welcher Ebene dieser hierarchischen Systeme er sich bewegt. Er wird auch eine überzeugende Bestimmung der Merkmale der Menschen liefern müssen, anhand deren sie sich klassifizieren lassen sollen. Tatsächlich ist die Antwort Kants klar: Als Merkmal bestimmt er die Hautfarbe, insoweit sie vererbbar ist (vgl. AA 08: 91–95). Jedoch erscheint dieses Merkmal für eine Klassifikation allzu ungenau und wechselhaft. Es lassen sich nämlich nicht nur alle möglichen Kombinationen und Nuancierungen von Hautfarben beobachten, die Kant dennoch zu ordnen können glaubt (vgl. AA 08: 93). Die Hautfarbe erweist sich auch als variabel und abhängig von den Umständen: Äußere Faktoren wie Wetter und Klima beeinflussen selbst kurzfristig die Haut und könnten über die Zeiträume der Menschheitsgeschichte ihre Farbe auch anhaltend und langfristig verändern.

Um diesen naheliegenden Einwänden Rechnung zu tragen, führt Kant neben der bislang eingenommenen Perspektive der »Naturbeschreibung«, die die gegenwärtige Vielfalt an Lebensformen ordnen will, die »Naturgeschichte« (AA 08: 100, Anm.) ein, die die Entstehung und Veränderung dieser Vielfalt behandeln soll. Weil es ihm dabei um die Stabilität seiner Klassifikation von vier Rassen anhand ihrer Hautfarben geht, betont er nicht die Anpassung an äußere Umstände und die mögliche Variabilität, sondern greift auf die alte Idee der Präformation zurück: Alle möglichen Eigenschaften sind den Lebewesen demnach seit ihrer Entstehung in ›Keimen‹ oder ›Anlagen‹ mitgegeben, damit sie je nach äußeren Umständen aktualisiert oder ›ausgewickelt‹ werden können. Angesichts der Entwicklung der Menschheit und des Wandels ihrer Lebensumstände muss man dann allerdings annehmen, dass diese ›Keime‹ und ›Anlagen‹ schon alles bereitstellen, was später noch gebraucht würde, so dass »in den Keimen *eines einzigen ersten Stammes* die Anlagen zu aller dieser klassischen Verschiedenheit nothwendig haben liegen müssen, damit er zu allmähliger Bevölkerung der verschiedenen Weltstriche tauglich sei« (AA 08: 98 f.). Die Zweckmäßigkeit solcher ›Anlagen‹ und ›Keime‹ wird daher von Kant, wie oft in dieser Denktradition, verknüpft mit der Annahme einer Art von ursprünglicher Vorsehung oder ›Absicht‹: »Das *Zweckmäßige* in einer Organisation ist doch der allgemeine Grund, woraus wir auf ursprünglich in die Natur eines Geschöpfs in dieser Absicht gelegte Zurüstung und, wenn dieser Zweck nur späterhin zu erreichen war, auf anerschaffene Keime schließen.« (AA 08: 102 f.)

Auf diese Tradition bezieht sich Kant also, um die Hautfarbe trotz aller Vagheit und Variabilität als taugliches Merkmal für eine Klassifikation der Menschen nach Rassen zu behaupten. Die Vielfalt der Menschen soll demnach aus einem »ersten und gemeinschaftlichen Menschenstamm« (AA 08: 101) entstanden sein, nämlich durch »Keime, die ursprünglich in den Stamm der Menschengattung zu Erzeugung der Racen gelegt waren« (AA 08: 105). Kant begründet die Möglichkeit der Klassifikation von Rassen somit auf der Basis der Vererbung von Hautfarben unter Annahme solcher ›Keime‹, d.h. von »sich in der Folge der Zeugungen entwickelnden ursprünglichen Keimen, ohne welche jene erblichen Mannigfaltigkeiten nicht würden entstanden sein, und vornehmlich nicht hätten *notwendig erblich* werden können« (AA 08: 102).

Diese Argumentation scheint uns heute in die Tiefe der Geschichte entrückt. Der Rekurs auf ›anerschaffene Keime‹ dürfte uns fernliegen und daher in den Verdacht der Zirkularität geraten. Klassifikationen von Menschen haben sich wissenschaftlich als wenig erfolgreich, politisch und kulturell dagegen als gefährlich und für viele Menschen als verhängnisvoll erwiesen. Sich dabei auf Rassen und Hautfarben zu beziehen können wir zudem wohl nur noch als Ausdruck eines rassistischen Denkens wahrnehmen. Es ist sicher unmöglich, den Kontext von Kants Überlegungen freizuhalten von dem Kontext unserer Lektüre, aber selbst wenn dies möglich wäre, erschienen Kants Überlegungen zum Begriff der Rasse ausgesprochen verfänglich. Sie sind nämlich nicht zuletzt durchzogen von rassistischen und misogynen Stereotypen, die sich zudem auch in anderen Texten Kants finden lassen (vgl. AA 02: 253–255). Man mag dies dadurch zu erklären versuchen, dass solche Stereotype damals weit verbreitet gewesen seien und Kant eben ein ›Kind seiner Zeit‹ ist. Man macht es sich damit aber zu einfach. Nicht nur wird man einen gründlichen Denker wie Kant nicht mit Verweis auf historische Kontexte so leicht entlasten wollen. Es gilt auch dem Umstand Rechnung zu tragen, dass die Zeit Kants gerade angesichts solcher Fragen uneins mit sich selbst war. Es ging nämlich auch damals schon anders, wie die kritische Entgegnung des Naturforschers, Ethnologen und Reiseschriftstellers Georg Forster zeigt.

Forsters *Noch etwas uber die Menschenraßen* erscheint 1786 in der bekannten Zeitschrift *Der Teutsche Merkur* und macht deutlich, wie sehr die Diskussion um diesen Begriff durchdrungen ist von politischen Einsätzen. In Kants Begrifflichkeiten könnte es vielleicht so formuliert werden, dass es Forster nicht zuletzt darum geht, dass alle Menschen unabhängig von Unterteilungen in Rassen oder Klassen nach dem »Prinzip der Menschheit und jeder vernünftigen Natur überhaupt, als Zwecks an sich selbst« (GMS, BA 69) zu behandeln sind. Er erklärt daher die Frage, ob die Menschheit auf einen oder mehrere Stämme zurückgehe oder nicht, für praktisch unerheblich, weil die auch von Kant vertretene Position, dass alle Menschen einen gemeinsamen Ursprung haben, keineswegs zur Gleichbehandlung geführt hat: »Doch indem wir die Neger als einen ursprünglich verschiedenen Stamm vom weissen Menschen trennen, zerschneiden wir nicht da den letzten Faden, durch welchen dieses gemishandelte Volk mit uns zusammenhieng, und vor europäischer Grausamkeit noch einigen Schutz und einige Gnade fand? Lassen Sie mich lieber fragen, ob der Gedanke, daß Schwarze unsere Brüder sind, schon irgendwo ein einzigesmal die aufgehobene Peitsche des Sklaventreibers sinken hieß?« (Forster 1786: 163) In dieser moralischen Hinsicht ist Kant, wie am Rande angemerkt sei, nicht unbedingt anderer Ansicht als Forster. In der Diskussion des Völkerrechts in seiner Schrift *Zum ewigen Frieden* von 1795 jedenfalls wird auch er in aller Klarheit das feindliche oder »*inhospitable* Betragen der gesitteten [...] Staaten« beziehungsweise den brutalen Umgang mit indigenen Völkern im Kolonialismus kritisieren (vgl. AA 08: 358 f.).

Forster argumentiert aber nicht von der Moral, sondern von der Sache her und entkräftet Kants Argumentation Schritt für Schritt mit empirischen Befunden und scharfzüngigen Gegenargumenten: Scheinbar klare Klassifizierungen und Unterteilungen stellt er grundsätzlich infrage und votiert stattdessen für kleinteiligere Übergänge und Nuancierungen, die die Vielfalt der Menschheit in den Blick zu bringen und als einen eigenständigen Wert zu würdigen vermögen (vgl. Forster 1786: 78). Er hält den Begriff der Rasse entsprechend für entbehrlich und bevorzugt stattdessen, von einer Vielzahl von »Varietäten« auszugehen. Natürlich lässt sich Forster in seiner Kritik aber auch nicht Kants ›Keime‹ entgehen: »Manchem ist es vielleicht eben so unbegreiflich, daß derselbe Vater den Weissen und den Neger gezeugt haben könne; denn die Keime dieser unähnlichen Brüder mußten, wie Ledas Eyer, Zwillinge in sich schliessen, damit jedem Bruder auch ein gleichförmiges Weib zu Theil wurde; und nimmt man vollends vier Haupt-Rassen an, so ist hier mehr wunderbares als in jener griechischen Fabel.« (Forster 1786: 155) Forster legt damit den Finger in die argumentative Wunde Kants, nämlich zugunsten einer Klassifikation der Menschen ›Anlagen‹ und ›Keime‹ annehmen zu müssen, die die Menschen für alle zukünftigen Herausforderungen und Lebensumstände immer schon gewappnet haben, und damit letztlich der Natur selbst Absichten und Zwecke zu unterstellen.

6.2 ›Keime‹ der *Kritik der Urteilskraft*?

Kant wäre nicht der streitbare Philosoph gewesen, der er war, wenn er Forsters Kritik nicht als Herausforderung gesehen und seinerseits eine Entgegnung vorgelegt hätte. So erscheint 1788 der Artikel *Über den Gebrauch teleologischer Prinzipien in der Philosophie*, der bereits im Titel den Fokus der Debatte zu verschieben sucht: Kant rückt nicht mehr den Begriff der Rasse ins Zentrum, sondern die methodologische Frage, inwieweit die Philosophie teleologische Prinzipien annehmen soll, beziehungsweise ihr naturphilosophisches Pendant, ob sie der Natur Zwecke oder Zweckmäßigkeiten unterstellen kann. Er rückt dabei nicht etwa von seiner Annahme ›anerschaffener Keime‹ ab. Vielmehr führt er diese Überlegungen fort und verteidigt sie offensiv. Es lassen sich hauptsächlich zwei Argumente benennen.

Das erste Argument bezieht sich auf die ›Naturforschung‹ und behauptet handstreichartig, dass die Annahme von ›anerschaffenen Keimen‹ keine neue Beweislast nach sich ziehe, weil »an Ersparniß *teleologischer* Erklärungsgründe, um sie durch physische zu ersetzen, bei organisirten Wesen in dem, was die Erhaltung ihrer Art angeht, gar nicht zu denken ist, und die letztere Erklärungsart also der Naturforschung keine neue Last auflegt über die, welche sie ohnedem niemals los werden kann, nämlich hierin lediglich *dem Princip der Zwecke* zu folgen« (AA 08: 169). Diese Behauptung knüpft an die in diesem Kapitel bereits eingangs erwähnten Stellen aus der »Transzendentalen Dialektik« der *Kritik der reinen Vernunft* an. Dennoch überrascht Kant mit dieser Behauptung, weil er ohne Umschweife über das Verständnis von Natur und Wissenschaft hinausgeht, das bisher seine Schriften wesentlich geprägt hatte und nach dem Vorbild von Newtons Physik solche ›teleologische Prinzipien‹ prinzipiell ausschließen sollte. Kant überdenkt diese Position jedoch offenbar, weil er nun die ›Naturforschung‹ an ›organisierten Wesen‹ einbezieht und diese auf Zwecke oder Zweckmäßigkeiten kaum verzichten kann. Es ist nämlich schwerlich vorzustellen, einen Körper zu untersuchen, ohne die Funktionen oder Zwecke einzelner Organe zu beschreiben; ähnlich lässt sich das instinktive Verhalten von Tieren kaum beschreiben, ohne seine Zweckmäßigkeit für ihr Überleben mitzudenken und dabei auch die oft genaue Anpassung an die Umwelt und das Zusammenleben mit anderen Arten zu bewundern. All dies scheint auf einer rein physikalischen Basis kaum zu erfassen und hat vielleicht schlicht mit den eigenen, ›organisierten Wesen‹ dieser Naturforschung zu tun.

Die Erforschung der lebendigen Natur kann also durchaus die Behauptung bekräftigen, dass nicht alle Naturwissenschaft ohne die Annahme von Zwecken und Zweckmäßigkeiten auskommt. Es mag daher tatsächlich ein kluger Zug Kants sein, sie ins Feld zu führen, um den ›Gebrauch von teleologischen Prinzipien‹ in seinem Aufsatz *Bestimmung des Begriffs einer Menschenrace* zu rechtfertigen. Zum einen ist jedoch der Winkelzug Kants ziemlich durchschaubar, das eigentliche Thema der Debatte zu verschieben, indem er seinen Aufsatz nun als einen ersten, gleichsam kühnen Versuch, dieses unbekannte Terrain jenseits der Physik zu erkunden, zu rechtfertigen versucht: »Eine ähnliche Befugniß, ja Bedürfniß, von einem teleologischen Princip auszugehen, wo uns die Theorie verläßt, habe ich in einem kleinen Versuche über die Menschenracen zu beweisen gesucht.« (AA 08: 159) Zum anderen kann auch dies nicht darüber hinwegtäuschen, dass mit dem allgemeinen ›Gebrauch von teleologischen Prinzipien‹ nicht gleich jede beliebige freizügige und spekulative Anwendung zu rechtfertigen ist. Es besteht jedoch kein Zweifel, dass insbesondere Kants Annahme von ›anerschaffenen Keimen‹, die die Hautfarbe als taugliches Merkmal zur Klassifikation der Menschen erweisen soll, in scharfem Widerspruch zu allen empirischen

Plausibilitäten und Beobachtungen steht. Kants ›Begriff einer Menschenrace‹ ist nicht zu retten.

Es ist umso erstaunlicher, dass sich diese Debatte für Kant als produktiv erweisen sollte. Denn die Frage nach dem ›Gebrauch von teleologischen Prinzipien‹ lässt Kant nicht mehr in Ruhe und bildet schließlich einen Faden, den er in der *Kritik der Urteilskraft* aufgreifen und weiterspinnen wird. Auf den Begriff der Rasse kommt Kant dabei nicht mehr zurück, wobei der Grund dafür dahingestellt bleiben muss. Die Frage nach den teleologischen Prinzipien eröffnet jedoch ein erweitertes und reicheres Naturverständnis, das über Kants bisherigen Begriff der Natur hinausgeht und dadurch insbesondere eine neue Verknüpfung von theoretischer und praktischer Philosophie erlauben soll. Kant hatte von Zwecken zuallererst in der praktischen Philosophie gesprochen, um das Handeln zu beschreiben und die Autonomie zu begründen. Es wäre nun möglich gewesen, zwei Begriffe des Zwecks zu unterscheiden, um die Perspektive der praktischen Philosophie klar von der einer theoretischen Philosophie abzuheben, die nun auch die Naturforschung von Lebensformen einbezieht. Kant tut in seiner Entgegnung auf Forster jedoch das genaue Gegenteil: Die Notwendigkeit der Naturforschung, Zwecke in der Natur anzunehmen, scheint ihm gar nicht sinnvoll ohne unser Bewusstsein von Zwecken und Zweckmäßigkeiten im Handeln: »Nun ist der Begriff eines organisirten Wesens dieser: daß es ein materielles Wesen sei, welches nur durch die Beziehung alles dessen, was in ihm enthalten ist, auf einander als Zweck und Mittel, möglich ist [...]. Eine Grundkraft, durch die eine Organisation gewirkt würde, muß also als eine nach Zwecken wirkende Ursache gedacht werden und zwar so, daß diese Zwecke der Möglichkeit der Wirkung zum Grunde gelegt werden müssen. Wir kennen aber dergleichen Kräfte *ihrem Bestimmungsgrunde nach* durch Erfahrung nur *in uns selbst*, nämlich an unserem Verstande und Willen, als einer Ursache der Möglichkeit gewisser ganz nach Zwecken eingerichteter Producte, nämlich der Kunstwerke.« (AA 08: 181)

Wenn wir Zwecke in der Natur ausmachen, dann übertragen wir demnach die Erfahrung, wie wir nach Zwecken handeln, um Gegenstände herzustellen, auf die Natur. Eine solche Übertragung scheint Kant nun prinzipiell statthaft. Jedoch setzt er ihr in raschen und knappen Sätzen am Ende seines Aufsatzes zwei Grenzen. Wir stützen uns in der Annahme von Zwecken in der Natur Kant zufolge zwar auf unsere Erfahrung als Handelnde und mit den Produkten unseres Handelns. Dies rechtfertigt aber nicht, dass wir ein »*intelligentes Wesen* uns dazu denken« (AA 08: 182), das die Zweckmäßigkeiten in der Natur durch sein zweckmäßiges Handeln geschaffen hätte. Eine zweite Grenze ist darin zu sehen, dass die Annahme von Zwecken in der Natur unsere Erfahrung voraussetzt und insofern nicht apriori ist, damit aber auch nicht notwendig und allgemein für alle Gegenstände möglicher Erfahrung gelten kann. Die Zweckmäßigkeit in der Natur ist demnach nicht wie die Kausalität eine notwendige Bedingung aller möglichen Gegenstände der Erfahrung, sondern bleibt stets problematisch und gebunden an konkrete Erfahrungen.

Dennoch scheint die Notwendigkeit der Annahme von Zweckmäßigkeiten für die Naturforschung aus Kants Sicht das Versprechen in sich zu tragen, praktische und theoretische Philosophie nochmals neu und enger aufeinander zu beziehen. Die praktische Vernunft soll sich in ihrem Bemühen, die Ideen und Zwecke zu verwirklichen, nach denen sie ihr Handeln bestimmt, insofern bekräftigt sehen, als wir in unserer Erfahrung und Erforschung der Natur auf Zwecke stoßen, die zwar problematisch, aber doch auch unverzichtbar sein mögen. Daher sieht Kant nun eine neue philosophische Aufgabe darin, »der praktischen reinen

Zweckslehre objective Realität in Absicht auf die Möglichkeit des Objects in der Ausübung, nämlich die des Zwecks, den sie als in der Welt zu bewirken vorschreibt, zu sichern« (AA 08: 183). Allem Anschein nach umreißt er damit das Vorhaben der *Kritik der Urteilskraft*. Denn sie macht sich diesen Ansatz bereits in der »Einleitung« programmatisch zu eigen: »der Freiheitsbegriff soll den durch seine Gesetze aufgegebenen Zweck in der Sinnenwelt wirklich machen; und die Natur muß folglich auch so gedacht werden können, daß die Gesetzmäßigkeit ihrer Form wenigstens zur Möglichkeit der in ihr zu bewirkenden Zwecke nach Freiheitsgesetzen zusammenstimme.« (KU, A XIX f./B XIX f.; vgl. A LI–LIV/B LIII–LVI)

Die *Kritik der Urteilskraft* wird sich folglich erneut um die ›objektive Realität‹ der praktischen Philosophie und ihres ›Reichs der Zwecke‹ bemühen, setzt dabei aber eine erneute Erweiterung und Verschiebung des Begriffs voraus. Es kann dabei nicht um die objektive Realität der Erkenntnis gehen, die auf der objektiven Bestimmung der Anschauungen durch die apriorischen Begriffe des Verstandes beruht. Es geht aber auch nicht mehr allein um die notwendigen Annahmen der moralischen Handlung, die gleichsam die Lücken der theoretischen Philosophie ausfüllen, wenngleich nur im Modus einer praktischen Realität. Die *Kritik der Urteilskraft* geht darüber hinaus, indem sie die Realität unseres moralischen Handelns und die Verwirklichung seiner Zwecke dadurch zu bekräftigen versucht, dass wir die Natur selbst schon als zweckmäßig erfahren können.

7. Erfahrung von Zweckmäßigkeiten

Wenn man der Darstellung in der »Vorrede« der *Kritik der praktischen Vernunft* folgt, dann gleicht die Entwicklung von Kants Philosophie einem Kuppelbau. Zwar war die zweite Kritik in der ersten Kritik noch nicht vorgesehen. Kant will sie jedoch nicht als notdürftige Reparaturarbeit an einem verpfuschten Neubau verstanden wissen, »wie es bei einem übereilten Baue herzugehen pflegt, hintennach noch Stützen und Strebepfeiler anzubringen« (KpV, A 12). Vielmehr soll sie wie bei einem genau geplanten, umsichtigen Kuppelbau den »Schlußstein von dem ganzen Gebäude eines Systems der reinen, selbst der spekulativen, Vernunft« (KpV, A 4) darstellen. Dieser Schlussstein ist der Begriff der Freiheit, dem von der *Kritik der reinen Vernunft* zunächst ein Spielraum eingeräumt wurde, der aber erst in der praktischen Philosophie durch die Konzeption der Selbstgesetzgebung im moralischen Handeln begrifflich bestimmt werden konnte. Offenbar hat sich jedoch schon bald herausgestellt, dass weitere Arbeiten an Kants ›Gebäude eines Systems der reinen, selbst der spekulativen, Vernunft‹ nötig werden. Es mag dahingestellt bleiben, ob es sich nun doch als notwendig erwiesen hat, einen übereilten Bau vor dem Einsturz zu bewahren, oder ein umsichtiger Bau zu Erweiterungen eingeladen hat, die leicht neuen Bedürfnissen Rechnung tragen konnten. Zwei Jahre nach der *Kritik der praktischen Vernunft* lässt Kant jedenfalls eine neue, dritte Kritik erscheinen.

Bereits »Vorrede« und »Einleitung« der *Kritik der Urteilskraft* lassen dabei erkennen, welch architektonische Kunststücke Kant vollbringen musste, nachdem sich der Weg zum »Abschluß des kritischen Geschäfts« (KU, A X/B X) fortgesetzt als steinig erwiesen hatte. Denn die Kontroverse mit Georg Forster und seine eigene Entgegnung hatten Kant nicht nur einen Anlass geboten, seinen Begriff von Natur über das physikalische Weltverständnis zu erweitern. Sie hatten auch einen Weg vorgezeichnet, wie praktische und theoretische Philosophie enger verbunden werden könnten, wenn die praktische Vernunft durch die Erfahrung von Zwecken und Zweckmäßigkeiten in der Natur in ihren eigenen Bemühungen um die Verwirklichung der von ihr selbst gesetzten Zwecke bestärkt werden sollte. Es war allerdings von vornherein alles andere als offensichtlich, wo eine solche Erfahrung in Kants Philosophie ihren Platz finden könnte. Die »Vorrede« und »Einleitung« in die dritte Kritik erörtern daher nochmals grundsätzlich die Frage nach den verschiedenen Teilen der Philosophie und ihres systematischen Zusammenhangs.

Kant geht dabei von der Unterscheidung von theoretischer und praktischer Philosophie aus und fasst seine ersten beiden Kritiken in aller Kürze zusammen (vgl. KU, A III–VI/B III–VI). Beide Kritiken haben demnach eine Form der Gesetzgebung untersucht: die *Kritik der reinen Vernunft* die Gesetze des Verstandes, die dieser den möglichen Gegenständen der Erfahrung vorschreibt, um sie erkennen zu können; die *Kritik der praktischen Vernunft* die Gesetze, die die Vernunft sich selbst gibt, um sich zum Handeln zu bestimmen. Beide Kritiken haben dabei nur die apriorischen Gesetze untersucht, die also strikt notwendig und allgemein gelten, weil ohne sie keine Erfahrung möglich und keine Handlung moralisch sein könnte. Sie legen so auch jeweils die Grundlagen für eine ›Metaphysik der Natur‹ oder ›Metaphysik der Sitten‹, die die apriorische Erkenntnis, die in den notwendigen Gesetzen der Natur und der Moralität angelegt ist, systematisch entfalten sollten. Es scheint damit jedoch rätselhaft, wo zwischen der Erfahrung der Natur mit ihren kausalen Naturgesetzen auf der einen Seite und der Handlung nach einer ›Kausalität durch Freiheit‹ im ›Reich der Zwecke‹ auf der anderen Seite Platz sein sollte für eine Erfahrung von Zwecken in der Natur.

Die bahnbrechende Idee Kants ist nun, dass er die Erfahrung der Natur bislang stets auf die notwendigen und allgemeinsten Naturgesetze bezogen hatte, unsere konkrete Erfahrung von Natur durch diese Gesetze aber noch keineswegs vollständig bestimmt ist. Denn »es sind so mannigfaltige Formen der Natur, gleichsam so viele Modifikationen der allgemeinen transzendentalen Naturbegriffe, die durch jene Gesetze, welche der reine Verstand a priori gibt, weil dieselben nur auf die Möglichkeit einer Natur (als Gegenstandes der Sinne) überhaupt gehen, unbestimmt gelassen werden, daß dafür doch auch Gesetze sein müssen«. Diese Gesetze sind jedoch, so Kant weiter, einerseits »als empirische, nach *unserer* Verstandeseinsicht zufällig«, weil sie nicht durch die Bedingungen der Erfahrung im Verstand notwendig gegeben sind. Andererseits müssen sie »aber doch, wenn sie Gesetze heißen sollen (wie es auch der Begriff einer Natur erfordert), aus einem, wenn gleich uns unbekannten, Prinzip der Einheit des Mannigfaltigen, als notwendig angesehen werden« (KU, A XXIV/B XXVI).

Durch die Einführung von solchen »besonderen empirischen Gesetzen« (KU, A XXV/B XXVII) über die notwendigen und allgemeinen Gesetze der Natur hinaus eröffnet sich ein Spielraum, in dem die *Kritik der Urteilskraft* die Frage der Zweckmäßigkeit behandelt. Es sind nämlich zuallererst diese ›besonderen Gesetze‹, die es möglich erscheinen lassen, dass wir nicht alles natürliche Geschehen notwendig kausal oder mechanisch erklären müssen, sondern möglicherweise auf andere Weise untersuchen oder ordnen können. Es handelt sich bei diesen neuen Gesetzen zudem um Gesetze, die mit den modernen, empirischen Wissenschaften mehr gemein haben als die bislang im Zentrum stehenden notwendigen und allgemeinen Gesetze der Natur. Denn sie können gerade deshalb auch selbst Gegenstand der Erforschung werden, weil sie nicht schon notwendig vorausgesetzt sind. Kant denkt dabei wohl zuallererst an die Wissenschaft von der lebendigen Natur, wie sein wiederholter Bezug auf die Klassifikation deutlich macht. Wie schwierig und problematisch das sein kann, hatte Kants Kontroverse mit Georg Forster über die Klassifikation der Menschen nach Rassen gezeigt. Aber auch die Chemie der Zeit und ihre noch ungeklärte Klassifikation der Stoffe wäre ein gutes und weniger verfängliches Beispiel für diese Herausforderungen der empirischen Forschung. Kant führt mit jenen ›besonderen empirischen Gesetzen‹ allgemein betrachtet daher wohl erstmals den Spielraum für die modernen, empirischen Wissenschaften in seine Philosophie ein, die in ihrer empirischen Forschung über jede ›Metaphysik der Natur‹ hinausgehen und in der Ausbildung vielfältiger Disziplinen bald schon den bei Kant noch üblichen Singular ›der Naturwissenschaft‹ sprengen werden.

Diese Deutung ist nicht falsch, aber doch einseitig. Denn die ›besonderen empirischen Gesetze‹ müssen Kant zufolge als Gesetze »aus einem, wenn gleich uns unbekannten, Prinzip der Einheit des Mannigfaltigen, als notwendig angesehen werden« (KU, A XXIV/B XXVI). Diese Notwendigkeit geht bei Kant jedoch meist mit der Annahme einher, dass wir solche Gesetze, die nicht durch unseren Verstand begründet sind, nur unter der Annahme verstehen können, sie seien durch einen anderen, wenn auch uns unbekannten Verstand gleichsam für uns eingerichtet worden, d.h. »als ob gleichfalls ein Verstand (wenn gleich nicht der unsrige) sie zum Behuf unserer Erkenntnisvermögen [...] gegeben hätte« (KU, A XXV/B XXVII). Wenn Kant oben formuliert hatte, wir müssten auch die ›empirischen besonderen Gesetze‹ als notwendig betrachten, dann ist das ›uns unbekannte Prinzip der Einheit des Mannigfaltigen‹, von dem her dies möglich werden soll, somit nichts anderes als dieser andere Verstand. Über die Existenz eines solchen Verstandes ist damit natürlich nichts gesagt. Dennoch hat diese Begründung der Notwendigkeit von empirischen Gesetzen vermutlich ebenso sehr mit theologischen Traditionen wie mit den modernen Naturwissenschaften zu tun.

Die Einführung des Begriffs der Zweckmäßigkeit der Natur knüpft an diesen Ausgangspunkt an. Als zweckmäßig bezeichnet Kant nämlich zuallererst Gegenstände, die aufgrund ihrer Beschaffenheit unter Vorstellung eines Zwecks hergestellt worden sein müssen. Von der Zweckmäßigkeit der Natur ließe sich demnach nur insofern sprechen, als sie von jenem anderen Verstand geschaffen wurde (vgl. KU, A XXVI/B XXVIII). Oft versteht Kant Zweckmäßigkeit jedoch weniger voraussetzungsvoll auch als »Zweckmäßigkeit für unser Erkenntnisvermögen« (KU, A XXXII/B XXXIV), wobei die Frage in den Hintergrund tritt, ob diese Zweckmäßigkeit auf einen anderen Verstand zurückzuführen ist.

7.1 Die reflektierende Urteilskraft und ihr transzendentales Prinzip

Die *Kritik der Urteilskraft* erweitert den Begriff der Natur und ermöglicht neue Formen von Phänomenen und Erfahrungen, weil sie die Natur, ihre Erfahrung und Erforschung nicht mehr zum Zwecke der Begründung auf ihre allgemeinsten und notwendigsten Gesetze zurückführt. Für die »Erkenntnis der Natur, aber nicht bloß als Natur überhaupt, sondern als durch eine Mannigfaltigkeit besonderer Gesetze bestimmten Natur« (KU, A XXVIII/B XXX) tritt damit aber zugleich die neue Aufgabe ins Zentrum, jene besonderen Gesetze zuallererst zu bestimmen, da sie nicht von vornherein in den Bedingungen des Erkennens selbst gegeben sind. Nach Kants Ansatz ist es geradezu zwingend, ein Erkenntnisvermögen zu benennen und zu analysieren, das sich dieser Herausforderung annehmen soll. Wie der Titel der dritten Kritik bereits verrät, tut dies die Urteilskraft.

Vor dem Hintergrund der beiden vorangehenden Kritiken ist es durchaus naheliegend, dass Kant die Urteilskraft mit der Aufgabe betraut, die besonderen Gesetze zuallererst zu finden, die uns Erfahrungen und Erforschungen über die allgemeinen und notwendigen kausalen Gesetze der Natur hinaus erlauben. Denn die Urteilskraft stellt in beiden Kritiken »ein Mittelglied zwischen dem Verstande und der Vernunft« (KU, A XXI/B XXI) dar, weil sie stets die Aufgabe wahrnimmt, auf verschiedenen Ebenen Allgemeines und Besonderes in Bezug zu setzen. In der *Kritik der reinen Vernunft* hat die Urteilskraft vor allem die Aufgabe, die allgemeinen Kategorien auf die einzelnen Erscheinungen anzuwenden und also zwischen Verstand und Sinnlichkeit zu vermitteln (vgl. KrV, A 132–136/B 171–175). Ähnlich nimmt sie sich in der praktischen Philosophie der Herausforderung an, das allgemeine moralische Gesetz auf den einzelnen Fall anzuwenden, was Kant allerdings eher im Vorbeigehen erwähnte (vgl. GMS, BA IX). Trotz ihrer bedeutsamen Aufgaben hat er es offenbar nicht für nötig befunden, der Urteilskraft eine eigene Untersuchung zu widmen. Vermutlich erschien ihm dies nicht nötig, weil sich die Aufgabe der Urteilskraft zum einen darauf beschränkte, allgemeine Regeln oder Gesetze anzuwenden. Zum anderen stellte Kant einsichtig fest, dass es nicht möglich ist, für diese Aufgabe wiederum Regeln anzugeben, weil infolgedessen nur ein unendlicher Reigen von Regeln eröffnet würde, da jede Anwendung einer Regel wieder einer neuen Regel bedürfte (vgl. KrV, A 133/B 172). Eine Untersuchung der Tätigkeit der Urteilskraft hielt Kant daher für ebenso wenig möglich wie notwendig.

Die Urteilskraft bekommt in der *Kritik der Urteilskraft* jedoch eine neue Aufgabe. War Kant bislang davon ausgegangen, dass sie gegebene Regeln lediglich anwendet, so muss sie nun auch solche ›besonderen Gesetze‹ finden, unter die sie empirische Wahrnehmungen oder Beobachtungen schließlich bringen kann. Kant spricht hinsichtlich dieser Aufgabe von der ›reflektierenden Urteilskraft‹: »Urteilskraft überhaupt ist das Vermögen, das Besondere als enthalten unter dem Allgemeinen zu denken. Ist das Allgemeine (die Regel, das Prinzip, das Gesetz) gegeben, so ist die Urteilskraft [...] *bestimmend.* Ist aber nur das Besondere gegeben, wozu sie das Allgemeine finden soll, so ist die Urteilskraft bloß *reflektierend.*« (KU, A XXIV f./B XXVI f.) Um ein solches Allgemeines, d.h. Begriffe, Regeln und Gesetze, zu finden, die sich für das jeweilige Besondere eignen, dürfte es ebenso keine einfachen Rezepte oder Regeln geben. Zudem erweist sich diese Aufgabe insofern als noch größere Herausforderung, als die Urteilskraft zugleich versuchen muss, aus den gefundenen Begriffen, Regeln und Gesetzen ein »System nach empirischen Gesetzen« (KU, A XXXI/B XXXIII) zu bilden und dieses auch mit den allgemeinen Gesetzen der Natur überhaupt zu verbinden, damit der systematische Charakter der Erfahrung gewahrt wird und das Besondere in diesem Zusammenhang bestimmt werden kann. Mit Blick auf die »Größe der Aufgabe: aus gegebenen Wahrnehmungen einer allenfalls unendliche Mannigfaltigkeit empirischer Gesetze enthaltenden Natur eine zusammenhängende Erfahrung zu machen« (KU, A XXXII f./B XXXIV f.), lenkt Kant alle Aufmerksamkeit auf die Annahme der Urteilskraft, dass sie ein solches Allgemeines finden und zu einem systematischen Zusammenhang integrieren kann.

Mit der Einführung der reflektierenden Urteilskraft verändert sich die Ausgangslage der *Kritik der Urteilskraft* gegenüber der *Kritik der reinen Vernunft* allerdings fundamental. Zwar hat die reflektierende Urteilskraft ein eigenes Prinzip, nämlich das »*Prinzip der Zweckmäßigkeit* für unsere Erkenntnisvermögen« (KU, A XXXII/B XXXIV). Dies sollte jedoch nicht darüber hinwegtäuschen, dass dieses Prinzip etwas ziemlich anderes ist als zum Beispiel die reinen Verstandesbegriffe. Denn Ziel und Zweck der »Transzendentalen Deduktion« war zu zeigen, dass diese Regeln des Verstandes nicht nur subjektive Bedingungen der Verstandestätigkeit, sondern auch objektive Bedingungen der Gegenstände der Erfahrung sind. Genau dies gilt für das »subjektive Prinzip (Maxime) der Urteilskraft« (KU, A XXXII/B XXXIV) Kant zufolge nicht mehr. Denn die reflektierende Urteilskraft kann ihr Prinzip nicht »der Natur vorschreiben; weil die Reflexion über die Gesetze der Natur sich nach der Natur, und diese nicht nach den Bedingungen richtet, nach welchen wir einen in Ansehung dieser ganz zufälligen Begriff von ihr zu erwerben trachten.« (KU, A XXV/B XXVII) Mit Blick auf die empirische Erfahrung und die ihr eigenen Gesetze kehrt die *Kritik der Urteilskraft* folglich die berühmte Formulierung aus der zweiten Auflage der *Kritik der reinen Vernunft* von 1787 geradezu um. Anders als für die Regeln des Verstandes gilt für die reflektierende Urteilskraft nicht: »die Gegenstände müssen sich nach unserem Erkenntnis richten« (KrV, B XVI; vgl. B 163). Daher hat die Urteilskraft auch kein »Gebiet«, in dem sie »gesetzgebend« wäre (vgl. KU, A XI–XXV/B XI–XXV) und begründet die dritte Kritik entsprechend auch keine dritte Metaphysik (vgl. KU, A X/B X). Wenn Kant trotz all dieser Unterschiede das ›subjektive Prinzip‹ der Urteilskraft auch als »transzendentales Prinzip« (KU, A

XXVII f./B XXIX f.) bezeichnet, dann geht dies offenbar nur unter Voraussetzung einer einschneidenden Verschiebung des Begriffs des Transzendentalen.

Die fundamental andere Ausgangslage der *Kritik der Urteilskraft* zeigt sich auch daran, dass es prinzipiell denkbar und möglich ist, dass die reflektierende Urteilskraft daran scheitert, für unsere Wahrnehmung von konkreten Gegenständen ein geeignetes Allgemeines zu finden (vgl. KU, A XXXIV f./B XXXVI f.). Die zahlreichen Errungenschaften der Wissenschaften zu Kants Zeit und bis heute mögen diese Möglichkeit zwar unwahrscheinlich erscheinen lassen, können sie jedoch nicht prinzipiell ausräumen. Das stets mögliche Scheitern der reflektierenden Urteilskraft bedeutet nach Kant aber auch, dass sie in ihrer »Absicht« enttäuscht oder andernfalls bestätigt werden kann und bei letzterer Gelegenheit »Lust« empfindet (vgl. KU, A XXXVII–XXXIX/B XXXIX–XLI). Die Erfahrung, dass sich die Gegenstände unserer Wahrnehmung als zweckmäßig erweisen für unsere Erkenntnisvermögen, ist daher eng verbunden mit dem Gefühl der Lust. Eine solche Lust kann bei den Gesetzen des Verstandes dagegen nicht eintreten, da sie notwendig gelten und daher keine ›Absicht‹ enttäuscht oder erfüllt werden kann.

Dieser Aspekt unserer Erfahrung von Natur steht im Zentrum des ersten Teils der *Kritik der Urteilskraft.* Wenn Kant diesem Teil den Titel »Kritik der ästhetischen Urteilskraft« gibt, dann besagt ›ästhetisch‹ etwas anderes als in den bisherigen Schriften. Die »Transzendentale Ästhetik« der *Kritik der reinen Vernunft* trug diesen Titel allein deshalb, weil sie die Sinnlichkeit und ihre Anschauungen behandelte, die Kant mit dem altgriechischen Wort für sinnliche Wahrnehmung (*aisthesis*) bezeichnet. Im Unterschied dazu erörterte die »Transzendentale Logik« den Verstand und seine Begriffe, die Kant mit dem altgriechischen Wort für Vernunft (*logos*) verknüpft. Beide Titel verweisen also auf Vermögen und die Art ihrer Vorstellungen. Beide Teile zielten aber darauf ab, die Vorstellungen letztlich auf Gegenstände zu beziehen, um deren Erkenntnis zu begründen. Die »Transzendentale Logik« hatte insbesondere die Frage gestellt, wie wir unsere Anschauungen durch ihre Synthese auf Gegenstände beziehen können, und damit eine weitere, funktionale Auffassung des ›Logischen‹ angedeutet: ›Logisch‹ heißt demnach, die Vorstellungen auf einen Gegenstand zu beziehen. ›Ästhetisch‹ kann man nun komplementär so auffassen, dass die Vorstellungen stattdessen auf das Subjekt und den Vollzug der Erfahrung bezogen werden. In diesem Sinne versteht Kant in der *Kritik der Urteilskraft* unter ›logisch‹, dass wir eine Vorstellung auf ihren Gegenstand oder ihr Objekt, unter ›ästhetisch‹ dagegen, dass wir sie auf das Subjekt und den Vollzug der Erfahrung beziehen (vgl. KU, A XL/B XLII). Diese Unterscheidung hebt nun also nicht mehr auf verschiedene Vermögen und ihre Vorstellungen ab, sondern auf die Struktur der Erfahrung, die die Vorstellungen eben zu ihren Objekten oder zum Subjekt der Erfahrung in Bezug setzen kann.

Unter dieser Voraussetzung sind die beiden Teile der *Kritik der Urteilskraft* prägnant dahingehend zu umreißen, dass sie die »ästhetische« oder die »logische Vorstellung der Zweckmäßigkeit der Natur« (KU, A XL/B XLII und A XLVI/B XLVIII) behandeln. Ausführlicher formuliert behandelt die »Kritik der ästhetischen Urteilskraft« Erfahrungen von Zweckmäßigkeit der Natur mit Bezug auf das Subjekt und den Vollzug der Erfahrung, die »Kritik der teleologischen Urteilskraft« dagegen mit Bezug auf die Objekte der Erfahrung. Es geht kurz gefasst um die Zweckmäßigkeit der Vorstellungen für das Subjekt oder die Zweckmäßigkeit, insofern sie den vorgestellten Objekten zukommt.

7.2 Schöne Zweckmäßigkeit

Die »Kritik der ästhetischen Urteilskraft« behandelt das Schöne und das Erhabene also als ästhetische Erfahrungen in dem genannten Sinn, d.h. als Erfahrungen, in denen eine Vorstellung auf das Subjekt und den Vollzug seiner Erfahrung bezogen wird.[7] In Analogie zu seiner Theorie der Erkenntnis geht Kant auch bei dieser neuen Form von Erfahrung davon aus, dass sie in einem Urteil Ausdruck finden kann. Es kann sich dabei aber nicht um ein traditionelles Urteil handeln, das sich auf ein Objekt beziehen würde. Vielmehr bezieht sich das ›Geschmacksurteil‹ auf das Subjekt, so dass es die außergewöhnliche Form eines »formalen Reflexions-Urteils« (KU, A 145/B 147) annehmen soll: »Das Urteil heißt auch eben darum ästhetisch, weil der Bestimmungsgrund desselben kein Begriff, sondern das Gefühl (des innern Sinnes) jener Einhelligkeit im Spiele der Gemütskräfte ist, sofern sie nur empfunden werden kann.« (KU, A 47/B 47 f.) Diese Setzungen sind alles andere als selbstverständlich und müssen daher zuallererst etabliert werden. Es ist in erster Linie die Erörterung des Schönen, die dies leisten muss. Zu diesem Zweck versucht Kant die Erfahrung des Schönen von allen gegenläufigen Aspekten freizuhalten, die sich auch auf Objekte und nicht allein auf das Subjekt beziehen ließen. Im Folgenden werden wir diese meist fragilen Argumentationen, die schon oft kritisiert wurden, nicht ins Zentrum stellen. Stattdessen wollen wir versuchen, das Schöne sowie das Erhabene hinsichtlich der Erfahrung von Zweckmäßigkeit und ihre produktive Wirkung für die Philosophie Kants mit möglichst wenigen Strichen nachzuzeichnen.

Der erste wichtige Aspekt des Schönen ist nach Kants Analyse, dass wir ›Wohlgefallen‹ empfinden, wenn wir uns auf Schönes beziehen (vgl. KU, A 3–5/B 3–5). Damit ist gemeint, dass wir schöne Dinge gerne anschauen oder uns an schönen Vorstellungen erfreuen. Das Schöne ist so verbunden mit Gefühlen, die Kant insgesamt der ›Lust‹ oder ›Unlust‹ zuordnet und die nicht über den Gegenstand als solchen belehren, wie die Erkenntnis, sondern allein über unseren eigenen »Gemütszustand« (KU, A 28/B 28; vgl. A 7–9/B 7–9). Diese Beobachtungen stellen insofern den Ausgangspunkt von Kants Erörterung des Schönen dar, als diese das Schöne vor allem auch dadurch charakterisiert, dass sie es immer wieder von anderen Erfahrungen unterscheidet, die ebenso mit Lust verbunden sind. Kant hat hier zum einen das Angenehme im Sinn, das »den Sinnen in der Empfindung gefällt« (KU, A 7/B 7), und zum anderen das Gute, das »vermittelst der Vernunft, durch den bloßen Begriff, gefällt« (KU, A 10/B 10). Sie sind in anderen Hinsichten aber grundsätzlich anders strukturiert als das Schöne und erweisen sich daher als hilfreiche Bezugspunkte für Kants Charakterisierung des Schönen.

Ein erster wichtiger Unterschied liegt darin, dass sie insofern ein anderes Verhältnis zu ihrem Gegenstand haben, als sie »Interesse« an seiner Existenz haben. Im Falle des Angenehmen ist das Wohlgefallen deshalb mit Interesse verbunden, weil es von der sinnlichen Empfindung ausgeht und daher die Existenz des mich affizierenden Gegenstands voraussetzt: Eine bloß vorgestellte Speise kann nicht angenehm sein. Im Falle des Guten liegt das Interesse darin begründet, dass mich seine Vorstellung dazu bestimmt, es verwirklichen zu wollen. Es ist in beiden Fällen demnach so, dass »[n]icht bloß der Gegenstand, sondern auch die Existenz desselben gefällt« (KU, B 14). Im Falle des Schönen ist die Existenz des Gegenstands dagegen zweitrangig, da hier »die bloße Vorstellung des Gegenstandes in mir mit Wohlgefallen begleitet sei, so gleichgültig ich auch immer in Ansehung der Existenz des Gegenstandes dieser Vorstellung sein mag« (KU, A

6/B 6). Ein erstes wichtiges Charakteristikum des Schönen ist also darin zu sehen, dass seine Vorstellung mit einem Wohlgefallen einhergeht, ohne dass seine Existenz von Belang wäre.

Wie kommt aber ein solch »reines uninteressiertes Wohlgefallen« (KU, A 7/B 7) zustande? Kant sieht dieses Wohlgefallen in einer Konstellation der Erkenntnisvermögen begründet, die durch eine Vorstellung herbeigeführt wird. Ausgangspunkt ist also eine Wahrnehmung oder Anschauung, die gegeben ist und aufgefasst werden muss. Diese ›Apprehension‹, dieses »Durchlaufen der Mannigfaltigkeit und [...] Zusammennehmung desselben« (KrV A 99) ist Aufgabe der Einbildungskraft. Sie steht dabei aber nun nicht mehr, wie in der *Kritik der reinen Vernunft*, unter der Maßgabe des Verstandes, der auf Erkenntnis von Gegenständen abzielt und die Vorstellung mittels seiner Verstandesbegriffe auf ihren Gegenstand zu beziehen versucht. Der Grundgedanke von Kants Erörterung des Schönen ist vielmehr, dass das Schöne auf einem Zusammenspiel von Einbildungskraft und Verstand gründet, das von der Einbildungskraft ausgeht. Ohne die begrifflichen Vorgaben des Verstandes kann diese die Wahrnehmung ›frei‹ auffassen und dadurch ein offeneres Zusammenspiel mit dem Verstand eröffnen. Wie in der Erkenntnis kommt es somit auf die Konstellation von Einbildungskraft und Verstand an. Sie arbeiten nun aber nicht wie in der Erkenntnis unter der Leitung des Verstandes Hand in Hand zusammen. Vielmehr ergibt sich ausgehend von der Auffassung der Wahrnehmung ein »freies Spiel der Einbildungskraft und des Verstandes« (KU, A 29/B 29), das das ›Wohlgefallen‹ am Schönen hervorbringt.

Das »Gefühl (des innern Sinnes) jener Einhelligkeit im Spiele der Gemütskräfte ist, sofern sie nur empfunden werden kann« (KU, A 47/B 47 f.), somit der subjektive Zustand, auf den die ästhetische Erfahrung die Vorstellung bezieht und in der sich das

›Reflexions-Urteil‹ begründet. Es ist dabei auch ein Charakteristikum dieser ästhetischen Erfahrung, dass sie nicht wie Erfahrung in der *Kritik der reinen Vernunft* gleichsam auf ein Resultat ausgerichtet ist und in der erreichten Erkenntnis scheinbar an ihr Ende kommt. Das ›freie Spiel‹ der Erkenntniskräfte und der Vollzug der Erfahrung werden vielmehr zum Selbstzweck: Die Lust, die das Schöne begleitet, geht nämlich damit einher, diese Lust und jenes ›freie Spiel‹ aufrechterhalten zu wollen. Die Erfahrung des Schönen gewinnt infolgedessen einen »kontemplativen« Charakter: »Wir *weilen* bei der Betrachtung des Schönen, weil diese Betrachtung sich selbst stärkt und reproduziert« (KU, A 37/B 37). An der ästhetischen Erfahrung des Schönen tritt der Vollzugscharakter von Erfahrung deshalb stärker hervor als in der Erkenntnis.

Die ästhetische Erfahrung bezieht die Vorstellung, von der sie ausgeht, gerade nicht auf einen Gegenstand, sondern auf das Subjekt und den Vollzug seiner Erfahrung. Verschiedene Vorstellungen und ihre Gegenstände regen dabei unterschiedliche Konstellationen von Erkenntnisvermögen an, wobei das Schöne sich dadurch auszeichnet, dass es sich als zuträglich für unsere Erkenntniskräfte und ihr Zusammenspiel erweist: »Aber diese Stimmung der Erkenntniskräfte hat, nach Verschiedenheit der Objekte, die gegeben werden, eine verschiedene Proportion. Gleichwohl muß es eine geben, in welcher dieses innere Verhältnis zur Belebung (einer durch die andere) die zuträglichste für beide Gemütskräfte in Absicht auf Erkenntnis (gegebener Gegenstände) überhaupt ist« (KU, A 65/B 66). Diese ›Belebung‹ der Erkenntniskräfte anlässlich einer Vorstellung und ihres Gegenstands ist entscheidend für das Wohlgefallen am Schönen. Sie sagt aber zugleich etwas über diese Vorstellung und ihren Gegenstand *in Bezug auf unsere Erkenntnisvermögen* aus: Sie erweisen sich nämlich als ›zweckmäßig‹ für ihre Auffassung durch die

Einbildungskraft und deren Zusammenspiel mit dem Verstand, wenn sie eine »freie und unbestimmt-zweckmäßige Unterhaltung der Gemütskräfte, mit dem, was wir schön nennen«, hervorrufen, »wobei der Verstand der Einbildungskraft und nicht diese jenem zu Diensten ist« (KU, A 70/B 71). Diese Zweckmäßigkeit lässt sich nur erfahren, weil das Schöne keine Erkenntnis ist und ein ›freies Spiel‹ der Erkenntniskräfte erlaubt. Sie hat aber doch auch einen engen Bezug zur Erkenntnis, weil das »freie Spiel der Einbildungskraft und des Verstandes (sofern sie unter einander, wie es zu einem *Erkenntnisse* überhaupt erforderlich ist, zusammen stimmen)«. Das »subjektive Verhältnis« von Einbildungskraft und Verstand in der Erfahrung des Schönen ist somit dasselbe, das auch alle Erkenntnis voraussetzen muss (KU, A 29/B 29). Die Zweckmäßigkeit der Vorstellung steht daher in einem engen Bezug zu den Bedingungen der Erkenntnis.

Kants Erläuterung des Schönen muss diese Zweckmäßigkeit der Vorstellung allerdings weiter klären, weil sie aus seiner Sicht ein bestimmtes Missverständnis nahelegt. Denn Kant versteht unter Zweckmäßigkeit allgemein die Beschaffenheit eines Gegenstandes, dessen Möglichkeit und Bestimmtheit wir uns nicht erklären können, ohne uns einen Zweck bzw. ein absichtsvolles Handeln vorzustellen, das ihn hervorgebracht hat. Eine geometrische Figur im Sand eines verlassenen Strandes wäre ein Beispiel dafür, dass wir einen Gegenstand als zweckmäßig vorstellen müssen, weil wir uns seine Beschaffenheit und Existenz ohne irgendeinen Zweck gar nicht erklären können, auch wenn wir über einen ursächlichen Zweck oder eine einstige Absicht nichts wissen (vgl. KU, A 281 f./B 285 f.). Im Falle des Schönen wäre dies jedoch problematisch, weil Kant unter einem solchen Zweck eine begriffliche Vorstellung versteht, unter deren Maßgabe der Gegenstand hervorgebracht wurde. Anders gesagt würde die Erfahrung der Zweckmäßigkeit einer Vorstellung im Schönen einen

Begriff mit sich bringen, der die gegebene Vorstellung oder Wahrnehmung unter sich fasst. Die ästhetische Erfahrung und ihr ›freies Spiel der Einbildungskraft und des Verstandes‹ wären dann jedoch unmöglich, weil unter Voraussetzung des Zwecks und des Begriffs der Verstand die Auffassung der Einbildungskraft anleiten würde, um die Anschauung auf ihren Gegenstand zu beziehen. An die Stelle einer ästhetischen Erfahrung träte die Erfahrung eines Gegenstands.

Daher argumentiert Kant mit Blick auf das Schöne, dass auch eine ›Zweckmäßigkeit ohne Zweck‹ möglich ist. Er unterscheidet: »Die Zweckmäßigkeit kann also ohne Zweck sein, sofern wir die Ursachen dieser Form nicht in einem Willen setzen, aber doch die Erklärung ihrer Möglichkeit, nur indem wir sie von einem Willen ableiten, uns begreiflich machen können.« (KU, A 33/B 33) Kant argumentiert also, dass wir uns die Struktur eines Gegenstandes zwar vielleicht nicht erklären können, ohne Zuflucht zu nehmen in der Annahme eines Herstellers, dass dies aber nicht gleichzusetzen ist mit der Vorstellung eines Zwecks, unter deren Maßgabe sie tatsächlich produziert worden ist. Kant fasst sich hier leider sehr kurz, geht aber im Folgenden davon aus, dass es doch möglich ist, dass die Erfahrung des Schönen auf einer »bloßen Reflexion über eine gegebene Anschauung, ohne Begriff von dem was der Gegenstand sein soll« (KU, A 202/B 204), beruhen kann. Sie macht so eine »subjektive Zweckmäßigkeit einer Vorstellung« (KU, A 37/B 37) für unsere Erkenntnisvermögen erfahrbar. Eine solche »Zweckmäßigkeit ohne Zweck« nennt Kant auch »bloße Form der subjektiven Zweckmäßigkeit einer Vorstellung« (KU, A 37/B 37), weil sie ohne Vorstellung eines materialen Zwecks oder einer konkreten Absicht auskommt. Sie ist es, die deshalb das Schöne charakterisieren soll: »*Schönheit* ist Form der *Zweckmäßigkeit* eines Gegenstandes, sofern sie, *ohne Vorstellung eines Zwecks*, an ihm wahrgenommen wird.« (KU, A 60/B 61)

Kants Bestimmung der »Zweckmäßigkeit ohne Zweck« hat weitreichende Folgen. Da wir menschliche Produkte oder Artefakte meist mit einer Vorstellung ihres Zwecks oder einer Absicht zur Herstellung verbinden, sind sie erst einmal nicht geeignet für eine solche Erfahrung des Schönen. Daher betrachtet Kant zuallererst die Natur als schön, was ihn allerdings nicht davon abhält, sich in seinen Beispielen ebenso auf die Kunst zu beziehen. Offenbar erscheint es Kant zudem selbst fragwürdig, die Kunst gänzlich aus der Erfahrung des Schönen auszuschließen. Deshalb hängt er der »Kritik der ästhetischen Urteilskraft« eine kleine Abhandlung zur Kunst an, die von dem Gedanken ausgeht, dass wir Kunstwerke doch schön finden können, und zwar insofern, als sie uns wie Natur erscheinen: »Also muß die Zweckmäßigkeit im Producte der schönen Kunst, ob sie zwar absichtlich ist, doch nicht absichtlich scheinen; d.i. schöne Kunst muß als Natur *anzusehen* sein, ob man sich ihrer zwar als Kunst bewußt ist.« (KU, A 178/B 180) Wir sind uns demnach sehr wohl bewusst, dass wir es mit einem menschengemachten Gegenstand zu tun haben, die wahrgenommene Form und Gestaltung des Kunstwerks soll aber dennoch keine Absicht und keinen Zweck erkennen lassen.

Diese schöne Form ist auch so zu verstehen, dass es vorrangig oder allein auf die formalen Bestimmungen der Gestaltung des Kunstwerks ankommt. Kant zeigt sich nämlich kritisch gegenüber allem Reizvollen in der Kunst und insbesondere gegenüber der Farbe und anderen Materialien (vgl. KU, A 37–43/B 37–43). Er erläutert die »formale Zweckmäßigkeit« (KU, A 43/B 44) des Schönen zudem dahingehend, dass sie allein die »Zweckmäßigkeit der Form« (KU, A 38/B 38) besagt, also der formalen Aspekte der Vorstellung oder des Gegenstandes unter Ausschluss aller sinnlich-materialen Qualitäten (vgl. KU, A 153f./B. 155f.). Diese Argumentation ist wohl darin motiviert, dass Kant das

Schöne nochmals vom Angenehmen abzugrenzen versucht. Er scheint dabei anzunehmen, dass die sinnlich-materialen Qualitäten von Kunstwerken nur die sinnlichen Neigungen ansprechen und kein eigener Faktor des ›freien Spiels der Einbildungskraft und des Verstandes‹ sein können.

Die Kunst ist aber auch nur ein Nebenschauplatz der »Kritik der ästhetischen Urteilskraft«, denn die eigentliche Pointe der ›Zweckmäßigkeit ohne Zweck‹ liegt in der Natur. Genauer ist es unser Verhältnis zur Natur, das in der Erfahrung des Schönen im Zentrum steht. Die Naturschönheit stößt uns nämlich darauf, dass die Vorstellung und ihr Gegenstand sich als geeignet für ihre Auffassung durch die Einbildungskraft und das Zusammenspiel mit dem Verstand erweisen, obwohl sie nichts und insbesondere nicht die Bedingungen unserer Erkenntnis dazu zwingen könnten. Nüchtern betrachtet können wir das als Hinweis darauf verstehen, dass die Natur sich uns als nicht so fremd und befremdlich zeigt, wie es möglich wäre: »Die Schöne Dinge zeigen an, daß der Mensch in die Welt passe und selbst seine Anschauung der Dinge mit den Gesetzen seiner Anschauung stimme.« (AA 16: 127) In der kontemplativen Stimmung unserer Lust am Schönen können wir darüber aber staunen oder uns wundern angesichts der Natur und der »Zweckmäßigkeit in ihrer Form, wodurch der Gegenstand für unsere Urteilskraft gleichsam vorherbestimmt zu sein scheint« (KU, A 75/B 76). Die naturphilosophische Verwunderung kann schließlich jedoch auch zu einer naturästhetischen Bewunderung darüber führen, wie großzügig die Natur sich uns zweckmäßig und schön zeigt: »Man kann daher auch in Ansehung des Schönen der Natur mancherlei Fragen aufwerfen, welche die Ursache dieser Zweckmäßigkeit ihrer Formen betreffen: z.B. wie man erklären wolle, warum die Natur so verschwenderisch allerwärts Schönheit verbreitet habe, selbst im Grunde des Ozeans, wo nur selten das menschliche

Auge (für welches jene doch allein zweckmäßig ist) hingelangt?« (KU, A 130/B 132)

Die ›Zweckmäßigkeit‹ des Schönen für unsere Erkenntniskräfte muss so zwar ›ohne Zweck‹ sein und auch bleiben, weil jeder Begriff eines Zwecks das ›freie Spiel‹ der Erkenntniskräfte zurückbinden würde. Vor allem mit Blick auf das Naturschöne drängt sich mit der Verwunderung darüber, dass die Natur uns die »Gunst« erweist, »über das Nützliche noch Schönheit und Reize so reichlich« (KU, A 299 f./B 303) auszuteilen, letztlich doch die Frage auf, ob sie uns damit nicht doch ihre Zwecke erahnen lässt. Wir können es nicht wissen. Das Naturschöne wirft aus Kants Sicht diese Frage jedoch unweigerlich auf und schlägt damit eine Verbindung zur Erörterung der Naturzwecke, der Zwecke in der Natur oder auch der Natur (vgl. KU, A 150 f./B 153 f.) im zweiten Teil der *Kritik der Urteilskraft*, der »Kritik der teleologischen Urteilskraft«.

7.3 Erhabene Zweckmäßigkeit

Die Erfahrung von Zweckmäßigkeit muss jedoch um eine zweite ›ästhetische‹ Erfahrung ergänzt werden, bevor wir uns der ›logischen‹ Seite der Zweckmäßigkeit zuwenden, die sich auf die Zweckmäßigkeiten und Zwecke der Gegenstände unserer Erfahrung und insbesondere der Natur bezieht. Kant stellt in der »Kritik der ästhetischen Urteilskraft« neben das Schöne nämlich das Erhabene. Zwar ist Kant selbst der Meinung, dass »der Begriff des Erhabenen der Natur bei weitem nicht so wichtig und an Folgerungen reichhaltig sei, als der des Schönen in derselben« (KU, A 77/B 78). Dennoch ist es unverzichtbar, das Erhabene zu behandeln, weil es das Schöne wie ein Gegenstück ergänzt. Kant folgt nämlich der äußerst einflussreichen Schrift

Edmund Burkes *Philosophical Enquiry into the Origin of Our Ideas of the Sublime and Beautiful* von 1757, wenn er das Erhabene und das Schöne scharf unterscheidet und als zwei in mancher Hinsicht entgegengesetzte Formen der ästhetischen Erfahrung betrachtet (vgl. KU, A 126–129/B 128–131). Das Erhabene hat auch dank der einflussreichen Studien Jean-François Lyotards in den letzten Jahrzehnten eine breite Rezeption erfahren und oft mehr Aufmerksamkeit auf sich gezogen als das Schöne (vgl. Lyotard 1994).

Die »Analytik des Erhabenen« ist nicht zuletzt deshalb relativ kurz und knapp, weil sie sich auf die Konzeptionen der »Analytik des Schönen« stützt, wo immer das Erhabene dem Schönen ähnelt. Das gilt zunächst dahingehend, dass beide ästhetische Urteile sind: Sie sind begleitet von einem Wohlgefallen oder einer Lust. Sie sind genauer ästhetische Reflexionsurteile: Sie beziehen sich also nicht zuallererst auf Objekte und gewinnen nicht daraus ihre Lust. Vielmehr ist es das Verhältnis oder Zusammenspiel der Erkenntniskräfte, das sich anlässlich einer gegebenen Wahrnehmung oder Anschauung einstellt, auf das sich dieses Urteil bezieht und in dem es seinen Bestimmungsgrund findet. Genauer ist es wiederum die Auffassung dieser Vorstellung durch die Einbildungskraft, die Ausgangspunkt einer Erfahrung ist, in deren Vollzug auch andere Erkenntniskräfte geweckt werden.

Vor dem Hintergrund dieser Gemeinsamkeiten zeichnen sich die Unterschiede und Gegensätze zwischen Erhabenem und Schönem deshalb zuallererst in der Auffassung einer Wahrnehmung durch die Einbildungskraft ab. Die Anschauung erweist sich beim Erhabenen nämlich ganz im Gegenteil zum Schönen gerade nicht als ›zweckmäßig‹ für die Einbildungskraft. Kant hat beim Erhabenen Anschauungen von Gebirgen, Meeren oder Wüsten im Sinn, die aufgrund ihrer schieren Größe und Macht kaum zu fassen sind und daher die Einbildungskraft und ihre Auffassung scheitern lassen. Warum und wie die Einbildungskraft so sehr an ihre Grenzen kommt, diskutiert Kant vor allem am Mathematisch-Erhabenen, während er das Dynamisch-Erhabene nur sehr kurz abhandelt.

Die Schwierigkeiten der Einbildungskraft, eine gegebene Wahrnehmung von Gebirgen, Meeren oder Wüsten aufzufassen, erörtert Kant am Mathematisch-Erhabenen ausgehend von der Aufgabe der »Größenbestimmung der Erscheinungen« (KU, A 80/B 81). Diese Aufgabe könnte auf den ersten Blick vollkommen unproblematisch erscheinen. Denn Größen bestimmen wir meist mathematisch und so können wir die Größe jedes noch so großen Phänomens beziffern, da wir sie in Maßzahlen ausdrücken und die Folge der Zahlen ins Unendliche geht. Die Sache ist aber komplizierter. Wir brauchen nämlich einen ›Maßstab‹, den wir gleichsam an das wahrgenommene Phänomen anlegen können, um so in der Erscheinung eine Einheit festzulegen, durch die die Zahlen überhaupt auf das Phänomen zu beziehen sind (vgl. KU, A 80/B 81 und A 84 f./B 85 f.). In Kants Terminologie heißt das, dass die Größenbestimmung in dem Sinne ästhetisch ist, dass sie in der Erscheinung vollzogen werden muss. Die Mithilfe der Einbildungskraft ist damit unverzichtbar.

Die Leistungsfähigkeit der Einbildungskraft hat aber Grenzen. Kant geht nämlich davon aus, dass die Einbildungskraft im ›Durchlaufen‹ des Mannigfaltigen der Anschauung zwar beliebig fortschreiten kann, dass ihre Kapazität zur ›Zusammenfassung‹ dieses Mannigfaltigen aber begrenzt ist. Ein großer Gegenstand kann die Einbildungskraft deshalb an ihre Grenzen bringen, sie strapazieren und schließlich überbeanspruchen: »in der Zusammenfassung ist ein Größtes, über welches sie nicht hinauskommen kann« (vgl. KU, A 86/B 87). Kant führt dies an einem Beispiel vor Augen. Betrachten wir eine Pyramide aus einer geeigneten

Distanz, gelingt es uns nicht mehr, die Pyramide und ihre geometrische Form in einem Blick zu umfassen. Wenn wir zugleich nicht zu nahe sind, dann können wir uns aber dennoch gedrängt fühlen, das Ganze zu überblicken, statt uns mit den Steinblöcken zufriedenzugeben, die uns vor Augen stehen. Die Einbildungskraft scheitert, weil sie die Pyramide in einem Blick zu erfassen versucht, dies aber nicht vermag (vgl. KU, A 86 f./B 87 f.).

Anschauungen einer Pyramide, eines Berges oder Gletschers erweisen sich demnach für die Einbildungskraft insofern als unzweckmäßig, als diese an ihrer Zusammenfassung scheitert. Sie haben in der Folge für uns keine anschaulich bestimmte Größe und erscheinen »schlechthin« (KU, B 84 f.) oder »über alle Vergleichung groß« (KU, B 81; vgl. B 84). Diese Schilderung ist jedoch insofern zu einfach, weil sie allein die Einbildungskraft fokussiert und dabei die Konstellation der Erkenntnisvermögen aus dem Blick geraten lässt, die für das Erhabene wie das Schöne charakteristisch ist. Es ist dabei entscheidend, dass die Einbildungskraft nur deshalb scheitert, weil sie die Anschauung in einem Blick zu umfassen versucht. Sie geht also nicht angeleitet vom Verstand und unter Zuhilfenahme seiner Zahlbegriffe in ihrer »Größenschätzung ungehindert ins Unendliche« (KU, A 90/B 91) fort. Vielmehr folgt sie der Vernunft, die bei Kant stets auf Ganzheiten abzielt und die Einbildungskraft zu der »Zusammenfassung in *eine* Anschauung« (KU, A 91/B 92) herausfordert.

Die Einbildungskraft scheitert somit nicht unmittelbar an den Erscheinungen, sie scheitert vielmehr an der Forderung der Vernunft nach einer Zusammenfassung dieser Erscheinungen in einer Anschauung. Am Beispiel der Pyramide wird dies deutlich, denn »es ist hier ein Gefühl der Unangemessenheit seiner Einbildungskraft für die Ideen eines Ganzen, um sie darzustellen, worin die Einbildungskraft ihr Maximum erreicht, und, bei der Bestrebung, es zu erweitern, in sich selbst zurück sinkt« (KU,

A 87/B 88). Mit der ›Idee eines Ganzen‹ ist nämlich die Vorstellung und Forderung einer Totalität gemeint, die charakteristisch ist für die Vernunft und dennoch zur Maßgabe der Einbildungskraft und ihrer Auffassung wird. Die Einbildungskraft gibt sich verleitet durch die Vernunft nicht damit zufrieden, die Anzahl der Steine, der Stufen oder Schichten zu zählen. Sie versucht darüber hinaus, die ganze Pyramide in eine Anschauung zusammenzufassen, um daran schließlich zu scheitern.

Es ist dieses Verhältnis zwischen der Einbildungskraft und der Vernunft, das im Zentrum der Erfahrung des Erhabenen und ihres spezifischen Vollzugs steht. Denn das Scheitern der Einbildungskraft gegenüber der Forderung der Vernunft stellt für die Vernunft eine Gelegenheit dar, ihre eigentümliche Überlegenheit unter Beweis zu stellen. Zwar kann sie weder erkennen noch anschauen, worauf sie sich mit ihrer ›Idee eines Ganzen‹ bezieht, sie kann es aber doch zumindest denken und verbindet die so gedachte Totalität daher auch mit der Anschauung, an der die Einbildungskraft scheitert: «das Erhabene ist [...] an einem formlosen Gegenstande zu finden, sofern *Unbegrenztheit* an ihm, oder durch dessen Veranlassung, vorgestellt und doch Totalität derselben hinzugedacht wird« (KU, B 75; vgl. B 85). Daher ist die Erfahrung des Erhabenen von einem Umschlag gekennzeichnet. Was für die Einbildungskraft »zweckwidrig« ist, erweist sich für die Vernunft und ihre Ideen als »zweckmäßig« (KU, A 99, B 100). Die »Unlust«, in der das vergebliche Bemühen der Einbildungskraft endet, schlägt um in die »Lust«, da die Ideen der Vernunft sich anders als alle Erscheinung von keinem »Maßstab der Sinnlichkeit« (KU, A 97/B 98) ermessen lassen.

Im Erhabenen wird deshalb die »Unzweckmäßigkeit des Vermögens der Einbildungskraft doch für Vernunftideen und deren Erweckung als zweckmäßig vorgestellt« (KU, A 100/B 101). Das Scheitern der Einbildungskraft an der Anschauung und ihrer

Ganzheit führt nämlich dazu, dass die Idee des Ganzen oder Unendlichen in unsere Erfahrung der Natur eindringt und sie erhaben erscheinen lässt: »Erhaben ist also die Natur in derjenigen ihrer Erscheinungen, deren Anschauung die Idee ihrer Unendlichkeit bei sich führt.« (KU, A 92/B 93) Diese Idee des Unendlichen ist aber eine Idee unserer Vernunft. Erhaben ist also eigentlich nicht die Natur selbst, sondern die Idee der Unendlichkeit beziehungsweise unsere Vernunft (vgl. KU, A 94/B 95 und A 83 f./B 84 f.). Die Erscheinung der Natur, so »formlos oder ungestalt« (KU, A 130/B 133) sie ist, macht uns allenfalls »die Überlegenheit der Vernunftbestimmung unserer Erkenntnisvermögen über das größte Vermögen der Sinnlichkeit gleichsam anschaulich« (KU, A 96/B 97).

Das Mathematisch-Erhabene führt uns folglich auf unsere eigene Vernunft hin, was ebenso für das Dynamisch-Erhabene gilt. Der Unterschied zwischen diesen beiden Formen des Erhabenen ist vor allem darin zu sehen, dass das Mathematisch-Erhabene mit der ›Größenbestimmung der Erscheinungen‹ von dem Feld der Erkenntnis ausgeht und sich daher auf die Vernunft mit ihrem Streben nach Totalität vor allem als theoretisches oder Erkenntnisvermögen bezieht. Das Dynamisch-Erhabene akzentuiert dagegen die Vernunft in ihrer praktischen Rolle und damit die Selbstgesetzgebung des Subjekts. Wie Kant ausführt, geht das Dynamisch-Erhabene dazu von Erfahrungen aus, in denen die Natur furchteinflößend wirkt und sie uns ihre Macht spüren lässt, Gewalt über uns auszuüben und unser Leben zu bedrohen. Sich zu fürchten ist nun keine erhebende Erfahrung und hat schon deshalb nichts mit einem ästhetischen Reflexionsurteil zu tun, weil die Furcht sich direkt auf die bedrohliche Natur bezieht. Zu einem solchen Urteil ist es deshalb zuallererst nötig, dass wir uns »in Sicherheit befinden« (KU, A 103/B 104). Aus sicherer Distanz betrachtet können wir so »unserer physischen Ohnmacht« gegenüber der Natur bewusst sein, aber zugleich auch unseres »Vermögens, uns als von ihr unabhängig zu beurteilen, worauf sich eine Selbsterhaltung von ganz anderer Art gründet« (KU, A 103/B 105). Es ist letztlich meine Autonomie in der praktischen Vernunft, auf die ich mich auf diese Weise angesichts der rauen Natur und in sicherer Distanz besinne und die ich mir in der Mächtigkeit der Naturphänomene anschaulich mache. Die *Kritik der Urteilskraft* beschreibt mit dem Dynamisch-Erhabenen somit eine Erfahrung an der Natur, die letztlich die Schätzung meiner eigenen Autonomie befördern soll.

Die Erfahrung des Erhabenen ist wie das Schöne ein ästhetisches Reflexionsurteil in dem Sinne, dass die Vorstellung auf die subjektiv empfundene Lust bezogen wird, durch die ihr Gegenstand schließlich erhaben erscheint. Jedoch besteht hier doch auch ein einschneidender Unterschied zum Schönen. Das Erhabene führt uns die Größe unserer Vernunft an der Unermesslichkeit von Naturerscheinungen vor Augen und bringt uns daher letztlich auf uns selbst als vernünftiges Wesen zurück (vgl. KU, A 75 f./B 76 f.). Das Schöne rückt mit der Erfahrung einer »Zweckmäßigkeit ohne Zweck« dagegen unser Verhältnis zur Natur ins Zentrum: »Zum Schönen der Natur müssen wir einen Grund außer uns suchen, zum Erhabenen aber bloß in uns« (KU, A 77/B 78). Daher wirft allein das Schöne eine Frage auf, die zum zweiten Teil der *Kritik der Urteilskraft* überführt. Die Erfahrung der nicht notwendigen, aber doch erlebten Zweckmäßigkeit der natürlichen Dinge lässt uns nämlich nicht nur staunen und wundern, warum sich die Natur uns so großzügig zweckmäßig und schön zeigt. Sie lässt auch nach den Zweckmäßigkeiten in der Natur oder gar den Zwecken der Natur fragen, die die »Kritik der teleologischen Urteilskraft« untersucht.

7.3 Zwecke und Zweckmäßigkeit der Natur

Die *Kritik der Urteilskraft* hat bereits in ihrem ersten Teil, der »Kritik der ästhetischen Urteilskraft«, verschiedene Formen unserer Erfahrung von Zweckmäßigkeiten verhandelt, die die Form des ästhetischen Reflexionsurteils teilen: Die Vorstellungen werden hier nicht auf ihre möglichen Gegenstände bezogen, wie in der Erkenntnis, sondern auf das Subjekt, d.h. auf das Zusammenspiel der Erkenntniskräfte, das die gegebene Vorstellung anregt. Der zweite Teil, die »Kritik der teleologischen Urteilskraft«, behandelt nun komplementär Erfahrungen, die die Form des logischen Urteils annehmen und die Zweckmäßigkeiten also auf die Gegenstände unserer Erfahrung beziehen. Die Vielfalt des zweiten Teils ist dabei fast noch größer als die des ersten Teils, denn die »Kritik der teleologischen Urteilskraft« setzt an der empirischen Erforschung der lebendigen Natur an und endet mit einem praktischen Glauben an Gott. Weil Kant die Zweckmäßigkeit in der Naturforschung in der theoretischen Reflexion und die Frage nach den Zwecken unseres Handelns in der praktischen Philosophie eng miteinander verknüpfen möchte, vereinen seine umfangreichen Überlegungen Reflexionen, die heute der Wissenschafts- oder Naturphilosophie, praktischen Philosophie oder philosophischen Theologie zuzuordnen wären. Die Grenzen sind dabei selten scharf zu ziehen, weil Kants Begriff des Zwecks so vielschichtig ist.

Die »Kritik der teleologischen Urteilskraft« setzt mit ihren Reflexionen auf die Bedeutung des Zweckbegriffs für unser Verständnis der Natur an der empirischen Erforschung der lebendigen Natur an. Diese wissenschaftsphilosophischen Überlegungen sind vor dem Hintergrund der *Kritik der reinen Vernunft* betrachtet geradezu spektakulär, haben sich aber doch schrittweise angebahnt. Der Aufsatz *Über den Gebrauch teleologischer*

Prinzipien in der Philosophie von 1788 hat bereits der Einsicht vorgegriffen, dass mit Blick auf die Erforschung der Natur die Annahme von Zweckbegriffen unverzichtbar ist und damit eine grundsätzliche Erweiterung des Verständnisses von Natur und Naturwissenschaft über die Newton-Galilei'sche Physik hinaus angedeutet (siehe S. 157–161). Die »Einleitung« zur Kritik hatte dieser Erweiterung sodann den Grund bereitet, indem sie die Erörterung der Erkenntnis auf eine neue Ebene verschiebt: Es geht nun nicht mehr allein um die strikt notwendigen Gesetze der Natur, die in unseren Erkenntnisvermögen a priori angelegt sind, sondern um besondere und zufällige empirische Gesetze, die dic reflektierende Urteilskraft zuallererst finden muss, um die konkreten Wahrnehmungen und Beobachtungen beurteilen zu können (siehe S. 162–171). Auf dieser Ebene ist es folglich nicht von vornherein ausgemacht, welche Form von Gesetzmäßigkeiten es erlauben, spezifische Phänomene und insbesondere die lebendige Natur zu erforschen (vgl. KU, A 309–312/B 313–316). Den Versuch, alle Phänomene auf kausale Gesetze zu reduzieren und in diesem Sinne zu erklären, nennt Kant ›Mechanismus‹. Das Vorgehen, stattdessen Begriffe des Zwecks vorauszusetzen und mit ihrer Hilfe die Anschauung auf einer eigenen, neuen Ebene zu beurteilen und zu beschreiben, bezeichnet Kant als ›Teleologie‹. Letztere ist also »*ein Prinzip mehr*, die Erscheinungen derselben [der Natur] unter Regeln zu bringen, wo die Gesetze der Kausalität nach dem bloßen Mechanism derselben nicht zulangen« (KU, A 265/B 269).

In der *Kritik der Urteilskraft* tritt die empirische Erforschung der lebendigen Natur, die sich damals gerade zur Biologie formierte, ins Zentrum, weil sie ohne den Begriff des Zwecks nicht auszukommen scheint. Die Beschreibung von Skeletten oder von lebenden Organismen kann nicht auf die Annahme verzichten, dass einzelne Teile oder Organe im wechselseitigen Zusammenhang mit anderen Teilen bestimmte Funktionen realisieren sollen. Man denke exemplarisch an das Auge. Die Erforschung von Tierarten in Ökosystemen legt genauso funktionale Zusammenhänge nahe, da die Arten einander in ihrem Zusammenleben oft nützlich und aneinander angepasst sind, wie zum Beispiel der Saugrüssel einer Schmetterlingsart an die Form der Blüten einer bestimmten Pflanze, die sich auf diesem Wege vermehrt. Wir sprechen heute wohl eher von Funktionen, wo Kant sich des Begriffs des Zweckes bedient. Dem Befund, dass biologische Phänomene sich nur selten auf Kausalgesetze reduzieren lassen, sondern als Funktionen oder als Zwecke konzipiert werden müssen, ist aber durchaus bis heute zuzustimmen.

Kant erläutert die konzeptionellen Annahmen einer solchen »teleologischen Beurteilung« (KU, A 265/B 269) eines lebendigen Wesens allerdings genauer. Wo es der Urteilskraft nicht gelingt, die »Form« von Dingen »nach bloßen Naturgesetzen« (KU, A 281/B 284) beziehungsweise kausal zu erklären, nimmt die Urteilskraft Zuflucht beim Begriff des Zwecks. Bei der »inneren Zweckmäßigkeit« (KU, A 275 f./B 279 f.) hat sie es demnach mit ›Naturzwecken‹ zu tun: »Ich würde vorläufig sagen: ein Ding existiert als Naturzweck, *wenn es von sich selbst* [...] *Ursache und Wirkung ist*« (KU, A 282/B 286). Diese Formulierung mag auf den ersten Blick etwas rätselhaft wirken, bezeichnet aber einen vertrauten Sachverhalt: Lebendige Wesen, wenn sie erst einmal existieren, erhalten sich selbst am Leben und sind sich insofern selbst Ursache und Zweck. Dabei bewahren sie die Form, die ihnen eigen ist, was Kant am Beispiel des Baums vor Augen führt: Durch Vermehrung reproduziert ein Baum seine eigene biologische Gattung; er wächst als Individuum und assimiliert die nötigen Stoffe; selbst ein Ast des Baums kann auf andere Bäume aufgepfropft werden und wächst dort in der ihm eigenen Form weiter (vgl. KU, A 283–285/B 286–288). Auf allen diesen

Ebenen erhält der Baum die typische Form, die seine Gattung und ihn auszeichnen. Kant spricht mit Bezug auf diese Fähigkeit auch von der »*bildenden* Kraft« (KU, A 289/B 293), da Lebewesen in der Ernährung wie in der Reproduktion leblose Materie gleichsam in ihre eigene Form umbilden. Ein solcher Prozess widerspricht den Kausalgesetzen der Physik nicht, er kann aber auch nicht auf der alleinigen Grundlage von mechanischen Prozessen erklärt werden.

Die Frage, wie lebendige Wesen ihre Form so erhalten und reproduzieren können, beantwortet Kant mit Verweis auf ihre funktionale Struktur: Lebewesen haben Teile, die nur durch das Ganze möglich sind. Zugleich hat das Ganze seine Wirklichkeit ausschließlich in der wechselseitigen Bezüglichkeit dieser Teile. Diese wechselseitigen Bezüge sind nun funktionale Bezüge, denn die Teile sind »von einander wechselseitig Ursache und Wirkung ihrer Form« (KU, A 287/B 291) und erhalten das Ganze dadurch auch seiner Form nach. Was abstrakt klingt, ist wiederum ein vertrautes Phänomen: Ein menschlicher Körper ist beispielsweise ein Ganzes, das sich in Teile (Organe) gliedert und sie erst ermöglicht. Zugleich ist der Körper nichts anderes als der Zusammenhang der Organe, die sich wechselseitig erhalten und zugleich als Teile dieses Ganzen formen, so dass der menschliche Körper auch seiner Form nach erhalten wird. Ein Lebewesen ist in diesem Sinne ein »*organisiertes* und *sich selbst organisierendes Wesen*« (KU, A 288/B 292) und kann sich deshalb als lebendige Form erhalten. Kant nennt es ›Naturzweck‹, weil es auf diese Weise sich selbst Ursache und Zweck ist: Es ist seine Ursache, weil es sich am Leben erhält und sich so selbst verursacht; es ist aber zugleich Zweck, weil es sich selbst dazu funktional organisiert und so geradezu zum Zweck der Selbsterhaltung eingerichtet scheint: »*Ein organisiertes Produkt der Natur ist das, in welchem alles Zweck und wechselseitig auch Mittel ist.* Nichts in ihm ist umsonst, zwecklos, oder einem blinden Naturmechanism zuzuschreiben.« (KU, A 292/B 295 f.) Es ist dabei wichtig zu betonen, dass solche ›Naturzwecke‹ in der empirischen Erforschung der lebendigen Natur zwar unverzichtbar scheinen. Es handelt sich dabei aber in Kants Sinne um keine objektive Bestimmung der Gegenstände der Erfahrung, da sie nicht auf strikt notwendigen und allgemeinen Gesetzen beruht. Vielmehr ist es das »subjektive Prinzip« (KU, A 308/B 312) der Urteilskraft, das die Organismen unter der Voraussetzung ihrer inneren Zweckmäßigkeit verständlich macht.

Kant entwirft mit der Teleologie somit ein Forschungsprogramm, das die sich damals formierende Erforschung der lebendigen Natur auf einen bündigen Begriff bringt und zugleich in Konkurrenz tritt zu dem ›Mechanismus‹ einer allumfassenden physikalischen Kausalität (vgl. KU, A 304–305/B 307–309). Innerhalb der empirischen Forschung können Teleologie und Mechanismus auch als konkurrierende Forschungsstrategien verstanden werden, ist es doch bis heute in vielen Forschungsfeldern durchaus fraglich, ob Prozesse in der lebendigen Natur durch physikalische oder auch chemische Kausalgesetze erklärt werden können (vgl. KU, A 352 f./B 356 f.). Kant empfiehlt dabei eine Art von methodischer Sparsamkeit, die für die moderne Wissenschaft durchaus charakteristisch ist: Zwecke und Zweckmäßigkeiten sollten nur eingeführt werden, wo es insofern unverzichtbar scheint, als Kausalgesetze die Beobachtungen nicht erklären können (vgl. KU, A 311 f./B 315 f. und A 358 f./B 363).

Diese Überlegungen zur Biologie erweitern den wissenschaftsphilosophischen Horizont der *Kritik der reinen Vernunft* erheblich und hätten ein eigenständiges Interesse verdient. Die Argumentation der *Kritik der Urteilskraft* zielt aber weit über wissenschaftsphilosophische Fragen hinaus. Denn Kant geht vor allem deshalb auf die Erforschung der lebendigen Natur ein, weil sie es glaubhaft erscheinen lässt, dass wir auf Zweckbegriffe zurückgreifen müssen, um unsere Erfahrung der Natur aufzuschlüsseln, auch wenn es dafür »gar keinen Grund in der allgemeinen Idee der Natur, als Inbegriffs der Gegenstände der Sinne« (KU, A 263 f./B 267 f.; vgl. A 291/B 295) gibt. Sie begründet so zwar keine Notwendigkeit, aber doch eine gewisse Plausibilität eines neuen und erweiterten Verständnisses der Natur: Der Begriff des Naturzwecks »führt die Vernunft in eine ganz andere Ordnung der Dinge, als die eines bloßen Mechanisms der Natur, der uns hier nicht mehr genug tun will« (KU, A 293/B 297).

Es ist der Begriff des Naturzwecks, der diese ›ganz andere Ordnung der Dinge‹ und damit letztlich einen spekulativen Resonanzraum für Philosophie wie Theologie eröffnet. Er beschreibt nämlich nicht nur in empirischer Absicht ›organisierte und sich selbst organisierende Wesen‹, sondern wirft aus Kants Sicht zugleich die Frage auf, ob hier in Analogie zum menschlichen Handeln die Vorstellung eines Zwecks ursächlich für die Hervorbringung des Produkts war (vgl. KU, A 275/B 279; A 280–282/B 284–286). Es ist also Kants Analyse des Zweckbegriffs, die in diese ›Ordnung der Dinge‹ eine Analogie zu menschlichen Handlungen und Artefakten hineinträgt. Zwar lässt Kant keinen Zweifel daran, dass diese Analogie enge Grenzen hat, weil wir lediglich mechanische Maschinen wie Uhren herstellen können, aber – zumindest zu Kants Zeit – keine ›organisierten und sich selbst organisierenden Wesen‹: »Genau zu reden hat also die Organisation der Natur nichts Analogisches mit irgend einer Kausalität, die wir kennen.« (KU, A 290, B 293 f.; vgl. A 288–290/B 292–294; A 305 f./B 309) Dennoch hält es Kant für durchaus möglich und unvermeidlich, dass die reflektierende Urteilskraft unter Annahme von Naturzwecken »nach einer entfernten Analogie mit unserer Kausalität nach Zwecken überhaupt die Nachforschung über Gegenstände dieser Art zu leiten und über ihren obersten Grund nachzudenken« (KU, A 291/B 295) hat. Anders gesagt kann die Urteilskraft, sobald sie Naturzwecke annimmt, sich nicht damit begnügen, empirische Forschung zu betreiben, sondern gelangt zugleich darüber hinaus in das Vorfeld von Philosophie und Theologie: »Wir haben nämlich unentbehrlich nötig, der Natur den Begriff einer Absicht unterzulegen, wenn wir ihr auch nur in ihren organisierten Produkten durch fortgesetzte Beobachtung nachforschen wollen« (KU, A 330/B 334).

Wie auch immer diese Unterstellung, der Natur sei eine Absicht eigen, nach Charles Darwins Theorie der biologischen Evolution zu bewerten sein mag, sie markiert jedenfalls den Einsatz von Kants »Kritik der teleologischen Urteilskraft«. Zwar wendet sich Kant insofern kritisch gegen die philosophische Tradition, als diese in den Naturzwecken einen göttlichen Schöpfer erkennen wollte. Er wendet sich damit aber nicht gegen diese Überlegung als solche, sondern vor allem gegen den mit ihr verbundenen Erkenntnisanspruch. Naturzwecke sind eine Annahme der reflektierenden Urteilskraft, die mit ihrem ›subjektiven Prinzip‹ keine Erscheinungen notwendig bestimmen und daher auch keine objektive Erkenntnis begründen kann. Ausgehend von diesem subjektiven Prinzip glaubt Kant jedoch zeigen zu können, dass sich die Urteilskraft, wo sie auf Naturzwecke reflektiert, »sie und überhaupt die Welt uns als ein Produkt einer verständigen Ursache (eines Gottes) vorstellen« muss (KU, A 333/B 337; vgl. A 329–350/B 333–354). Kant beeilt sich allerdings klarzustellen, dass sich diese Konsequenz zwar von der empirischen Erforschung her ergibt, dass diese empirische Forschung dadurch aber für sich selbst nichts gewinnt. Denn für die Forschung verbietet sich jeder Rekurs auf Gott, und ein solcher Rekurs würde im Grunde auch nichts erklären (vgl. KU, A 350 f./B 354 f.). Es geht hier folglich nicht mehr um empirische Forschung, sondern um eine andere Sicht auf die Ordnung der Natur: In der ihr eigenen Perspektive bezieht die reflektierende Urteilskraft die Natur auf deren ›verständige Ursache‹.

Diese Sicht auf die Ordnung der Natur führt Kant schließlich weiter aus, indem er einen weiteren Aspekt des Zweckbegriffs ins Spiel bringt. Die »äußere« oder »relative Zweckmäßigkeit« hatte er bereits mit der »inneren Zweckmäßigkeit« (KU, A 275 f./B 279 f.) eingeführt. Sie zielt darauf ab, dass in einem Ökosystem Umweltbedingungen und Lebewesen anderen Lebewesen ›nützlich‹ sind, so dass jene oft als Mittel und diese als Zweck der Natur betrachtet wurden (vgl. KU, A 276–280/B 280–284). Diese ›äußere Zweckmäßigkeit‹ hat Kant zunächst allerdings nur kurz geschildert und dabei vor allem seine Zweifel erkennen lassen. Ein Problem schien dabei besonders zentral, nämlich der Umstand, dass die Ketten der Nützlichkeiten letztlich keinen Halt finden und keine Begründung bieten, sofern es keine Lebensform gibt, die »für sich selbst Zweck der Natur« (KU, A 279/B 283) wäre.

Nach der Erörterung der ›inneren Zweckmäßigkeit‹ scheint Kant hierin kein wesentliches Hindernis mehr zu sehen (vgl. KU, A 374–394/B 379–399), weil jeder Naturzweck in der Perspektive der reflektierenden Urteilskraft in einer ›verständigen Ursache‹ den »absichtlichen Grund seines Daseins« (KU, A 376/B 381) hat. Er ist als solcher also unabhängig von allen ›äußeren Zweckmäßigkeiten‹ bereits ein Zweck der Natur. Kant glaubt auf dieser Grundlage nicht nur alles Leben als einen Zusammenhang oder als ein ›System‹ von Zweck-Mittel-Beziehungen zwischen Lebensformen beschreiben zu können. Er vertritt nun auch die These, den »letzten Zweck der Natur« benennen zu können, der »doch zu der Möglichkeit eines solchen Systems erforderlich ist« (KU, A 379/B 384). Es ist kaum überraschend der Mensch, der in den Genuss dieser privilegierten Position kommt. Allerdings nicht der Mensch, wie er leibt und lebt, sondern nur insofern er etwas »selbst tun muß, um Endzweck zu sein«: Er wird gleichsam von der Natur privilegiert und verpflichtet, »sich selbst überhaupt Zwecke zu setzen, und [...] die Natur den Maximen seiner freien Zwecke überhaupt angemessen, als Mittel, zu gebrauchen« (KU, A 386 f./B 391; vgl. A 394/B 398 f.). Der ›Endzweck‹ der Natur ist somit der Mensch, insofern er moralisch ist.

Wenn Kants Erörterung der Zweckmäßigkeit in der Natur und der Zwecke der Natur in dieser These gleichsam gipfelt, dann hat sie einen langen »Weg der Zwecke« (KU, A 466/B 472) zurückgelegt. Die Erörterung der inneren Zweckmäßigkeit aus der Perspektive ihrer empirischen Erforschung hat über die Tätigkeit der reflektierenden Urteilskraft und ihre Annahme von Naturzwecken zu der Konsequenz geführt, dass sie eine ›verständige Ursache‹ dieser Naturzwecke annehmen muss. Die Erörterung der äußeren Zweckmäßigkeit hat unter dieser Prämisse wiederum zu zeigen versucht, dass allein der Mensch der Endzweck der Natur sein kann, und zwar insofern er sich selbst die Zwecke und Maximen seines Handelns setzen, sich der Natur dabei ›als Mittel‹ bedienen und sich gleichsam selbst als Endzweck der Natur würdig erweisen kann. Es wäre an dieser Stelle ein Ziel der *Kritik der Urteilskraft* insofern erreicht, als der Mensch derart in seiner Hoffnung bestärkt wird, die Zwecke seines moralischen Handelns auch verwirklichen zu können. Schließlich sieht er sich nun nicht nur in einer Ordnung der Natur, die ohne Rekurs auf Zwecke kaum zu verstehen ist. In dieser Ordnung muss er sich auch selbst als letzten Zweck der Natur betrachten und darf sich zudem befugt fühlen, sich der Natur als Mittel für die Zwecke seines Handelns zu bedienen, sofern er seine Zwecke moralisch bestimmt.

Die »Kritik der teleologischen Urteilskraft« greift zuletzt selbst über dieses Ziel hinaus. Über die Einführung der ›verständigen Ursache‹ in der Erörterung der inneren Zweckmäßigkeit tritt mehr und mehr die Frage ins Zentrum, was die Philosophie über ein höchstes Wesen aussagen kann. In dieser Hinsicht scheint Kant der »Begriff von einer *Gottheit*« jedoch an »ein von uns gedachtes verständiges Wesen« geradezu »verschwendet« (KU, A 398/B 403). Ausgehend von der empirischen Natur und der teleologischen Urteilskraft kommt man demnach nicht weit genug auf dem Weg zu einem angemessenenen Gottesbegriff. Deshalb greift die *Kritik der Urteilskraft* ausgehend von der Moralität als Endzweck der Natur nochmals die Perspektive der praktischen Philosophie auf und entwickelt in dieser Perspektive den Gottesbegriff weiter (vgl. KU, A 395–413/B 400–418). Die *Kritik der Urteilskraft* mündet dadurch schließlich in eine philosophische Theologie unter den Vorzeichen von Kants praktischer Philosophie (vgl. KU, A 464–473/B 470–479).

Es sollte dabei aber nicht vergessen gehen, dass für Kant jeder Glaube an Gott praktisch sein muss. Es geht also gerade nicht um die Erkenntnis, Erfahrung oder Nähe eines existierenden Wesens. Vielmehr steht das moralische Subjekt im Zentrum, das zum Zwecke des Handelns an einen Gott glaubt. Die Grundlage seines Handelns wie seines ›praktischen Glaubens‹ kann daher allein in der Selbstgesetzgebung des Menschen liegen. Es ist dieser Ansatz, den Kant im direkten Anschluss an die *Kritik der Urteilskraft* auch als Maßgabe der Religion begreift. Insbesondere die religionsphilosophische Schrift *Die Religion innerhalb der Grenzen der bloßen Vernunft* von 1793 setzt sich in dieser Weise kritisch mit der Theologie, der Institution Kirche und dem »Kirchenglauben« (AA 06: 108) auseinander. Kants Erörterungen sind anspruchsvoll, und der Kontext der Diskussion ist vielschichtig. Man tut der historischen Sachlage aber kein allzu großes Unrecht, wenn man Kants Ansinnen und die Pointe seiner »Vernunftreligion« in der Forderung fasst, nicht die »Moralität auf den Glauben, sondern den Glauben auf die Moralität« (AA 08:267) zu gründen. Die praktische Vernunft soll auch in Glaubensdingen das letzte Wort haben.

Auf große Zustimmung unter Theologen konnte Kant damit kaum rechnen. Mit den in dem Buch vereinten Aufsätzen war es zudem schon zuvor teilweise zu Problemen mit den Zensurbehörden gekommen, und Kant schlägt im vierten Teil »Vom Dienst und Afterdienst unter der Herrschaft des guten Prinzips, oder von Religion und Pfaffentum« einen besonders polemischen Ton an. Er war daher vermutlich nicht allzu überrascht, dass die Schrift ihm einige Scherereien einbrachte. Mit einer an ihn persönlich gerichteten Sanktionsdrohung auf Befehl des Preußischen Königs Friedrich Wilhelm II. dürfte er aber kaum gerechnet haben. Kant lässt sich daher zunächst nicht weiter über Glaubensdinge aus, dokumentiert die Sanktionsdrohung und seine briefliche Erwiderung nach dem Tod Friedrich Wilhelms II. jedoch 1798 selbst (vgl. AA 07: 5–10), und zwar in seiner Schrift *Der Streit der Fakultäten*, die die Freiheit der Philosophie von staatlicher Zensur und theologischer Vormundschaft einklagt.

8. Jenseits der Kritiken: Natur, Mensch, Kultur

Die drei Kritiken nehmen im Schaffen Kants eine zentrale Stellung ein und haben die Rezeption seiner Schriften weitgehend bestimmt, wenn auch im Falle der praktischen Philosophie die *Grundlegung zur Metaphysik der Sitten* einzuschließen ist. Ihre zentrale Bedeutung hat vor allem auch in der breiteren Wahrnehmung Kants dazu geführt, die drei Kritiken als ein System der kantischen Philosophie zu verstehen, das sich in theoretische Philosophie, praktische Philosophie und Ästhetik gliedert. Auch wenn Kant vor allem in seinen »Vorreden« eine solche Erwartung mitunter selbst befördert hat, ist sie mit Blick auf die Texte jedoch weder zutreffend noch hilfreich.

Wie die vorangehenden Kapitel nachgezeichnet haben, hat Kants Denken nämlich keine solche vorgefasste Systematik abgearbeitet. Es hat sich vielmehr von Kritik zu Kritik entwickelt und dabei vor allem eine beeindruckende Beharrlichkeit unter Beweis gestellt. Beharrlichkeit meint hier keineswegs das starrsinnige, peinliche und mitunter skurrile Festhalten an einer gewohnten und geliebten Ordnung, von dem viele Anekdoten über den ›alten Kant‹ berichten, was auf die Wahrnehmung seiner Philosophie mitunter abgefärbt hat. Kant hat vielmehr Kritik auf Kritik folgen lassen, weil sich auf der erreichten Grundlage immer wieder neue Fragen stellten. In dem Bemühen um die Klärung dieser Fragen hat er dabei keineswegs davor zurückgeschreckt, auch die erreichten Grundlagen nochmals infrage zu stellen, seine Begrifflichkeiten zu verschieben und zu erweitern sowie die Strategien der Argumentation und Begründung anzupassen und neu zu entwerfen (vgl. Cassirer 2001a: 276). Es ist das Beharren auf den philosophischen Problemen, das Kant von Kritik zu Kritik geführt hat und seine Schriften weniger als ein System erscheinen lässt denn als Dokumente eines lebendigen Denkens, das sich immer wieder an Fragen entzündet, statt seinen Frieden in Antworten zu suchen. Insbesondere haben Rezensionen, Debatten und Kontroversen, auf die sich Kant oft mit Verve eingelassen hat, immer wieder Anlass geboten, die eigene Position zu klären, zu erläutern und zu überdenken.

Die *Kritik der Urteilskraft* behandelt schließlich nicht nur andere Themen als die *Kritik der reinen Vernunft*. Sie unterscheidet sich auch grundsätzlich in der Art der behandelten Phänomene und dem gewählten Vorgehen. Die erste und auch noch die zweite Kritik versuchen im Bereich der Erkenntnis oder der Handlung Gesetze zu begründen. Sie ziehen dabei nur solche Gesetze in Betracht, die strikt notwendig und allgemein sind und von den Vermögen lediglich angewendet werden müssen. Sie arbeiten damit die Grundlagen der apriorischen Erkenntnis der möglichen Gegenstände unserer Erfahrung und Zwecke unserer Handlungen heraus, die in den dazugehörigen Metaphysiken entfaltet wird. Jedoch zeigt sich, dass es in der Wirklichkeit selten so einfach ist. Im Bereich der Erkenntnis führt die *Kritik der Urteilskraft* die reflektierende Urteilskraft ein, weil die allgemeinsten Gesetze der Erkenntnis und ihrer Gegenstände nicht gleichzusetzen sind mit den besonderen Gesetzen und konkreten Beobachtungen, mit denen es die empirische Forschung zu tun hat. In diesem Reich der empirischen Phänomene muss die Urteilskraft subjektive Prinzipien annehmen, ohne sie an den Phänomenen voraussetzen zu können, und muss passend ihre Strategien wählen, wobei vor allem Mechanismus und Teleologie miteinander konkurrieren. Eine Garantie, dass dieses Unterfangen erfolgreich ist, gibt es dabei nicht. Jedoch bestärkt uns neben den Erfolgen der Wissenschaften auch die Erfahrung des Schönen in der Hoffnung, dass es gelingen mag. Die Lage unseres praktischen Handelns erweist sich in der Wirklichkeit als ebenso fragil. Denn auch wenn der kategorische Imperativ notwendig und allgemein gilt, setzt ein nicht rein vernünftiges Wesen wie der Mensch ihn doch nicht notwendig um. Vielmehr ist es stets versucht und verleitet, sein Handeln unter Einfluss seiner sinnlichen Neigungen und körperlichen Bedürfnisse durch einen Gegenstand bestimmen zu lassen.

Wenn man Kants Denken von Kritik zu Kritik folgt, dann kann deshalb der Eindruck entstehen, dass der Mensch immer weniger auf die Regeln und Gesetze vertrauen kann, die seine Erfahrungen und Handlungen letztlich zwar begründen mögen, konkret aber doch selten weiterhelfen. In der empirischen Erforschung muss er sich auf die Suche nach empirischen Gesetzen machen, die seine Beobachtungen zu verstehen helfen. Handeln soll er nach der Maßgabe der Tauglichkeit seiner Maxime zum allgemeinen Gesetz, hat aber zugleich körperliche Bedürfnisse und sinnliche Neigungen, die er nicht ignorieren kann und die doch niemals das Handeln bestimmen dürfen. Immer öfter scheint die Lage kompliziert. Vor diesem Hintergrund wird es verständlich, dass Kant vor allem im Kontext der praktischen Philosophie, aber auch im Zusammenhang der ästhetischen Erfahrungen zunehmend auf die konkreten Umstände von Handlungen und Erfahrungen eingeht. Es sind Fragen der Erziehung und Kultivierung, des sozialen Zusammenhangs und des politischen Gemeinwesens sowie der geschichtlichen Entwicklung, die Kant daher in Vorlesungen und Aufsätzen, aber auch in den Kritiken vermehrt aufgreift und vertieft behandelt. All diese Themen können im Rahmen der vorliegenden Einführung nicht mehr behandelt werden. Es sollen jedoch ausgehend von der *Kritik der Urteilskraft* noch einige Anschlussstellen skizziert werden, die sich unter dem Begriff der Kultur oder Kultivierung fassen lassen.

Kant widmet der Frage der Kultur oder Kultivierung keinen eigenen Text, der Begriff durchzieht aber zunehmend seine Schriften, weil die erörterten Erfahrungen und Handlungen nicht mehr allein auf Regeln oder Gesetzen beruhen und daher in der ein oder anderen Form eine gewisse Kultur voraussetzen oder einer Kultivierung bedürfen. Innerhalb der praktischen Philosophie ist dabei ein zentraler Gedanke, dass das moralische Handeln nur wirklich werden kann, insofern es mit einer Kultivierung einhergeht, die die sinnlichen Neigungen zwar nicht unterdrückt, sie aber doch dem moralischen Handeln nach Maximen und ihrer Tauglichkeit für ein allgemeines Gesetz unterstellt.

Ein gutes Beispiel für diese Verknüpfung von Moralität und Kultur ist Kants Bestimmung des Menschen als *»letzter Zweck* der Natur« (KU, A 383/B 388; vgl. Bartuschat 1984). Das vorangehende Kapitel hatte diese Überlegung Kants nur kurz behandelt, aber doch präzisiert, dass dieser ›letzte Zweck‹ nicht auf den Menschen als natürliches Wesen, sondern auf sein moralisches Handeln abzielt. Anders gesagt ist der ›letzte Zweck der Natur‹ sein »Vermögen [...], sich selbst willkürlich Zwecke zu setzen« (KU, A 386/B 390). Am höchsten Punkt der Natur steht damit die *»Kultur* des Menschen« (KU, A 384/B 388), insofern sie den Menschen dazu befähigt, dieses Vermögen auch tatsächlich auszuüben: »Die Hervorbringung der Tauglichkeit eines vernünftigen Wesens zu beliebigen Zwecken überhaupt (folglich in seiner Freiheit) ist die *Kultur*. Also kann nur die Kultur der letzte Zweck sein, den man der Natur in Ansehung der Menschengattung beizulegen Ursache hat« (KU, A 387/B 391). Es ist damit aber zunächst nur gesagt, an welcher Stelle Kant den Begriff der Kultur in seiner Philosophie für hilfreich hält. Dagegen bleibt noch weitgehend unbestimmt, was unter Kultur zu verstehen ist, so dass ein ganz neues Feld von Fragen und Erörterungen eröffnet ist.

Um die Vielfalt von Kants Andeutungen zur Kultur und Kultivierung des Menschen zu strukturieren, bietet es sich an, zwei Dimensionen zu unterscheiden, auch wenn sie letztlich miteinander verwoben sind. Die erste Dimension bezieht sich auf den individuellen Menschen und die Übung seiner Vermögen. Das Schöne »kultiviert« beispielsweise in dem Sinne, dass es über das Angenehme und den unmittelbaren »Genuss« einer »Masse der angenehmen Empfindung« hinausführt, indem es das Subjekt auf das ›freie Spiel‹ seiner Erkenntniskräfte bezieht und daraus ein Wohlgefallen an einer gegebenen Vorstellung gewinnt. Es hat aber insofern zugleich Einfluss auf zukünftige Erfahrungen, als es die Gewichtungen im Gefüge der Erkenntniskräfte zu verschieben vermag: Es »kultiviert, indem es zugleich auf Zweckmäßigkeit im Gefühle der Lust Acht zu haben lehrt« (KU, A 112/B 113). Das Schöne stärkt demnach wie jede Kultivierung eine konkrete Bedingung oder Verfasstheit von Erfahrung, die es selbst bis zu einem gewissen Grade wohl schon voraussetzen muss. Wie Kant einige Seiten später anmerkt, ist es bei der »Lust am Schönen der Natur« eine gewisse »Unabhängigkeit des Wohlgefallens vom bloßen Sinnengenusse«, die sie »voraussetzt und kultiviert« (KU, A 115/B 116). Das ästhetische Reflexionsurteil befördert dadurch nicht zuletzt eine Distanzierung vom unmittelbaren Genuss der Sinne und mag auf diese Weise die Hürden auf dem Weg zur Moralität zumindest ein Stück weit absenken.

Auch das Erhabene verschiebt das Gefüge der Vermögen zugunsten der Moralität, da es mir in der Naturerfahrung letztlich Achtung vor meiner eigenen Vernunft einflößt. In diesem Fall akzentuieren Kants Formulierungen jedoch eher als die kultivierende Wirkung des Erhabenen seine Voraussetzung einer gewissen Kultur: Es kann nämlich dasjenige, »was wir, durch Kultur vorbereitet, erhaben nennen, dem rohen Menschen bloß abschreckend vorkommen« (KU, A 109/B 111). Eine solche Aussage scheint in Kants Augen sogleich mit der Gefahr verbunden, dass das Erhabene vollkommen zufällig und bloß eine kulturelle Erscheinung sein könnte – ein Gedanke, der schon deshalb naheliegt, weil der Begriff des Erhabenen zu Kants Zeiten noch relativ jung war. Deshalb beeilt sich Kant zu erklären, dass die Grundlage dafür sehr wohl in der ›menschlichen Natur‹ liege, dass es aber darüber hinaus der »Kultur« bedürfe, damit eine Erfahrung des Erhabenen auch tatsächlich zustande kommen kann: »Darum aber, weil das Urteil über das Erhabene der Natur Kultur bedarf (mehr als das über das Schöne), ist es noch dadurch nicht eben von der Kultur zuerst erzeugt, und etwa bloß konventionsmäßig in der Gesellschaft eingeführt« (KU, A 110/B 111). Das Erhabene ist also in den Vermögen des Menschen ermöglicht, beruht aber doch auf einem solch anspruchsvollen Zusammenspiel dieser Vermögen, dass es bereits ihrer Kultivierung bedarf: »denn es scheint eine bei weitem größere Kultur, nicht bloß der ästhetischen Urteilskraft, sondern auch der Erkenntnisvermögen, die ihr zum Grunde liegen, erforderlich zu sein, um über diese Vorzüglichkeit der Naturgegenstände ein Urteil fällen zu können« (KU, A 109/B 110). Die »Empfänglichkeit [...] für Ideen der Vernunft« (KU, A 109/B 110) ist so Voraussetzung des Erhabenen und soll von ihm wiederum befördert werden.

Die individuelle Dimension einer »Kultur der Gemütskräfte« (KU, A 258/B 262) und ihre wesentliche Rolle in der Ermöglichung konkreter Erfahrungen zu betonen muss aber zugleich mit der sozialen Dimension verbunden werden. Zwar spricht Kant in dieser Hinsicht seltener von Kultivierung, die systematische

Verbindung ist aber vor allem im Falle des Schönen offensichtlich. Das Schöne ist nämlich nicht allein eine subjektive Erfahrung, sondern hat seine Pointe vor allem auch im sozialen Austausch. Was damit gemeint sein könnte, wird jedoch erst klarer, wenn ein wichtiger Aspekt der »Analytik des Schönen« ergänzt wird, der im vorangehenden Kapitel unterschlagen wurde: Das Schöne beansprucht eine *»subjektive Allgemeingültigkeit«* (KU, A 23/B 23) für sich. Diese Allgemeingültigkeit ist deshalb so faszinierend und produktiv, weil sie sich an die objektive Geltung der Erkenntnis gleichsam anlehnt, aber eine ganz eigene und andere Form der intersubjektiven Allgemeinheit entwickelt, die den sozialen Austausch ebenso erfordert wie kultiviert.

Kants Konzeption der ›subjektiven Allgemeingültigkeit‹ des ästhetischen Reflexionsurteils zielt auf eine intersubjektive Geltung, die von der objektiven Geltung der Erkenntnis zu unterscheiden ist. Diese objektive Geltung beruht wesentlich auf Begriffen, die die notwendigen Gesetzmäßigkeiten zwischen Anschauungen bestimmen und sie auf ihren Gegenstand zu beziehen erlauben. Da es sich um Gesetzmäßigkeiten handelt, die nicht von unserer subjektiven Erfahrung abhängen, sondern im Gegenstand selbst gegeben sind, haben sie eine objektive Geltung, die Kant zugleich als Gültigkeit für alle Subjekte verstanden hatte. Im Falle des ästhetischen Reflexionsurteils verliert diese Argumentation dagegen jede Grundlage, weil es die Vorstellung nicht auf einen Gegenstand bezieht und auf jeden Begriff verzichtet, um sie stattdessen auf das Subjekt und die durch das Zusammenspiel von Einbildungskraft und Verstand empfundene Lust zu beziehen. Kant folgert daraus jedoch nicht, dass jeder anderes schön findet, wie uns Unterschiedliches angenehm ist (vgl. KU, A 17–19/B 17–19). Vielmehr beobachtet er, dass wir über Schönes reden, als ob es sich um objektive Aussagen handelte, und wir auch darüber streiten, was schön ist (vgl. KU, A

19 f./B 19 f. und A 134–136/B 136 f.). Ins Zentrum von Kants Überlegungen tritt daher die »allgemeine subjektive Gültigkeit des Wohlgefallens, welches wir mit der Vorstellung des Gegenstandes, den wir schön nennen, verbinden« (KU, A 29/B 29).

Worin kann sich aber ein solcher »Anspruch auf Gültigkeit für jedermann, ohne auf Objekte gestellte Allgemeinheit« (KU, A 18/B 18), begründen? Es ist die Nähe des Schönen zur Erkenntnis, die Kant das Argument liefert. In der Erfahrung des Schönen sind Einbildungskraft und Verstand in ein solches »subjektives Verhältnis« (KU, A 29/B 29) gebracht, das alle Erkenntnis voraussetzen muss. Es handelt sich hier um eine subjektive Bedingung, da kein Subjekt Erkenntnis haben kann, ohne dass seine Erkenntnisvermögen in ein solches Verhältnis treten. Es ist aber zugleich eine allgemeine Bedingung, die alle erkenntnisfähigen Subjekte teilen müssen. Bei allen Subjekten, die auch an der objektiven Erkenntnis teilhaben können, wird daher eine gegebene Vorstellung Einbildungskraft und Verstand in dasselbe Zusammenspiel eintreten lassen (vgl. KU, A 29–32/B 29–32 und A 148 f./B 150 f.). Was aber nichts anderes heißt, als dass sie dieselben Vorstellungen als schön wahrnehmen, auch wenn der Bestimmungsgrund dieses Urteils nichts anderes ist als der »Gemütszustand« (KU, A 28/B 28) unseres Wohlgefallens am Schönen.

Für die kultivierende Dimension der Erfahrung des Schönen ist nicht so sehr entscheidend, ob diese Argumentation zwingend ist. Es ist wichtiger, die Konsequenzen zu betrachten, die Kant für die Kultivierung des Menschen durch das Schöne gewinnt. Eine erste Konsequenz ist darin zu sehen, dass er die Erfahrung des Schönen und die von ihr kultivierte ›Unabhängigkeit des Wohlgefallens vom bloßen Sinnengenusse‹ in eine entschieden soziale Perspektive rückt. Diese Pointe deutet sich zunächst nur an, wenn Kant ohne weitere Erläuterung die »Beurteilung« des Schönen immer wieder mit seiner »Mitteilung« gleichsetzt (vgl.

KU, A 27–29/B 27–29). Tatsächlich ist damit aber eine gesellschaftliche Dimension unserer Empfindung ins Auge gefasst, deren es bedarf, um den rein privaten Empfindungen der Sinnengenüsse ihre Wichtigkeit zu nehmen. Anders als ein »verlassener Mensch auf einer wüsten Insel«, dem es schwer genug fällt, seine Bedürfnisse zu befriedigen, sind wir nach Kant nämlich an einem Punkt der »Zivilisierung« angekommen, wo »Empfindungen nur so viel wert gehalten werden, als sie sich allgemein mitteilen lassen; wo denn, wenn gleich die Lust, die jeder an einem solchen Gegenstande hat, nur unbeträchtlich und für sich ohne merkliches Interesse ist, doch die Idee von ihrer allgemeinen Mitteilbarkeit ihren Wert beinahe unendlich vergrößert« (KU, A 161 f./B 163 f.). Kant hat – auch als Leser Jean-Jacques Rousseaus – die möglichen Ambivalenzen eines solchen Zustands durchaus im Blick (vgl. KU, A 163/B 165 f.). Er stellt aber entschieden den Vorzug der Kultivierung ins Zentrum, dass die Allgemeinheit und Mitteilung des Schönen die Distanzierung von der Unmittelbarkeit der Sinne zuallererst erlaubt.

Eine zweite Konsequenz von Kants Argumentation zur ›subjektiven Allgemeingültigkeit‹ des Schönen ist, dass sie einen Raum des intersubjektiven Anspruchs und des sozialen Austauschs eröffnet. Wenn jemand etwas für schön hält, dann »mutet er andern eben dasselbe Wohlgefallen zu« (KU, A 19 f./B 19). In Ermangelung des Begriffs ist dieser Anspruch aber nicht von vornherein in objektiver Geltung vermittelt. Er kann aber ebenso wenig durch allgemeine Regeln entschieden werden, die es also erlauben würden, andere argumentativ zu überzeugen, diese oder jene Vorstellung schön finden zu müssen (vgl. KU, A 138–140/B 140–142). Das Schöne wird deshalb zum Anlass und geradezu Medium für einen sozialen Austausch, der zum einen davon lebt, dass man den Anspruch haben kann und erheben muss, dass alle das eigene Urteil teilen, zum anderen aber über keine

Regeln und keine Verfahren verfügt, die in der Sache objektiv entscheiden würden. Anlässlich des Schönen eröffnet sich dadurch ein ausgesprochen interessanter Raum für sozialen Austausch, Gespräche, Diskussionen und Kontroversen (vgl. KU, A 21/B 21). Kants Schilderungen legen dabei einen kultivierten und höflichen Austausch nahe. In Ermangelung von Begriffen wird hier nichts »erzwungen« (KU, A 134/B 135 und A 143/B 145). Das eigene Urteil wird vielmehr taktvoll an andere herangetragen: »Das Geschmacksurteil sinnet nur jedermann Beistimmung an«. Oder: »Man wirbt um jedes andern Beistimmung« (KU, A 62 f./B 63).

Eine dritte Konsequenz der ›subjektiven Allgemeingültigkeit‹ des Schönen ist die Kultivierung des Gemeinsinns. Diese Idee entwickelt Kant ausgehend von einer ›Notwendigkeit‹ des Wohlgefallens am Schönen, die alles andere als selbstverständlich ist (vgl. KU, A 61–67/B 62–68). Denn diese Notwendigkeit entspricht so gar nicht dem bis dahin in Kants theoretischer oder praktischer Philosophie vorherrschenden Verständnis. Kant charakterisiert die Notwendigkeit des ästhetischen Urteils nämlich als »exemplarische«, d.h. als »Notwendigkeit der Beistimmung *aller* zu einem Urteil, was wie Beispiel einer allgemeinen Regel, die man nicht angeben kann, angesehen wird« (KU, A 62/B 62 f.). Wenn hier von Beispiel die Rede ist, dann bezieht sich Kant nicht auf die Vorstellung oder ihren Gegenstand, die mithilfe einer Regel zu bestimmen wären, sondern auf mein Wohlgefallen, das exemplarisch ist für das Wohlgefallen aller an dieser Vorstellung. Das Exemplarische eröffnet hier also die soziale Dimension derjenigen, die an dieser einen Vorstellung Wohlgefallen empfinden. Anders gesagt legen wir dem Schönen das Gefühl des Wohlgefallens nicht, wie beim Angenehmen, »als Privatgefühl, sondern als ein gemeinschaftliches zum Grunde« (KU, A 66/B 67). Entsprechend postuliert Kant daher einen »Gemeinsinn«, den mein Gefühl zum einen exemplifiziert und der dadurch zugleich meine Zumutung an andere, dieses Gefühl zu teilen, stützt: »Also ist es der Gemeinsinn, von dessen Urteil ich mein Geschmacksurteil hier als ein Beispiel angebe und weswegen ich ihm *exemplarische* Gültigkeit beilege, eine bloß idealische Norm, unter deren Voraussetzung man ein Urteil, welches mit ihr zusammenstimmte, und das in demselben ausgedrückte Wohlgefallen an einem Objekt, für jedermann mit Recht zur Regel machen könnte« (KU, A 66/B 67). Weil es sich bei dieser idealischen Norm aber gerade um keine Objektivität handelt, kann Kant die ›exemplarische Notwendigkeit‹ oder ›Allgemeinheit‹ des »Geschmacksurteils« zugleich als *»pluralistisch«* (KU, A 128/B 103) kennzeichnen.

Diese Idee eines Gemeinsinns greift Kant vor dem Hintergrund des sozialen Austauschs anlässlich des Schönen nochmals auf. Dieser Austausch lässt sich nun verstehen als Einübung in einen Gemeinsinn oder ›sensus communis‹, die die in ihm angelegte soziale Reflexivität kultiviert. Den ›sensus communis‹ führt Kant hier zunächst als ein »Beurteilungsvermögen« ein, »welches in seiner Reflexion auf die Vorstellungsart jedes andern in Gedanken (a priori) Rücksicht nimmt, um *gleichsam* an die gesamte Menschenvernunft sein Urteil zu halten« (KU, A 155/B 157). Diese ›Menschenvernunft‹ ist jedoch keine objektive Instanz, wie Kant nochmals betont, sondern die Vernunft aller, die ein ähnliches Urteil treffen *könnten*: »Dieses geschieht nun dadurch, daß man sein Urteil an anderer, nicht sowohl wirkliche, als vielmehr bloß mögliche Urteile hält, und sich an die Stelle jedes andern versetzt, indem man bloß von den Beschränkungen, die unserer eigenen Beurteilungen zufälliger Weise anhängen, abstrahiert«. Kant umreißt hier eine »Operation der Reflexion« (KU, A 155/B 157), die eine ›gesamte Menschenvernunft‹ nur kennt, indem sie die Urteile aller (möglichen) anderen einschließt.

Der soziale Austausch anlässlich des Schönen setzt so ein hohes Maß an sozialer Reflexivität voraus. Die ›Operation der Reflexion‹ wird durch diesen Austausch aber zugleich befördert und kultiviert. Letztlich ist sie aber auch dem »gemeinen Menschenverstand« eigen, wie Kant nachdrücklich betont. Zum Beleg führt er dessen »Maximen« an, die zwar nicht zur »Geschmackskritik« gehörten, »aber doch zur Erläuterung ihrer Grundsätze dienen« könnten: »1. Selbstdenken; 2. An der Stelle jedes anderen denken; 3. Jederzeit mit sich selbst einstimmig denken.« (KU, A 155 f./B 157 f.) Kant erörtert vor allem die ersten beiden Maximen jeweils in einigen Sätzen. Die zweite Maxime erläutert er als *»erweiterte Denkungsart«*, weil sie »aus einem *allgemeinen Standpunkte* (den er dadurch nur bestimmen kann, daß er sich in den Standpunkt anderer versetzt) über sein eigenes Urteil reflektiert« (KU, A 157/B 159). Die erste versteht er als Abkehr von jeder Heteronomie und von allen Vorurteilen und bringt sie auf den Begriff der *»Aufklärung«*.

Der Austausch anlässlich des Schönen gewinnt spätestens mit diesem Schlüsselbegriff politische und historische Dimensionen. Kant hat diese Dimensionen seit den 1780er Jahren erkundet, wobei er sich häufig mit kleineren Aufsätzen in Zeitschriften auch an ein breiteres Publikum gewandt hat, um nicht zuletzt auch für seine Philosophie zu werben. Bereits 1784 hat er insbesondere seine berühmte *Beantwortung der Frage: Was ist Aufklärung?* vorgelegt. In diesem Aufsatz definiert er gleich zu Beginn: »*Aufklärung ist der Ausgang des Menschen aus seiner selbst verschuldeten Unmündigkeit. Unmündigkeit* ist das Unvermögen, sich seines Verstandes ohne Leitung eines anderen zu bedienen.« (AA 08: 35) Kant sieht die Möglichkeit dazu allerdings weniger dem Einzelnen gegeben als dem »Publikum« oder der Öffentlichkeit: »Daß aber ein Publicum sich selbst aufkläre, ist eher möglich: ja es ist, wenn man ihm nur Freiheit läßt, beinahe unausbleiblich.«

(AA 08:36). Wir mögen da heute so unsere Zweifel haben, nachdem die digitale Transformation des öffentlichen Diskurses so manches hervorgebracht hat, was in schroffem Kontrast zur Aufklärung steht. Für Kant jedoch scheint klar, dass der öffentliche Diskurs unter der Bedingung der Freiheit die Aufklärung befördert: »Zu dieser Aufklärung aber wird nichts erfordert als *Freiheit*; und zwar die unschädlichste unter allem, was nur Freiheit heißen mag, nämlich die: von seiner Vernunft in allen Stücken *öffentlichen Gebrauch* zu machen.« (AA 08: 36) Es ist daher Kants zentrale Forderung, allen diese Freiheit einzuräumen, am öffentlichen Diskurs teilzunehmen. Auch wenn Soldaten, Pfarrer oder Bürger als Berufstätige oder Amtsträger bei der Wahrnehmung ihrer Aufgaben und Pflichten Befehlen, kirchlicher Lehre oder Steuergesetzen ›gehorchen‹ müssen, soll und darf sie dies demnach nicht daran hindern, »im *öffentlichen Gebrauch* [...] sich seiner eigenen Vernunft zu bedienen und in seiner eigenen Person zu sprechen« (AA 08: 38). Es soll ihnen dann auch erlaubt sein, jene Befehle und das Militärwesen, die Kirchenlehre und -organisation oder die Gesetzgebung zu kritisieren.

Kant bezieht sich in seiner *Beantwortung der Frage: Was ist Aufklärung?* auf den politischen Diskurs, was nicht zuletzt auch seine Huldigungen gegenüber dem aufgeklärten Monarchen Friedrich II. deutlich machen. Wenn Kant in der *Kritik der Urteilskraft* auf den Begriff der Aufklärung zurückgreift, um einen ›Grundsatz‹ der ›Geschmackskritik‹ zu erläutern, dann gibt er damit folglich auch zu verstehen, dass der soziale Austausch anlässlich der ästhetischen Beurteilung zugleich eine Gelegenheit zur Erprobung und Einübung in einen öffentlichen Diskurs darstellt, der selbst zwar nicht politisch ist, aber doch zum Gebrauch der eigenen Vernunft und schließlich zum politischen Diskurs befähigen kann. Mit Blick auf die Kultivierung des Menschen eröffnet sich somit ein weites Feld der politischen Philosophie und Geschichtsphilosophie, das Kant in seinen Aufsätzen wiederholt erkundet hat (vgl. KU, A 388–390/B 392–394).

Im Zentrum von Kants Aufmerksamkeit steht dabei, dass der Mensch nur insofern der »*letzte Zweck* der Natur« sein kann, als seine »Kultur« die »Tauglichkeit eines vernünftigen Wesens zu Zwecken überhaupt (folglich in seiner Freiheit)« befördert (KU, A 387/B 391). Dass in dieser Hinsicht nicht alle Kultur stets förderlich ist, versteht sich dabei geradezu von selbst und fordert Kants philosophische Reflexion der politischen Gemeinwesen, der religiösen Gemeinschaften und der Geschichte heraus: »Aber nicht jede Kultur ist zu diesem letzten Zwecke der Natur hinlänglich.« (KU, A 386 f./B 392) Angesichts der Geschichte des 20. Jahrhunderts ist auch uns dies schmerzlich bewusst. Mit Blick auf die politischen und gesellschaftlichen Entwicklungen des letzten Jahrzehnts spricht vieles dafür, dass so manche von Kants Überlegungen gar wieder an Aktualität gewinnen. Jedoch scheint der Gedanke, dass die Kultur und Kultivierung des Menschen der ›letzte Zweck‹ der Natur sein soll, in historische Ferne gerückt, weil wir uns der Natur in einem Ausmaß bemächtigt haben, dass es schwerfallen dürfte, ihr noch solche Absichten zuzuschreiben. Das Privileg, »sich selbst überhaupt Zwecke zu setzen, und [...] die Natur den Maximen seiner freien Zwecke überhaupt angemessen, als Mittel, zu gebrauchen« (KU, A 386 f./B 391), hat sich schließlich als gefährlich erwiesen. Es ist daher dringlich geworden, das Verhältnis von Natur, Kultur und Mensch jenseits von Kant neu zu denken. Das heißt keineswegs, seine Schriften beiseitezulegen. Vielmehr dürfte es lohnenswert sein, sich weiter und erneut mit Kant auseinanderzusetzen, um die Fragen von heute zu schärfen und eigene Antworten zu finden.

Anhang

Anmerkungen

1 Vgl. zur Zitierweise von Kants Texten die Erläuterungen zu Beginn des Literaturverzeichnisses.

2 Wie diese ›innere Notwendigkeit‹ im mathematischen Beweis demonstriert wird, behandelt Kant nicht in der »Einleitung«, sondern erst sehr viel später in der »Transzendentalen Methodenlehre« der *Kritik der reinen Vernunft*, vgl. KrV, A 712–717/B 740–745; Schubbach 2017.

3 Der Titel ›Ästhetik‹ ist daher im Rekurs auf das altgriechische ›aisthesis‹ zu verstehen, das Anschauung und Wahrnehmung im Unterschied zur ›noesis‹ als Erkenntnis durch Verstand und Vernunft bezeichnet. ›Ästhetik‹ ist also zumindest im Kontext der *Kritik der reinen Vernunft* nicht im Sinne seiner heute eher üblichen Bedeutung als eine Philosophie der Künste zu verstehen, vgl. KrV, A 21/B 36 f., Anm.

4 Es sei am Rande angemerkt, dass Kant bei den Kategorien auch kaum Mühe auf den Nachweis verwendet, dass es sich um apriorische Begriffe handelt, was bei Raum und Zeit dagegen im Zentrum stand. Es spricht vieles dafür, dass dies mit der unterschiedlich wahrgenommenen ›Beweislast‹ zu tun hat: Begriffe wie Einheit und Vielheit, Realität und Negation, Kausalität und Dependenz, Notwendigkeit und Zufälligkeit waren der metaphysischen Tradition vertraut und traditionell als apriorische Begriffe verstanden worden. Dass die Sinnlichkeit als Vermögen der Rezeptivität bzw. der sinnlichen Eindrücke einen apriorischen Bestandteil haben sollte, war dagegen ein neuer Gedanke.

5 Es handelt sich im Grunde um eine von Kants Reformulierungen des kategorischen Imperativs, die vor allem auch hinsichtlich ihrer von Kant behaupteten Gleichwertigkeit in der Forschung viel diskutiert wurden. Im Rahmen einer Einführung können diese Debatten leider nicht aufgegriffen werden.

6 Kant wendet sich damit gegen die religiös-theologische Tradition wie die Tradition des Naturrechts: Unabhängig, ob es sich um die Gesetze eines wohlwollenden Gottes oder einer gütigen Natur handelt, unterworfen bin ich ihnen nur insofern, als ich mir diese Gesetze selbst gebe, vgl. KpV, A 233 f. und GMS, BA 60 f.

7 Dies sei auch deshalb nochmals betont, weil die Rede von ›ästhetischer Erfahrung‹ zu einem verbreiteten Missverständnis einlädt. Seit Alexander Gottlieb Baumgartens *Ästhetik* von 1750 sowie 1758 und spätestens mit Hegels *Vorlesungen über die Ästhetik* aus den 1820er und 1830er Jahren hat es sich durchgesetzt, unter Ästhetik eine Theorie oder Philosophie der Kunst zu verstehen. Kant folgt diesem Sprachgebrauch jedoch nicht. Die »Kritik der ästhetischen Urteilskraft« zielt daher nicht vorrangig auf eine Philosophie der Kunst ab, auch wenn sie schließlich eine kleine Abhandlung über die Kunst bietet, die bis heute großen Einfluss ausübt (vgl. KU, A 171–227/B 173–230; Marino/Terzi 2021).

Literatur

Kants Schriften

Die Schriften Immanuel Kants liegen in verschiedenen Ausgaben vor. Für wissenschaftliche Zwecke dient nach wie vor als Referenz:

AA Kant's gesammelte Schriften, hrsg. von der Preußischen Akademie der Wissenschaften und der Berlin-Brandenburgischen Akademie der Wissenschaften, Berlin: 1900 ff.

Diese sogenannte *Akademieausgabe* umfasst in vier Abteilungen Kants Werke, Briefwechsel, Handschriftlicher Nachlass und Vorlesungen. Ein Gesamtverzeichnis ist einzusehen unter https://kant.bbaw.de/de/akademieausgabe. Viele ältere Bände dieser Ausgabe sind frei verfügbar, zum Beispiel unter https://archive.org/. Da die älteren Bände dieser Ausgabe trotz aller Verdienste auch einige editorische Mängel aufweisen, ist eine Neuedition der Werke in Arbeit.

Als Lese- und Studienausgaben haben sich andere Editionen etabliert. Verbreitet ist zum Beispiel:

Werkausgabe, hrsg. von Wilhelm Weischedel in 12 Bänden, Frankfurt am Main, Suhrkamp Verlag, 1977 ff.

In dieser Edition wurde vor allem die Rechtschreibung modernisiert. Ähnlich gehen die ebenso empfehlenswerten Editionen von Kants Texten im Meiner Verlag oder auch im Reclam Verlag vor. Vor allem Kants Kritiken werden meist aber nicht mit den Seitenzahlen der verwendeten Edition zitiert, sondern mit den Seitenzahlen der ersten (A) oder zweiten

(B) Ausgabe der *Kritik der reinen Vernunft* (KrV), der *Kritik der praktischen Vernunft* (KpV) sowie der *Kritik der Urteilskraft* (KU). Da diese Seitenangaben in allen üblichen Ausgaben angegeben werden, ist stets gewährleistet, dass die zitierten Stellen leicht aufzufinden sind.

Die Zitate der vorliegenden Einführung richten sich bei den drei Kritiken sowie der *Grundlegung zur Metaphysik der Sitten* (GMS) nach der Ausgabe Wilhelm Weischedels. Zudem wird die lateinische Inaugural-Dissertation von 1770 *De mundi sensibilis atque intelligibilis forma et principiis* nach der Übersetzung von Norbert Hinske im dazugehörigen Band 5: *Schriften zur Metaphysik und Logik* (1) zitiert und mithilfe des Kürzels »Diss« nachgewiesen. Die Übersetzung von Kants sogenannter »Physischen Monadologie«, auf die mittels »Phys. Mon.« verwiesen wird, findet sich in Band 2: *Vorkritische Schriften bis 1768* (2). Alle anderen Texte werden nach der *Akademieausgabe* zitiert.

Leben und Zeit

Dietzsch, Steffen (2003): Immanuel Kant. Eine Biographie, Leipzig: Reclam.

Kühn, Manfred (2003): Kant. Eine Biographie. Aus dem Englischen von Martin Pfeiffer, München: C.H. Beck.

Martus, Steffen (2015): Aufklärung. Das deutsche 18. Jahrhundert. Ein Epochenbild, Berlin: Rowohlt.

Historische Quellen

Arnauld, Antoine und Pierre Nicole (1994 [1685]): Die Logik oder die Kunst des Denkens. Aus dem Französischen übersetzt und eingeleitet von Christos Axelos, Darmstadt: Wissenschaftliche Buchgesellschaft.

Baumgarten, Alexander Gottlieb (2007 [1750/58]): Ästhetik. Übersetzt, mit einer Einführung, Anmerkungen und Registern hrsg. von Dagmar Mirbach, Zwei Bände, Hamburg: Meiner.

Burke, Edmund (1759): A Philosophical Enquiry into the Origin of our Ideas of the Sublime and the Beautiful. Second Edition, London: R. and J. Dodsley.

Descartes, René (1986 [1641]): Meditationes de Prima Philosophia, Meditationen über die Erste Philosophie. Übersetzt und herausgegeben von Gerhart Schmidt, Stuttgart: Reclam.

Eberhard, J. A. (1789): Ueber die Unterscheidung der Urtheile in analytische und synthetische, in: Philosophisches Magazin I, 307–32.

Fichte, Johann Gottlieb (1971 [1817]): Die Thatsachen des Bewusstseyns, in: Fichtes Werke, hrsg. von Immanuel Hermann Fichte, Band II: Zur theoretischen Philosophie II, Berlin: Walter de Gruyter & Co., 535–691.

Forster, Georg (1786): Noch etwas über die Menschenraßen, in: Der Teutsche Merkur, viertes Vierteljahr, 57–86 und 150–166.

Hegel, Georg Wilhelm Friedrich (1986): Vorlesungen über die Ästhetik I–III, Frankfurt am Main: Suhrkamp (= Werke, 13–15).

Hume, David (2007 [1739]): A Treatise of Human Nature. A Critical Edition. Volume 1: Texts, hrsg. von Davide Fate Norton und Mary J. Norton, Oxford: Oxford University Press.

Jacobi, Friedrich Heinrich (2004 [1787]): David Hume über den Glauben oder Idealismus und Realismus. Ein Gespräch, in: Friedrich Heinrich Jacobi, Werke, Band 2,1: Schriften zum transzendentalen Idealismus, hrsg. von Walter Jaeschke und Irmgard-Maria Piske, Hamburg: Meiner, 5–112.

Jacobi, Friedrich Heinrich (2004 [1802]): Ueber das Unternehmen des Kriticismus, die Vernunft zu Verstande zu bringen, und der Philosophie überhaupt eine neue Absicht zu geben, in: Friedrich Heinrich Jacobi, Werke, Band 2,1: Schriften zum transzendentalen Idealismus, hrsg. von Walter Jaeschke und Irmgard-Maria Piske, Hamburg: Meiner, 259–330.

Locke, John (1975 [1700]): An Essay Concerning Human Understanding, hrsg. von Peter H. Nidditch, Oxford: Clarendon Press.

Maaß, J. G. (1789): Ueber den höchsten Grundsatz der synthetischen Urtheile; in Beziehung auf die Theorie von der mathematischen Gewissheit, in: Philosophisches Magazin II, 186–231.

Maimon, Salomon (2004 [1790]): Versuch über die Transzendentalphilosophie, eingeleitet und mit Anmerkungen sowie einer Beilage hrsg. von Florian Ehrensperger, Hamburg: Meiner.

Wolff, Christian von (1754): Vernünftige Gedancken von den Kräfften des menschlichen Verstandes und ihrem richtigen Gebrauche in Erkäntniß der Wahrheit, Halle: Rengerische Buchhandlung.

Kritik der reinen Vernunft

Allison, Henry E. (1983): Kant's Transcendental Idealism. An Interpretation and Defense, New Haven und London: Yale University Press.

Baum, Manfred (1996): Kants Raumargumente und die Begründung des transzendentalen Idealismus, in: Hariolf Oberer (Hg.), Kant. Analysen – Probleme – Kritik, Bd. 2, Würzburg: Königshausen und Neumann, 41–63.

Brandt, Reinhard (1991): Die Urteilstafel. Kritik der reinen Vernunft A 67–76; B 92–201, Hamburg: Meiner.

Cohen, Hermann (1885): Kants Theorie der Erfahrung. Zweite, neubearbeitete Auflage, Berlin: Ferd. Dümmlers Verlagsbuchhandlung.

De Boer, Karin (2020): Kant's Reform of Metaphysics. The Critique of Pure Reason Reconsidered, Cambridge: Cambridge University Press.

Falkenstein, Lorne (1995): Kant's Intuitionism. A Commentary on the Transcendental Aesthetic, Toronto: University of Toronto Press.

Guyer, Paul (1987): Kant and the Claims of Knowledge, Cambridge: Cambridge University Press.

Guyer, Paul (Hg.) (2010): The Cambridge Companion to Kant's Critique of Pure Reason, Cambridge: Cambridge University Press.

Heide, Dai (2020): A mereological argument for the non-spatiotemporality of things in themselves, in: European Journal of Philosophy 28, 48–76.

Heidegger, Martin (1991): Kant und das Problem der Metaphysik, Frankfurt am Main: Klostermann.

Henrich, Dieter (1989): Kant's Notion of a Deduction and the Methodological Background of the First Critique, in: Kant's Transcendental Deductions. The Three Critiques and the Opus postumum, hrsg. von Eckart Förster, Stanford: Stanford University Press, 29–56.

Kitcher, Patricia (1990): Kant's Transcendental Psychology. New York und Oxford: Oxford University Press.

Longuenesse, Béatrice (2000): Kant and the Capacity to Judge. Sensibility and Discursivity in the Transcendental Analytic of the Critique of Pure Reason, Princeton und Oxford: Princeton University Press.

Mohr, Georg und Marcus Willaschek (Hg.) (1998): Immanuel Kant, Kritik der reinen Vernunft, Berlin: Akademie Verlag (= Klassiker Auslegen 17/18).

Pietsch, Lutz-Henning (2010): Topik der Kritik. Die Auseinandersetzung um die Kantische Philosophie (1781–1788) und ihre Metaphern, Berlin und New York: De Gruyter.
Schubbach, Arno (2017): Kants Konzeption der geometrischen Darstellung. Zum mathematischen Gebrauch der Anschauung, in: Kant-Studien 108.1, 19–54.
Shabel, Lisa (2004): Kant's »Argument from Geometry«, in: Journal of the History of Philosophy 42.2, 195–215.
Strawson, Peter F. (2006): The Bounds of Sense. An Essay on Kant's Critique of Pure Reason, London und New York: Routledge.
Warren, Daniel (1998): Kant and the Apriority of Space, in: The Philosophical Review 107.2, 179–224.
Willaschek, Marcus (1997): Der transzendentale Idealismus und die Idealität von Raum und Zeit. Eine ›lückenlose‹ Interpretation von Kants Beweis in der »Transzendentalen Ästhetik«, in: Zeitschrift für philosophische Forschung 51, 537–564.
Vaihinger, Hans (1881/1892): Commentar zu Kants Kritik der reinen Vernunft, Erster und zweiter Band, Stuttgart: W. Spemann.

Kritik der praktischen Vernunft und Grundlegung zur Metaphysik der Sitten

Allison, Henry E. (2011): Kant's Groundwork for the Metaphysics of Morals. A Commentary, Oxford: Oxford University Press.
Guyer, Paul (2007): Kant's Groundwork for the Metaphysics of Morals. A Reader's Guide, London und New York: Continuum.
Höffe, Otfried (Hg.) (1989): Grundlegung zur Metaphysik der Sitten. Ein kooperativer Kommentar, Frankfurt am Main: Klostermann.
Höffe, Otfried (Hg.) (2002): Immanuel Kant, Kritik der praktischen Vernunft, Berlin: Akademie Verlag (= Klassiker Auslegen, 26).
Klemme, Heiner F. (2017): Kants »Grundlegung zur Metaphysik der Sitten«. Ein systematischer Kommentar, Ditzingen: Reclam.
Korsgaard, Christine M. (1996): Creating the Kingdom of Ends, Cambridge: Cambridge University Press.
Timmermann, Jens (2007): Kant's Groundwork of the Metaphysics of Morals. A Commentary, Cambridge: Cambridge University Press.

Kritik der Urteilskraft

Allison, Henry E. (2001): Kant's Theory of Taste. A Reading of the Critique of Aesthetic Judgment, Cambrigde: Cambridge University Press.

Ginsborg, Hannah (1990): The Role of Taste in Kant's Theory of Cognition, New York und London: Garland Publishing.

Guyer, Paul (1997): Kant and the Claims of Taste. Second Edition, Cambridge: Cambridge University Press.

Höffe, Otfried (Hg.) (2008): Immanuel Kant, Kritik der Urteilskraft, Berlin: Akademie Verlag (= Klassiker Auslegen, 33).

Lyotard, Jean-François (1994): Die Analytik des Erhabenen. Kant-Lektionen, Kritik der Urteilskraft, § 23–29. Aus dem Französischen von Christine Pries, München: Fink.

Marino, Stefano und Pietro Terzi (Hg.) (2021): Kant's Critique of Aesthetic Judgment in the 20th Century. A Companion to its Main Interpretations, Berlin und Boston: De Gruyter.

Zammito, John H. (1992): The Genesis of Kant's Critique of Judgment, Chicago und London: University of Chicago Press.

Weitere Literatur

Anderson, R. Lanier (2010): The Introduction to the Critique. Framing the Question, in: The Cambridge Companion to Kant's Critique of Pure Reason, hrsg. von Paul Guyer, Cambridge: Cambridge University Press, 75–92.

Anderson, R. Lanier (2015): The Poverty of Conceptual Truth. Kant's Analytic/Synthetic Distinction and the Limits of Metaphysics, Oxford: Oxford University Press.

Bartuschat, Wolfgang (1984): Kultur als Verbindung von Natur und Sittlichkeit, in: Naturplan und Verfallskritik. Zu Begriff und Geschichte der Kultur, hrsg. von Helmut Brackert und Fritz Wefelmeyer, Frankfurt am Main: Suhrkamp, 69–93.

Beiser, Frederick C. (1992), Kant's intellectual development, 1746-1781, in: The Cambridge Companion to Kant, hrsg. von Paul Guyer, Cambridge: Cambridge University Press, 26–61.

Carl, Wolfgang (1989): Der schweigende Kant. Die Entwürfe zu einer Deduktion der Kategorien vor 1781, Göttingen: Vandenhoeck & Ruprecht.

Cassirer, Ernst (2001a): Kants Leben und Lehre. Text und Anmerkungen bearbeitet von Tobias Berben, Hamburg: Meiner (= Ernst Cassirer, Gesammelte Werke, 8).
Cassirer, Ernst (2001b): Zur Einsteinschen Relativitätstheorie. Erkenntnistheoretische Betrachtungen. Text und Anmerkungen bearbeitet von Reinold Schmücker, Hamburg: Meiner (= Ernst Cassirer, Gesammelte Werke, 10).
Förster, Eckart (1998): Die Vorreden, in: Immanuel Kant, Kritik der reinen Vernunft, hrsg. von Georg Mohr und Marcus Willaschek, Berlin: Akademie Verlag (= Klassiker Auslegen 17/18), 37–55.
Friedman, Michael (2001), Matter and Motion in the Metaphysical Foundations and the first Critique: The Empirical Concept of Matter and the Categories, in: Architektonik und System in der Philosophie Kants, hrsg. von Hans Friedrich Fulda und Jürgen Stolzenberg, Hamburg: Meiner, 328–345.
Gloy, Karen (1990): Studien zur theoretischen Philosophie Kants, Würzburg: Königshausen und Neumann.
Hatfield, Gary (1990): The Natural and the Normative. Theories of Spatial Perception from Kant to Helmholtz, Cambridge und London: The MIT Press.
Hatfield, Gary (1997): The Workings of the Intellect: Mind and Psychology, in: Logic and the Workings of the Mind. The Logic of Ideas and Faculty Psychology in Early Modern Philosophy, hrsg. von Patricia Easton, Atascadero: Ridgeview Publishing Company, 21–45.
Hogan, Desmond (2009): Three Kinds of Rationalism and the Non-Spatiality of Things in Themselves, in: Journal of the History of Philosophy 47, 355–382.
Hogan, Desmond (2010): Kant's Copernican Turn and the Rationalist Tradition, in: The Cambridge Companion to Kant's Critique of Pure Reason, hrsg. von Paul Guyer, Cambridge: Cambridge University Press, 21–40.
Irrlitz, Gerd (2015): Kant-Handbuch. Leben und Werk, Stuttgart: J.B. Metzler.
McDowell, John (1994): Mind and World, Cambridge und London: Harvard University Press.

Plaaß, Peter (1965): Kants Theorie der Naturwissenschaft. Eine Untersuchung zur Vorrede von Kants Metaphysischen Anfangsgründen der Naturwissenschaft, Göttingen: Vandenhoeck & Ruprecht.

Posy, Carl J. (Hg.) (1992): Kant's Philosophy of Mathematics. Modern Essays, Dordrecht u.a.: Kluwer Academic Publishers.

Proops, Ian (2005): Kant's Conception of Analytic Judgment. Philosophy and Phenomenological Research 70.3, 588–612.

Quine, W. V. O. (1951): Two Dogmas of Empiricism. The Philosophical Review 60.1, 20–43.

Schönfeld, Martin (2000): The Philosophy of the Young Kant. The Precritical Project, Oxford: Oxford University Press.

Shabel, Lisa (2005): A Priority and Application. Philosophy of Mathematics in the Modern Period, in: The Oxford Handbook of Philosophy of Mathematics and Logic, hrsg. von Stewart Shapiro, Oxford: Oxford University Press, 28–50.

Shabel, Lisa (2006): Kant's Philosophy of Mathematics, in: The Cambridge Companion to Kant and Modern Philosophy, hrsg. von Paul Guyer, Cambridge: Cambridge University Press, 94–128.

Sweet, Kristi E. (2013): Kant on Practical Life. From Duty to History, Cambridge: Cambridge University Press.

Trendelenburg, Adolf (1862): Logische Untersuchungen. Erster Band, zweite, ergänzte Auflage, Leipzig: S. Hirzel.

Winkler, Kenneth P. (2010): Kant, the Empiricists, and the Enterprise of Deduction, in: The Cambridge Companion to Kant's Critique of Pure Reason, hrsg. von Paul Guyer, Cambridge: Cambridge University Press, 41–72.

Personen- und Sachregister

Arno Schubbach lehrt und forscht an der Hochschule für Gestaltung und Kunst Basel sowie der Friedrich-Schiller-Universität Jena. Schwerpunkte seiner historischen Forschung sind die Philosophie um 1800 und ihre Beziehungen zu Wissenschaften und Künsten. Schwerpunkte seiner systematischen Arbeit sind Philosophien und Theorien von Kultur, Technik und Wissenschaften.